OEUVRES

COMPLÈTES

DE

J. J. ROUSSEAU

AVEC LES NOTES DE TOUS LES COMMENTATEURS;

NOUVELLE ÉDITION

ORNÉE DE QUARANTE-DEUX VIGNETTES,
GRAVÉES PAR NOS PLUS HABILES ARTISTES,

D'APRÈS LES DESSINS DE DEVÉRIA.

ÉMILE.

TOME III.

A PARIS,

CHEZ DALIBON, LIBRAIRE
DE S. A. R. MONSEIGNEUR LE DUC DE NEMOURS,
RUE SAINT-ANDRÉ-DES-ARCS, N° 41.

M DCCC XXVI.

ŒUVRES

COMPLÈTES

DE

J. J. ROUSSEAU.

TOME V.

PARIS. — IMPRIMERIE DE G. DOYEN,
RUE SAINT-JACQUES, N. 38.

ÉMILE

ou

DE L'ÉDUCATION.

ÉMILE

OU

DE L'ÉDUCATION.

LIVRE CINQUIÈME.

Nous voici parvenus au dernier acte de la jeunesse, mais nous ne sommes pas encore au dénouement.

Il n'est pas bon que l'homme soit seul. Émile est homme; nous lui avons promis une compagne, il faut la lui donner. Cette compagne est Sophie. En quels lieux est son asile? où la trouverons-nous? Pour la trouver il la faut connoître. Sachons premièrement ce qu'elle est, nous jugerons mieux des lieux qu'elle habite; et quand nous l'aurons trouvée, encore tout ne sera-t-il pas fait. *Puisque notre jeune gentilhomme*, dit Locke, *est prêt à se marier, il est temps de le laisser auprès de sa maîtresse*. Et là-dessus il finit son ouvrage. Pour moi qui n'ai pas l'honneur d'élever un gentilhomme, je me garderai d'imiter Locke en cela.

SOPHIE

ou

LA FEMME.

Sophie doit être femme comme Émile est homme, c'est-à-dire avoir tout ce qui convient à la constitution de son espèce et de son sexe pour remplir sa place dans l'ordre physique et moral. Commençons donc par examiner les conformités et les différences de son sexe et du nôtre.

En tout ce qui ne tient pas au sexe, la femme est homme : elle a les mêmes organes, les mêmes besoins, les mêmes facultés ; la machine est construite de la même manière, les pièces en sont les mêmes, le jeu de l'une est celui de l'autre, la figure est semblable ; et, sous quelque rapport qu'on les considère, ils ne diffèrent entre eux que du plus au moins.

En tout ce qui tient au sexe, la femme et l'homme ont partout des rapports et partout des différences : la difficulté de les comparer vient de celle de déterminer dans la constitution de l'un et de l'autre ce qui est du sexe et ce qui n'en est pas. Par l'anatomie comparée, et même à la seule inspection, l'on trouve entre eux des différences générales qui paroissent ne point tenir au sexe; elles y tiennent pourtant, mais par des liaisons que nous sommes hors d'état d'apercevoir : nous ne savons jusqu'où ces liaisons peuvent s'étendre; la seule chose que nous savons avec certitude est que tout ce qu'ils ont de commun est de l'espèce, et que tout ce qu'ils ont de différent est du sexe. Sous ce double point de vue nous trouvons entre eux tant de rapports et tant d'oppositions, que c'est peut-être une des merveilles de la nature d'avoir pu faire deux êtres si semblables en les constituant si différemment.

Ces rapports et ces différences doivent influer sur le moral; cette conséquence est sensible, conforme à l'expérience, et montre la vanité des disputes sur la préférence ou l'égalité des sexes : comme si chacun des deux, allant aux fins de la nature selon sa destination particulière, n'étoit pas plus parfait en cela que s'il ressembloit davantage à l'autre ! En ce qu'ils ont de commun ils sont égaux; en ce qu'ils ont de différent ils ne sont pas comparables. Une femme parfaite et un homme parfait ne doivent pas plus se ressembler d'esprit que de visage; et la perfection n'est pas susceptible de plus et de moins.

Dans l'union des sexes chacun concourt également à l'objet commun, mais non pas de la même manière. De cette diversité naît la première différence assignable entre les rapports moraux de l'un et de l'autre. L'un doit être actif et fort, l'autre passif et foible : il faut nécessairement que l'un veuille et puisse, il suffit que l'autre résiste peu.

Ce principe établi, il s'ensuit que la femme est faite spécialement pour plaire à l'homme. Si l'homme doit lui plaire à son tour, c'est d'une nécessité moins directe : son mérite est dans sa puissance ; il plaît par cela seul qu'il est fort. Ce n'est pas ici la loi de l'amour, j'en conviens; mais c'est celle de la nature, antérieure à l'amour même.

Si la femme est faite pour plaire et pour être subjuguée, elle doit se rendre agréabe à l'homme au lieu de le provoquer : sa violence à elle est dans ses charmes; c'est par eux qu'elle doit le contraindre à trouver sa force et à en user. L'art le plus sûr d'animer cette force est de la rendre nécessaire par la résistance. Alors l'amour-propre se joint au désir, et l'un triomphe de la victoire que l'autre lui fait remporter. De là naissent l'attaque et la défense, l'audace d'un sexe et la timidité de l'autre, enfin la modestie et la honte dont la nature arma le foible pour asservir le fort.

Qui est-ce qui peut penser qu'elle ait prescrit indifféremment les mêmes avances aux uns et aux autres, et que le premier à former des désirs doive être aussi le premier à les témoigner? Quelle étrange dépravation de jugement! L'entreprise ayant des conséquences si différentes pour les deux sexes, est-il naturel qu'ils aient la même audace à s'y livrer? Comment ne voit-on pas qu'avec une si grande inégalité dans la mise commune, si la réserve n'imposoit à l'un la modération que la nature impose à l'autre, il en résulteroit bientôt la ruine de tous deux, et que le genre humain périroit par les moyens établis pour le conserver? Avec la facilité qu'ont les femmes d'émouvoir les sens des hommes, et d'aller réveiller au fond de leurs cœurs les restes d'un tempérament presque éteint, s'il étoit quelque malheureux climat sur la terre où la philosophie eût introduit cet usage, surtout dans les pays chauds, où il naît plus de femmes que d'hommes, tyrannisés par elles, ils seroient enfin leurs victimes, et se verroient tous traîner à la mort sans qu'ils pussent jamais s'en défendre.

Si les femelles des animaux n'ont pas la même honte, que s'ensuit-il? Ont-elles, comme les femmes, les désirs illimités auxquels cette honte sert de frein? Le désir ne vient pour elles qu'avec le besoin; le besoin satisfait, le désir cesse; elles ne repoussent plus le mâle par feinte¹, mais tout de bon: elles font tout le contraire de ce que faisoit la fille d'Auguste, elles ne reçoivent plus de

---

¹ J'ai déjà remarqué que les refus de simagrée et d'agacerie sont communs à presque toutes les femelles, même parmi les animaux, et même quand elles sont le plus disposées à se rendre; il faut n'avoir jamais observé leur manége pour disconvenir de cela.

passagers quand le navire a sa cargaison. Même quand elles sont libres, leurs temps de bonne volonté sont courts et bientôt passés ; l'instinct les pousse et l'instinct les arrête. Où sera le supplément de cet instinct négatif dans les femmes, quand vous leur aurez ôté la pudeur ? Attendre qu'elles ne se soucient plus des hommes, c'est attendre qu'ils ne soient plus bons à rien.

L'Être suprême a voulu faire en tout honneur à l'espèce humaine : en donnant à l'homme des penchants sans mesure, il lui donne en même temps la loi qui les règle, afin qu'il soit libre et se commande à lui-même : en le livrant à des passions immodérées, il joint à ces passions la raison pour les gouverner : en livrant la femme à des désirs illimités, il joint à ces désirs la pudeur pour les contenir. Pour surcroît, il ajoute encore une récompense actuelle au bon usage de ses facultés, savoir le goût qu'on prend aux choses honnêtes lorsqu'on en fait la règle de ses actions. Tout cela vaut bien, ce me semble, l'instinct des bêtes.

Soit donc que la femelle de l'homme partage ou non ses désirs et veuille ou non les satisfaire, elle le repousse et se défend toujours, mais non pas toujours avec la même force, ni par conséquent avec le même succès. Pour que l'attaquant soit victorieux, il faut que l'attaqué le permette ou l'ordonne : car que de moyens adroits n'a-t-il pas pour forcer l'agresseur d'user de force ! Le plus libre et le plus doux de tous les actes n'admet point de violence réelle, la nature et la raison s'y opposent : la nature, en ce qu'elle a pourvu le plus foible d'autant de force qu'il en faut pour résister quand il lui plaît; la raison, en ce qu'une violence réelle est non seulement le plus brutal de tous les actes, mais le plus contraire à sa fin; soit parce que l'homme déclare ainsi la guerre à sa compagne, et l'autorise à défendre sa personne et sa liberté aux dépens même de la vie de l'agresseur, soit parce que la femme seule est juge de l'état où elle se trouve, et qu'un enfant n'auroit point de père si tout homme en pouvoit usurper les droits.

Voici donc une troisième conséquence de la constitution des sexes, c'est que le plus fort soit le maître en apparence, et dépende en effet du plus foible; et cela, non par un frivole usage de galanterie, ni par une orgueilleuse générosité de protecteur, mais par une invariable loi de la nature, qui, donnant à la femme plus de facilité d'exciter les désirs qu'à l'homme de les satisfaire, fait dépendre celui-ci, malgré qu'il en ait, du bon plaisir de l'autre, et le contraint de chercher à son tour à lui plaire pour obtenir qu'elle consente à le laisser être le plus fort. Alors ce qu'il y a de plus doux pour l'homme dans sa victoire est de douter si c'est la foiblesse qui cède à la force, ou si c'est la volonté qui se rend; et la ruse ordinaire de la femme est de laisser toujours ce doute entre elle et lui. L'esprit des femmes répond en ceci parfaitement à leur constitution : loin de rougir de leur foiblesse elles en font gloire ; leurs tendres muscles sont sans résistance ; elles affectent de ne pouvoir soulever les plus légers fardeaux ; elles auroient honte d'être fortes. Pourquoi cela? Ce n'est pas seulement pour paroître délicates, c'est par une précaution plus adroite ; elles se ménagent de loin des excuses et le droit d'être foibles au besoin.

Le progrès des lumières acquises par nos vices a beaucoup changé sur ce point les anciennes opinions parmi nous, et l'on ne parle plus guère de violences depuis qu'elles sont si peu nécessaires, et que les hommes n'y croient plus[1] ; au lieu qu'elles sont très-communes dans les hautes antiquités grecques et juives, parce que ces mêmes opinions sont dans la simplicité de la nature, et que la seule expérience du libertinage a pu les déraciner. Si l'on cite de nos jours moins d'actes de violence, ce n'est sûrement pas que les hommes soient plus tempérants, mais c'est qu'ils ont moins de crédulité, et que telle plainte qui jadis eût persuadé des peuples simples ne feroit de nos jours qu'at-

---

[1] Il peut y avoir une telle disproportion d'âge et de force qu'une violence réelle ait lieu ; mais traitant ici de l'état relatif des sexes selon l'ordre de la nature, je les prends tous deux dans le rapport commun qui constitue cet état.

tirer les ris des moqueurs ; on gagne davantage à se taire. Il y a dans le Deutéronome [1] une loi par laquelle une fille abusée étoit punie avec le séducteur, si le délit avoit été commis dans la ville ; mais s'il avoit été commis à la campagne ou dans des lieux écartés, l'homme seul étoit puni ; *Car*, dit la loi, *la fille a crié et n'a point été entendue*. Cette bénigne interprétation apprenoit aux filles à ne pas se laisser surprendre en des lieux fréquentés.

L'effet de ces diversités d'opinions sur les mœurs est sensible. La galanterie moderne en est l'ouvrage. Les hommes, trouvant que leurs plaisirs dépendoient plus de la volonté du beau sexe qu'ils n'avoient cru, ont captivé cette volonté par des complaisances dont il les a bien dédommagés.

Voyez comment le physique nous amène insensiblement au moral, et comment de la grossière union des sexes naissent peu à peu les plus douces lois de l'amour. L'empire des femmes n'est point à elles parce que les hommes l'ont voulu, mais parce que ainsi le veut la nature : il étoit à elles avant qu'elles parussent l'avoir. Ce même Hercule, qui crut faire violence aux cinquante filles de Thespius, fut pourtant contraint de filer près d'Omphale ; et le fort Samson n'étoit pas si fort que Dalila. Cet empire est aux femmes, et ne peut leur être ôté, même quand elles en abusent :

[1] * Chap. XXII, v. 23-27.

si jamais elles pouvoient le perdre, il y a longtemps qu'elles l'auroient perdu.

Il n'y a nulle parité entre les deux sexes quant à la conséquence du sexe. Le mâle n'est mâle qu'en certains instants, la femelle est femelle toute sa vie ou du moins toute sa jeunesse; tout la rappelle sans cesse à son sexe; et, pour en bien remplir les fonctions, il lui faut une constitution qui s'y rapporte. Il lui faut du ménagement durant sa grossesse, il lui faut du repos dans ses couches, il lui faut une vie molle et sédentaire pour allaiter ses enfants; il lui faut, pour les élever, de la patience et de la douceur, un zèle, une affection que rien ne rebute; elle sert de liaison entre eux et leur père, elle seule les lui fait aimer et lui donne la confiance de les appeler siens. Que de tendresse et de soins ne lui faut-il point pour maintenir dans l'union toute la famille! Et enfin tout cela ne doit pas être des vertus, mais des goûts, sans quoi l'espèce humaine seroit bientôt éteinte.

La rigidité des devoirs relatifs des deux sexes n'est ni ne peut être la même. Quand la femme se plaint là-dessus de l'injuste inégalité qu'y met l'homme, elle a tort; cette inégalité n'est point une institution humaine, ou du moins elle n'est point l'ouvrage du préjugé, mais de la raison : c'est à celui des deux que la nature a chargé du dépôt des enfants d'en répondre à l'autre. Sans doute il n'est permis à personne de violer sa foi, et tout mari infidèle qui prive sa femme du seul prix des austères devoirs de son sexe est un homme injuste et barbare : mais la femme infidèle fait plus, elle dissout la famille, et brise tous les liens de la nature ; en donnant à l'homme des enfants qui ne sont pas à lui, elle trahit les uns et les autres, elle joint la perfidie à l'infidélité. J'ai peine à voir quel désordre et quel crime ne tient pas à celui-là. S'il est un état affreux au monde, c'est celui d'un malheureux père qui, sans confiance en sa femme, n'ose se livrer aux plus doux sentiments de son cœur, qui doute en embrassant son enfant s'il n'embrasse point l'enfant d'un autre, le gage de son déshonneur, le ravisseur du bien de ses propres enfants. Qu'est-ce alors que la famille, si ce n'est une société d'ennemis secrets qu'une femme coupable arme l'un contre l'autre, en les forçant de feindre de s'entr'aimer ?

Il n'importe donc pas seulement que la femme soit fidèle, mais qu'elle soit jugée telle par son mari, par ses proches, par tout le monde ; il importe qu'elle soit modeste, attentive, réservée, et qu'elle porte aux yeux d'autrui, comme en sa propre conscience, le témoignage de sa vertu. Enfin, s'il importe qu'un père aime ses enfants, il importe qu'il estime leur mère. Telles sont les raisons qui mettent l'apparence même au nombre des devoirs des femmes, et leur rendent l'honneur et la réputation non moins indispensables que la chasteté.

De ces principes dérive, avec la différence morale des sexes, un motif nouveau de devoir et de convenance, qui prescrit spécialement aux femmes l'attention la plus scrupuleuse sur leur conduite, sur leurs manières, sur leur maintien. Soutenir vaguement que les deux sexes sont égaux, et que leurs devoirs sont les mêmes, c'est se perdre en déclamations vaines, c'est ne rien dire tant qu'on ne répondra pas à cela.

N'est-ce pas une manière de raisonner bien solide, de donner des exceptions pour réponse à des lois générales aussi bien fondées? Les femmes, dites-vous, ne font pas toujours des enfants! Non; mais leur destination propre est d'en faire. Quoi! parce qu'il y a dans l'univers une centaine de grandes villes où les femmes vivant dans la licence font peu d'enfants, vous prétendez que l'état des femmes est d'en faire peu! Et que deviendroient vos villes, si les campagnes éloignées, où les femmes vivent plus simplement et plus chastement, ne réparoient la stérilité des dames? Dans combien de provinces les femmes qui n'ont fait que quatre ou cinq enfants passent pour peu fécondes [1]! Enfin, que telle ou telle femme fasse

---

[1] Sans cela l'espèce dépériroit nécessairement : pour qu'elle se conserve, il faut, tout compensé, que chaque femme fasse à peu près quatre enfants : car des enfants qui naissent il en meurt près de la moitié avant qu'ils puissent en avoir d'autres, et il en faut deux restants pour représenter le père et la mère. Voyez si les villes vous fourniront cette population-là.

peu d'enfants, qu'importe? L'état de la femme est-il moins d'être mère? et n'est-ce pas par des lois générales que la nature et les mœurs doivent pourvoir à cet état?

Quand il y auroit entre les grossesses d'aussi longs intervalles qu'on le suppose, une femme changera-t-elle, ainsi brusquement et alternativement de manière de vivre sans péril et sans risque? Sera-t-elle aujourd'hui nourrice et demain guerrière? Changera-t-elle de tempérament et de goûts comme un caméléon de couleurs? Passera-t-elle tout à coup de l'ombre de la clôture et des soins domestiques aux injures de l'air, aux travaux, aux fatigues, aux périls de la guerre? Sera-t-elle tantôt craintive[1] et tantôt brave, tantôt délicate et tantôt robuste? Si les jeunes gens élevés dans Paris ont peine à supporter le métier des armes, des femmes qui n'ont jamais affronté le soleil, et qui savent à peine marcher, le supporteront-elles après cinquante ans de mollesse? Prendront-elles ce dur métier à l'âge où les hommes le quittent?

Il y a des pays où les femmes accouchent presque sans peine, et nourrissent leurs enfants presque sans soin; j'en conviens: mais dans ces mêmes pays les hommes vont demi-nus en tout temps, terrassent les bêtes féroces, portent un canot

---

[1] La timidité des femmes est encore un instinct de la nature contre le double risque qu'elles courent durant leur grossesse.

comme un havresac, font des chasses de sept ou huit cents lieues, dorment à l'air à plate terre, supportent des fatigues incroyables, et passent plusieurs jours sans manger. Quand les femmes deviennent robustes, les hommes le deviennent encore plus; quand les hommes s'amollissent, les femmes s'amollissent davantage; quand les deux termes changent également, la différence reste la même.

Platon, dans sa République, donne aux femmes les mêmes exercices qu'aux hommes; je le crois bien. Ayant ôté de son gouvernement les familles particulières, et ne sachant plus que faire des femmes, il se vit forcé de les faire hommes. Ce beau génie avoit tout combiné, tout prévu : il alloit au-devant d'une objection que personne peut-être n'eût songé à lui faire; mais il a mal résolu celle qu'on lui fait. Je ne parle point de cette prétendue communauté de femmes dont le reproche tant répété prouve que ceux qui le lui font ne l'ont jamais lu; je parle de cette promiscuité civile qui confond partout les deux sexes dans les mêmes emplois, dans les mêmes travaux, et ne peut manquer d'engendrer les plus intolérables abus; je parle de cette subversion des plus doux sentiments de la nature, immolés à un sentiment artificiel qui ne peut subsister que par eux : comme s'il ne falloit pas une prise naturelle pour former des liens de convention ! comme si l'amour qu'on a pour ses proches n'étoit pas le principe de celui qu'on doit à l'état ! comme si ce n'étoit pas par la petite patrie, qui est la famille, que le cœur s'attache à la grande ! comme si ce n'étoit pas le bon fils, le bon mari, le bon père, qui font le bon citoyen !

Dès qu'une fois il est démontré que l'homme et la femme ne sont ni ne doivent être constitués de même, de caractère ni de tempérament, il s'ensuit qu'ils ne doivent pas avoir la même éducation. En suivant les directions de la nature, ils doivent agir de concert, mais ils ne doivent pas faire les mêmes choses; la fin des travaux est commune, mais les travaux sont différents, et par conséquent les goûts qui les dirigent. Après avoir tâché de former l'homme naturel, pour ne pas laisser imparfait notre ouvrage, voyons comment doit se former aussi la femme qui convient à cet homme.

Voulez-vous toujours être bien guidé, suivez toujours les indications de la nature. Tout ce qui caractérise le sexe doit être respecté comme établi par elle. Vous dites sans cesse : Les femmes ont tel et tel défaut que nous n'avons pas. Votre orgueil vous trompe; ce seroient des défauts pour vous, ce sont des qualités pour elles; tout iroit moins bien si elles ne les avoient pas. Empêchez ces prétendus défauts de dégénérer, mais gardez-vous de les détruire.

Les femmes, de leur côté, ne cessent de crier

que nous les élevons pour être vaines et coquettes, que nous les amusons sans cesse à des puérilités pour rester plus facilement les maîtres ; elles s'en prennent à nous des défauts que nous leur reprochons. Quelle folie ! Et depuis quand sont-ce les hommes qui se mêlent de l'éducation des filles ? Qui est-ce qui empêche les mères de les élever comme il leur plaît ? Elles n'ont point de colléges : grand malheur ! Eh ! plût à Dieu qu'il n'y en eût point pour les garçons ! ils seroient plus sensément et plus honnêtement élevés. Force-t-on vos filles à perdre leur temps en niaiseries ? Leur fait-on malgré elles passer la moitié de leur vie à leur toilette, à votre exemple ? Vous empêche-t-on de les instruire et faire instruire à votre gré ? Est-ce notre faute si elles nous plaisent quand elles sont belles, si leurs minauderies nous séduisent, si l'art qu'elles apprennent de vous nous attire et nous flatte, si nous aimons à les voir mises avec goût, si nous leur laissons affiler à loisir les armes dont elles nous subjuguent ? Eh ! prenez le parti de les élever comme des hommes ; ils y consentiront de bon cœur. Plus elles voudront leur ressembler, moins elles les gouverneront, et c'est alors qu'ils seront vraiment les maîtres.

Toutes les facultés communes aux deux sexes ne leur sont pas également partagées ; mais prises en tout, elles se compensent. La femme vaut mieux comme femme et moins comme homme ;

partout où elle fait valoir ses droits, elle a l'avantage; partout où elle veut usurper les nôtres, elle reste au-dessous de nous. On ne peut répondre à cette vérité générale que par des exceptions; constante manière d'argumenter des galants partisans du beau sexe.

Cultiver dans les femmes les qualités de l'homme, et négliger celles qui leur sont propres, c'est donc visiblement travailler à leur préjudice. Les rusées le voient trop bien pour en être les dupes; en tâchant d'usurper nos avantages, elles n'abandonnent pas les leurs; mais il arrive de là que, ne pouvant bien ménager les uns et les autres parce qu'ils sont incompatibles, elles restent au-dessous de leur portée sans se mettre à la nôtre, et perdent la moitié de leur prix. Croyez-moi, mère judicieuse, ne faites point de votre fille un honnête homme, comme pour donner un démenti à la nature: faites-en une honnête femme, et soyez sûre qu'elle en vaudra mieux pour elle et pour nous.

S'ensuit-il qu'elle doive être élevée dans l'ignorance de toute chose, et bornée aux seules fonctions du ménage? L'homme fera-t-il sa servante de sa compagne? Se privera-t-il auprès d'elle du plus grand charme de la société? Pour mieux l'asservir, l'empêchera-t-il de rien sentir, de rien connoître? En fera-t-il un véritable automate? Non, sans doute; ainsi ne l'a pas dit la nature, qui donne aux femmes un esprit si agréable et si délié; au contraire, elle veut qu'elles pensent, qu'elles jugent, qu'elles aiment, qu'elles connoissent, qu'elles cultivent leur esprit comme leur figure; ce sont les armes qu'elle leur donne pour suppléer à la force qui leur manque et pour diriger la nôtre. Elles doivent apprendre beaucoup de choses, mais seulement celles qu'il leur convient de savoir.

Soit que je considère la destination particulière du sexe, soit que j'observe ses penchants, soit que je compte ses devoirs, tout concourt également à m'indiquer la forme d'éducation qui lui convient. La femme et l'homme sont faits l'un pour l'autre, mais leur mutuelle dépendance n'est pas égale : les hommes dépendent des femmes par leurs désirs; les femmes dépendent des hommes et par leurs désirs et par leurs besoins; nous subsisterions plutôt sans elles qu'elles sans nous. Pour qu'elles aient le nécessaire, pour qu'elles soient dans leur état, il faut que nous le leur donnions, que nous voulions le leur donner, que nous les en estimions dignes; elles dépendent de nos sentiments, du prix que nous mettons à leur mérite, du cas que nous faisons de leurs charmes et de leurs vertus. Par la loi même de la nature, les femmes, tant pour elles que pour leurs enfants, sont à la merci des jugements des hommes : il ne suffit pas qu'elles soient estimables, il faut qu'elles soient estimées; il ne leur suffit pas d'être belles,

LIVRE V.

il faut qu'elles plaisent; il ne leur suffit pas d'être sages, il faut qu'elles soient reconnues pour telles; leur honneur n'est pas seulement dans leur conduite, mais dans leur réputation, et il n'est pas possible que celle qui consent à passer pour infâme puisse jamais être honnête. L'homme, en bien faisant, ne dépend que de lui-même, et peut braver le jugement public; mais la femme, en bien faisant, n'a fait que la moitié de sa tâche, et ce que l'on pense d'elle ne lui importe pas moins que ce qu'elle est en effet. Il suit de là que le système de son éducation doit être à cet égard contraire à celui de la nôtre : l'opinion est le tombeau de la vertu parmi les hommes, et son trône parmi les femmes.

De la bonne constitution des mères dépend d'abord celle des enfants; du soin des femmes dépend la première éducation des hommes; des femmes dépendent encore leurs mœurs; leurs passions, leurs goûts, leurs plaisirs, leur bonheur même. Ainsi toute l'éducation des femmes doit être relative aux hommes. Leur plaire, leur être utiles, se faire aimer et honorer d'eux, les élever jeunes, les soigner grands, les conseiller, les consoler, leur rendre la vie agréable et douce; voilà les devoirs des femmes dans tous les temps, et ce qu'on doit leur apprendre dès leur enfance. Tant qu'on ne remontera pas à ce principe, on s'écartera du but, et tous les préceptes qu'on leur donnera ne serviront de rien pour leur bonheur ni pour le nôtre.

Mais, quoique toute femme veuille plaire aux hommes et doive le vouloir, il y a bien de la différence entre vouloir plaire à l'homme de mérite, à l'homme vraiment aimable, et vouloir plaire à ces petits agréables qui déshonorent leur sexe et celui qu'ils imitent. Ni la nature ni la raison ne peuvent porter la femme à aimer dans les hommes ce qui lui ressemble, et ce n'est pas non plus en prenant leurs manières qu'elle doit chercher à s'en faire aimer.

Lors donc que, quittant le ton modeste et posé de leur sexe, elles prennent les airs de ces étourdis, loin de suivre leur vocation, elles y renoncent; elles s'ôtent à elles-mêmes les droits qu'elles pensent usurper. Si nous étions autrement, disent-elles, nous ne plairions point aux hommes. Elles mentent. Il faut être folle pour aimer les fous; le désir d'attirer ces gens-là montre le goût de celle qui s'y livre. S'il n'y avoit point d'hommes frivoles, elle se presseroit d'en faire; et leurs frivolités sont bien plus son ouvrage que les siennes ne sont le leur. La femme qui aime les vrais hommes, et qui veut leur plaire, prend des moyens assortis à son dessein. La femme est coquette par état; mais sa coquetterie change de forme, d'objet selon ses vues : réglons ces vues sur celles de la nature, la femme aura l'éducation qui lui convient.

Les petites filles, presque en naissant, aiment la parure : non contentes d'être jolies, elles veulent qu'on les trouve telles; on voit dans leurs petits airs que ce soin les occupe déjà; et à peine sont-elles en état d'entendre ce qu'on leur dit, qu'on les gouverne en leur parlant de ce qu'on pensera d'elles. Il s'en faut bien que le même motif très-indiscrètement proposé aux petits garçons n'ait sur eux le même empire. Pourvu qu'ils soient indépendants et qu'ils aient du plaisir, ils se soucient fort peu de ce qu'on pourra penser d'eux. Ce n'est qu'à force de temps et de peine qu'on les assujettit à la même loi.

De quelque part que vienne aux filles cette première leçon, elle est très-bonne. Puisque le corps naît pour ainsi dire avant l'ame, la première culture doit être celle du corps : cet ordre est commun aux deux sexes. Mais l'objet de cette culture est différent; dans l'un cet objet est le développement des forces, dans l'autre il est celui des agréments : non que ces qualités doivent être exclusives dans chaque sexe, l'ordre seulement est renversé : il faut assez de force aux femmes pour faire tout ce qu'elles font avec grâce; il faut assez d'adresse aux hommes pour faire tout ce qu'ils font avec facilité.

Par l'extrême mollesse des femmes commence celle des hommes. Les femmes ne doivent pas être robustes comme eux, mais pour eux, pour que les hommes qui naîtront d'elles le soient aussi. En ceci, les couvents où les pensionnaires ont une nourriture grossière, mais beaucoup d'ébats, de courses, de jeux en plein air et dans des jardins, sont à préférer à la maison paternelle, où une fille, délicatement nourrie, toujours flattée, ou tancée, toujours assise sous les yeux de sa mère dans une chambre bien close, n'ose se lever, ni marcher, ni parler, ni souffler, et n'a pas un moment de liberté pour jouer, sauter, courir, crier, se livrer à la pétulance naturelle à son âge : toujours ou relâchement dangereux ou sévérité mal entendue; jamais rien selon la raison. Voilà comment on ruine le corps et le cœur de la jeunesse.

Les filles de Sparte s'exerçoient, comme les garçons, aux jeux militaires, non pour aller à la guerre, mais pour porter un jour des enfants capables d'en soutenir les fatigues. Ce n'est pas là ce que j'approuve, il n'est pas nécessaire pour donner des soldats à l'état que les mères aient porté le mousquet et fait l'exercice à la prussienne; mais je trouve qu'en général l'éducation grecque étoit très-bien entendue en cette partie. Les jeunes filles paroissoient souvent en public, pas mêlées avec les garçons, mais rassemblées entre elles. Il n'y avoit presque pas une fête, pas un sacrifice, pas une cérémonie, où l'on ne vît des bandes de filles des premiers citoyens couronnées de fleurs, chantant des hymnes, formant des chœurs de danses, portant des corbeilles, des vases, des offrandes, et présentant aux sens dépravés des Grecs un spectacle charmant et propre à balancer le mauvais effet de leur indécente gymnastique. Quelque impression que fît cet usage sur les cœurs des hommes, toujours étoit-il excellent pour donner au sexe une bonne constitution dans la jeunesse par des exercices agréables, modérés, salutaires, et pour aiguiser et former son goût par le désir continuel de plaire, sans jamais exposer ses mœurs.

Sitôt que ces jeunes personnes étoient mariées, on ne les voyoit plus en public; renfermées dans leurs maisons, elles bornoient tous leurs soins à leur ménage et à leur famille. Telle est la manière de vivre que la nature et la raison prescrivent au sexe. Aussi de ces mères-là naissoient les hommes les plus sains, les plus robustes, les mieux faits de la terre; et malgré le mauvais renom de quelques îles, il est constant que de tous les peuples du monde, sans en excepter même les Romains, on n'en cite aucun où les femmes aient été à la fois plus sages et plus aimables, et aient mieux réuni les mœurs et la beauté, que l'ancienne Grèce.

On sait que l'aisance des vêtements qui ne gênoient point le corps contribuoit beaucoup à lui laisser dans les deux sexes ces belles proportions qu'on voit dans leurs statues, et qui servent encore de modèle à l'art quand la nature défigurée a cessé de lui en fournir parmi nous. De toutes ces entraves gothiques, de ces multitudes de ligatures qui tiennent de toutes parts nos membres en presse, ils n'en avoient pas une seule. Leurs femmes ignoroient l'usage de ces corps de baleine par lesquels les nôtres contrefont leur taille plutôt qu'elles ne la marquent. Je ne puis concevoir que cet abus, poussé en Angleterre à un point inconcevable, n'y fasse pas à la fin dégénérer l'espèce, et je soutiens même que l'objet d'agrément qu'on se propose en cela est de mauvais goût. Il n'est point agréable de voir une femme coupée en deux comme une guêpe; cela choque la vue et fait souffrir l'imagination. La finesse de la taille a, comme tout le reste, ses proportions, sa mesure, passé laquelle elle est certainement un défaut: ce défaut seroit même frappant à l'œil sur le nu; pourquoi seroit-il une beauté sous le vêtement?

Je n'ose presser les raisons sur lesquelles les femmes s'obstinent à s'encuirasser ainsi : un sein qui tombe, un ventre qui grossit, etc., cela déplaît fort, j'en conviens, dans une personne de vingt ans, mais cela ne choque plus à trente; et comme il faut en dépit de nous être en tout temps ce qu'il plaît à la nature, et que l'œil de l'homme ne s'y trompe point, ces défauts sont moins déplaisants à tout âge que la sotte affectation d'une petite fille de quarante ans.

Tout ce qui gêne et contraint la nature est de

mauvais goût; cela est vrai des parures du corps comme des ornements de l'esprit. La vie, la santé, la raison, le bien-être, doivent aller avant tout; la grâce ne va point sans l'aisance; la délicatesse n'est pas la langueur, et il ne faut pas être malsaine pour plaire. On excite la pitié quand on souffre; mais le plaisir et le désir cherchent la fraîcheur de la santé.

Les enfants des deux sexes ont beaucoup d'amusements communs, et cela doit être; n'en ont-ils pas de même étant grands? ils ont aussi des goûts propres qui les distinguent. Les garçons cherchent le mouvement et le bruit; des tambours, des sabots, de petits carrosses : les filles aiment mieux ce qui donne dans la vue et sert à l'ornement; des miroirs, des bijoux, des chiffons, surtout des poupées : la poupée est l'amusement spécial de ce sexe; voilà très-évidemment son goût déterminé sur sa destination. Le physique de l'art de plaire est dans la parure; c'est tout ce que des enfants peuvent cultiver de cet art.

Voyez une petite fille passer la journée autour de sa poupée, lui changer sans cesse d'ajustement, l'habiller, la déshabiller cent et cent fois, chercher continuellement de nouvelles combinaisons d'ornements bien ou mal assortis, il n'importe; les doigts manquent d'adresse, le goût n'est pas formé, mais déjà le penchant se montre : dans cette éternelle occupation le temps coule sans qu'elle y songe; les heures passent, elle n'en sait rien, elle oublie les repas mêmes, elle a plus faim de parure que d'aliment. Mais, direz-vous, elle pare sa poupée et non sa personne. Sans doute ; elle voit sa poupée et ne se voit pas, elle ne peut rien faire pour elle-même, elle n'est pas formée, elle n'a ni talent ni force, elle n'est rien encore, elle est toute dans sa poupée, elle y met toute sa coquetterie. Elle ne l'y laissera pas toujours, elle attend le moment d'être sa poupée elle-même.

Voilà donc un premier goût bien décidé : vous n'avez qu'à le suivre et le régler. Il est sûr que la petite voudroit de tout son cœur savoir orner sa poupée, faire ses nœuds de manche, son fichu, son falbala, sa dentelle ; en tout cela on la fait dépendre si durement du bon plaisir d'autrui, qu'il lui seroit bien plus commode de tout devoir à son industrie. Ainsi vient la raison des premières leçons qu'on lui donne : ce ne sont pas des tâches qu'on lui prescrit, ce sont des bontés qu'on a pour elle. Et en effet presque toutes les petites filles apprennent avec répugnance à lire et à écrire ; mais, quant à tenir l'aiguille, c'est ce qu'elles apprennent toujours volontiers. Elles s'imaginent d'avance être grandes, et songent avec plaisir que ces talents pourront un jour leur servir à se parer.

Cette première route ouverte est facile à suivre : la couture, la broderie, la dentelle, viennent d'elles-mêmes. La tapisserie n'est plus si fort à leur gré : les meubles sont trop loin d'elles, ils ne tiennent point à la personne, ils tiennent à d'autres opinions. La tapisserie est l'amusement des femmes; de jeunes filles n'y prendront jamais un fort grand plaisir.

Ces progrès volontaires s'étendront aisément jusqu'au dessin, car cet art n'est pas indifférent à celui de se mettre avec goût : mais je ne voudrois point qu'on les appliquât au paysage, encore moins à la figure. Des feuillages, des fruits, des fleurs, des draperies, tout ce qui peut servir à donner un contour élégant aux ajustements, et à faire soi-même un patron de broderie quand on n'en trouve pas à son gré, cela leur suffit. En général, s'il importe aux hommes de borner leurs études à des connoissances d'usage, cela importe encore plus aux femmes : parce que la vie de celle-ci, bien que moins laborieuse, étant ou devant être plus assidue à leurs soins, et plus entrecoupée de soins divers, ne leur permet de se livrer par choix à aucun talent au préjudice de leurs devoirs.

Quoi qu'en disent les plaisants, le bon sens est également des deux sexes. Les filles en général sont plus dociles que les garçons, et l'on doit même user sur elles de plus d'autorité, comme je le dirai tout à l'heure : mais il ne s'ensuit pas que l'on doive exiger d'elles rien dont elles ne puissent voir l'utilité ; l'art des mères est de la leur montrer dans tout ce qu'elles leur prescrivent, et cela est d'autant plus aisé, que l'intelligence dans les filles est plus précoce que dans les garçons. Cette règle bannit de leur sexe, ainsi que du nôtre, non seulement toutes les études oisives qui n'aboutissent à rien de bon, et ne rendent pas même plus agréables aux autres ceux qui les ont faites, mais même toutes celles dont l'utilité n'est pas de l'âge, et où l'enfant ne peut la prévoir dans un âge plus avancé. Si je ne veux pas qu'on presse un garçon d'apprendre à lire, à plus forte raison je ne veux pas qu'on y force de jeunes filles avant de leur faire bien sentir à quoi sert la lecture; et dans la manière dont on leur montre ordinairement cette utilité, on suit bien plus sa propre idée que la leur. Après tout, où est la nécessité qu'une fille sache lire et écrire de si bonne heure? Aura-t-elle sitôt un ménage à gouverner? Il y en a bien peu qui ne fassent plus d'abus que d'usage de cette fatale science; et toutes sont un peu trop curieuses pour ne pas l'apprendre sans qu'on les y force, quand elles en auront le loisir et l'occasion. Peut-être devroient-elles apprendre à chiffrer avant tout: car rien n'offre une utilité plus sensible en tout temps, ne demande un plus long usage, et ne laisse tant de prise à l'erreur que les comptes. Si la petite n'avoit les cerises de son goûter que par une opération d'arithmétique, je vous réponds qu'elle sauroit bientôt calculer.

Je connois une jeune personne qui apprit à

écrire plus tôt qu'à lire, et qui commença d'écrire avec l'aiguille avant que d'écrire avec la plume. De toute l'écriture elle ne voulut d'abord faire que des O. Elle faisoit incessamment des O grands et des petits, des O de toutes les tailles, des O les uns dans les autres, et toujours tracés de rebours. Malheureusement un jour qu'elle étoit occupée à cet utile exercice, elle se vit dans un miroir; et, trouvant que cette attitude contrainte lui donnoit mauvaise grâce, comme une autre Minerve, elle jeta la plume, et ne voulut plus faire des O. Son frère n'aimoit pas plus à écrire qu'elle; mais ce qui le fâchoit étoit la gêne, et non pas l'air qu'elle lui donnoit. On prit un autre tour pour la ramener à l'écriture; la petite fille étoit délicate et vaine, elle n'entendoit point que son linge servît à ses sœurs; on le marquoit, on ne voulut plus le marquer; il fallut apprendre à marquer elle-même : on conçoit le reste du progrès.

Justifiez toujours les soins que vous imposez aux jeunes filles, mais imposez-leur-en toujours. L'oisiveté et l'indocilité sont les deux défauts les plus dangereux pour elles, et dont on guérit le moins quand on les a contractés. Les filles doivent être vigilantes et laborieuses : ce n'est pas tout; elles doivent être gênées de bonne heure. Ce malheur, si c'en est un pour elles, est inséparable de leur sexe; et jamais elles ne s'en délivrent que pour en souffrir de bien plus cruels. Elles seront toute leur vie asservies à la gêne la plus continuelle et la plus sévère, qui est celle des bienséances. Il faut les exercer d'abord à la contrainte, afin qu'elle ne leur coûte jamais rien; à dompter toutes leurs fantaisies, pour les soumettre aux volontés d'autrui. Si elles vouloient toujours travailler, on devroit quelquefois les forcer à ne rien faire. La dissipation, la frivolité, l'inconstance, sont des défauts qui naissent aisément de leurs premiers goûts corrompus et toujours suivis. Pour prévenir cet abus, apprenez-leur surtout à se vaincre. Dans nos insensés établissements, la vie de l'honnête femme est un combat perpétuel contre elle-même; il est juste que ce sexe partage la peine des maux qu'il nous a causés.

Empêchez que les filles ne s'ennuient dans leurs occupations, et ne se passionnent dans leurs amusements, comme il arrive toujours dans les éducations vulgaires, où l'on met, comme dit Fénélon, tout l'ennui d'un côté et tout le plaisir de l'autre. Le premier de ces deux inconvénients n'aura lieu, si on suit les règles précédentes, que quand les personnes qui seront avec elles leur déplairont. Une petite fille qui aimera sa mère ou sa mie travaillera tout le jour à ses côtés sans ennui; le babil seul la dédommagera de toute sa gêne. Mais, si celle qui la gouverne lui est insupportable, elle prendra dans le même dégoût tout ce qu'elle fera sous ses yeux. Il est très-difficile que celles qui ne se plaisent pas avec leurs mères plus qu'avec personne au monde puissent un jour tourner à bien ; mais, pour juger de leurs vrais sentiments, il faut les étudier, et non pas se fier à ce qu'elles disent, car elles sont flatteuses, dissimulées, et savent de bonne heure se déguiser. On ne doit pas non plus leur prescrire d'aimer leur mère ; l'affection ne vient point par devoir, et ce n'est pas ici que sert la contrainte. L'attachement, les soins, la seule habitude, feront aimer la mère de la fille, si elle ne fait rien pour s'attirer sa haine. La gêne même où elle la tient, bien dirigée, au lieu d'affoiblir cet attachement, ne fera que l'augmenter, parce que la dépendance étant un état naturel aux femmes, les filles se sentent faites pour obéir.

Par la même raison qu'elles ont ou doivent avoir peu de liberté, elles portent à l'excès celle qu'on leur laisse ; extrêmes en tout, elles se livrent à leurs jeux avec plus d'emportement encore que les garçons : c'est le second des inconvénients dont je viens de parler. Cet emportement doit être modéré ; car il est la cause de plusieurs vices particuliers aux femmes, comme, entre autres, le caprice et l'engouement, par lesquels une femme se transporte aujourd'hui pour tel objet qu'elle ne regardera pas demain. L'inconstance des goûts leur est aussi funeste que leur excès, et l'un et l'autre leur vient de la même source. Ne leur ôtez pas la gaieté ; les ris, le bruit, les folâtres jeux ; mais empêchez qu'elles ne se rassasient de l'un pour courir à l'autre ; ne souffrez pas qu'un seul instant dans leur vie elles ne connoissent plus de frein. Accoutumez-les à se voir interrompre au milieu de leurs jeux, et ramener à d'autres soins sans murmurer. La seule habitude suffit encore en ceci, parce qu'elle ne fait que seconder la nature.

Il résulte de cette contrainte habituelle une docilité dont les femmes ont besoin toute leur vie, puisqu'elles ne cessent jamais d'être assujetties ou à un homme, ou aux jugements des hommes, et qu'il ne leur est jamais permis de se mettre au-dessus de ces jugements. La première et la plus importante qualité d'une femme est la douceur : faite pour obéir à un être aussi imparfait que l'homme, souvent si plein de vices, et toujours si plein de défauts, elle doit apprendre de bonne heure à souffrir même l'injustice et à supporter les torts d'un mari sans se plaindre : ce n'est pas pour lui, c'est pour elle qu'elle doit être douce. L'aigreur et l'opiniâtreté des femmes ne font jamais qu'augmenter leurs maux et les mauvais procédés des maris ; ils sentent que ce n'est pas avec ces armes-là qu'elles doivent les vaincre. Le ciel ne les fit point insinuantes et persuasives pour devenir acariâtres ; il ne les fit point foibles pour être impérieuses ; il ne leur donna point une voix si douce pour dire des injures ; il ne leur fit point des traits si délicats pour les défigurer par la colère. Quand elles se fâchent, elles s'oublient : elles ont souvent raison de se plaindre, mais elles ont toujours tort de gronder. Chacun doit garder le ton de son sexe ; un mari trop doux peut rendre une femme impertinente ; mais, à moins qu'un homme ne soit un monstre, la douceur d'une femme le ramène, et triomphe de lui tôt ou tard.

Que les filles soient toujours soumises, mais que les mères ne soient pas toujours inexorables. Pour rendre docile une jeune personne, il ne faut pas la rendre malheureuse ; pour la rendre modeste, il ne faut pas l'abrutir ; au contraire, je ne serois pas fâché qu'on lui laissât mettre quelquefois un peu d'adresse, non pas à éluder la punition dans sa désobéissance, mais à se faire exempter d'obéir. Il n'est pas question de lui rendre sa dépendance pénible ; il suffit de la lui faire sentir. La ruse est un talent naturel au sexe ; et, persuadé que tous les penchants naturels sont bons et droits par eux-mêmes, je suis d'avis qu'on cultive celui-là comme les autres : il ne s'agit que d'en prévenir l'abus.

Je m'en rapporte sur la vérité de cette remarque à tout observateur de bonne foi. Je ne veux point qu'on examine là-dessus les femmes mêmes : nos gênantes institutions peuvent les forcer d'aiguiser leur esprit. Je veux qu'on examine les filles, les petites filles, qui ne font pour ainsi dire que de naître : qu'on les compare avec les petits garçons du même âge; et, si ceux-ci ne paroissent lourds, étourdis, bêtes, auprès d'elles, j'aurai tort incontestablement. Qu'on me permette un seul exemple pris dans toute la naïveté puérile.

Il est très-commun de défendre aux enfants de rien demander à table ; car on ne croit jamais mieux réussir dans leur éducation qu'en la surchargeant de préceptes inutiles, comme si un morceau de ceci ou de cela n'étoit pas bientôt accordé ou refusé[1], sans faire mourir sans cesse un pauvre enfant d'une convoitise aiguisée par l'espérance. Tout le monde sait l'adresse d'un jeune garçon soumis à cette loi, lequel, ayant été oublié à table, s'avisa de demander du sel, etc. Je ne dirai pas qu'on pouvoit le chicaner pour avoir demandé directement du sel et indirectement de la viande; l'omission étoit si cruelle, que, quand il eût enfreint ouvertement la loi, et dît sans détour qu'il avoit faim, je ne puis croire qu'on l'en eût puni. Mais voici comment s'y prit, en ma présence, une petite fille de six ans dans un cas beaucoup plus difficile; car, outre qu'il lui étoit rigoureusement défendu de demander jamais rien ni directement ni indirectement, la désobéissance n'eût pas été graciable, puisqu'elle avoit mangé de tous les plats, hormis un seul, dont on avoit

---

[1] Un enfant se rend importun quand il trouve son compte à l'être; mais il ne demandera jamais deux fois la même chose, si la première est toujours irrévocable.

oublié de lui donner, et qu'elle convoitoit beaucoup.

Or, pour obtenir qu'on réparât cet oubli sans qu'on pût l'accuser de désobéissance, elle fit en avançant son doigt la revue de tous les plats, disant tout haut, à mesure qu'elle les montroit, *J'ai mangé de ça, j'ai mangé de ça :* mais elle affecta si visiblement de passer sans rien dire celui dont elle n'avoit pas mangé, que quelqu'un s'en apercevant lui dit : Et de cela, en avez-vous mangé ? *Oh non!* reprit doucement la petite gourmande en baissant les yeux. Je n'ajouterai rien ; comparez : ce tour-ci est une ruse de fille ; l'autre est une ruse de garçon.

Ce qui est est bien, et aucune loi générale n'est mauvaise. Cette adresse particulière donnée au sexe est un dédommagement très-équitable de la force qu'il a de moins ; sans quoi la femme ne seroit pas la compagne de l'homme, elle seroit son esclave : c'est par cette supériorité de talent qu'elle se maintient son égale, et qu'elle le gouverne en lui obéissant. La femme a tout contre elle, nos défauts, sa timidité, sa foiblesse ; elle n'a pour elle que son art et sa beauté. N'est-il pas juste qu'elle cultive l'un et l'autre ? Mais la beauté n'est pas générale ; elle périt par mille accidents, elle passe avec les années, l'habitude en détruit l'effet. L'esprit seul est la véritable ressource du sexe ; non ce sot esprit auquel on donne tant de prix dans le monde, et qui ne sert à rien pour rendre la vie heureuse, mais l'esprit de son état, l'art de tirer parti du nôtre et de se prévaloir de nos propres avantages. On ne sait pas combien cette adresse des femmes nous est utile à nous-mêmes, combien elle ajoute de charmes à la société des deux sexes, combien elle sert à réprimer la pétulance des enfants, combien elle contient de maris brutaux, combien elle maintient de bons ménages, que la discorde troubleroit sans cela. Les femmes artificieuses et méchantes en abusent, je le sais bien ; mais de quoi le vice n'abuse-t-il pas ? Ne détruisons point les instruments du bonheur parce que les méchants s'en servent quelquefois à nuire.

On peut briller par la parure, mais on ne plaît que par la personne. Nos ajustements ne sont point nous : souvent ils déparent à force d'être recherchés ; et souvent ceux qui font le plus remarquer celle qui les porte sont ceux qu'on remarque le moins. L'éducation des jeunes filles est en ce point tout-à-fait à contre-sens. On leur promet des ornements pour récompense ; on leur fait aimer les atours recherchés : *Qu'elle est belle!* leur dit-on quand elles sont fort parées. Et tout au contraire on devrait leur faire entendre que tant d'ajustement n'est fait que pour cacher des défauts, et que le vrai triomphe de la beauté est de briller par elle-même. L'amour des modes est de mauvais goût, parce que les visages ne changent pas avec elles, et que la figure étant la même, ce qui lui sied une fois lui sied toujours.

Quand je verrois la jeune fille se pavaner dans ses atours, je paroîtrois inquiet de sa figure ainsi déguisée et de ce qu'on en pourra penser; je dirois : Tous ces ornements la parent trop, c'est dommage; croyez-vous qu'elle en pût supporter de plus simples? est-elle assez belle pour se passer de ceci ou de cela? Peut-être sera-t-elle alors la première à prier qu'on lui ôte cet ornement, et qu'on juge : c'est le cas de l'applaudir, s'il y a lieu. Je ne la louerois jamais tant que quand elle seroit le plus simplement mise. Quand elle ne regardera la parure que comme un supplément aux grâces de la personne et comme un aveu tacite qu'elle a besoin de secours pour plaire, elle ne sera point fière de son ajustement, elle en sera humble; et si, plus parée que de coutume, elle s'entend dire, *Qu'elle est belle!* elle en rougira de dépit.

Au reste, il y a des figures qui ont besoin de parure, mais il n'y en a point qui exigent de riches atours. Les parures ruineuses sont la vanité du rang et non de la personne; elles tiennent uniquement au préjugé. La véritable coquetterie est quelquefois recherchée, mais elle n'est jamais fastueuse; et Junon se mettoit plus superbement que Vénus. *Ne pouvant la faire belle, tu la fais riche,* disoit Apelles à un mauvais peintre, qui peignoit

Hélène fort chargée d'atours[1]. J'ai aussi remarqué que les plus pompeuses parures annonçoient le plus souvent de laides femmes : on ne sauroit avoir une vanité plus maladroite. Donnez à une jeune fille qui ait du goût, et qui méprise la mode, des rubans, de la gaze, de la mousseline et des fleurs, sans diamants, sans pompons, sans dentelles[2], elle va se faire un ajustement qui la rendra cent fois plus charmante que n'eussent fait tous les brillants chiffons de la Duchapt.

Comme ce qui est bien est toujours bien, et qu'il faut être toujours le mieux qu'il est possible, les femmes qui se connoissent en ajustements choisissent les bons, s'y tiennent; et n'en changeant pas tous les jours, elles en sont moins occupées que celles qui ne savent à quoi se fixer. Le vrai soin de la parure demande peu de toilette. Les jeunes demoiselles ont rarement des toilettes d'appareil; le travail, les leçons, remplissent leur journée : cependant en général elles sont mises, au rouge près, avec autant de soin que les dames, et souvent de meilleur goût. L'abus de la toilette n'est pas ce qu'on pense; il vient bien plus d'ennui que de vanité. Une femme qui passe six heures à

---

[1] *Clement. Alex. Pædagog., lib. II, cap. 12.

[2] Les femmes qui ont la peau assez blanche pour se passer de dentelle donneroient bien du dépit aux autres si elles n'en portoient pas. Ce sont presque toujours de laides personnes qui amènent les modes auxquelles les belles ont la bêtise de s'assujettir.

sa toilette, n'ignore point qu'elle n'en sort pas, mieux mise que celle qui n'y passe qu'une demi-heure; mais c'est autant de pris sur l'assommante longueur du temps, et il vaut mieux s'amuser de soi que de s'ennuyer de tout. Sans la toilette, que feroit-on de la vie depuis midi jusqu'à neuf heures? En rassemblant des femmes autour de soi on s'amuse à les impatienter, c'est déjà quelque chose; on évite les tête-à-tête avec un mari qu'on ne voit qu'à cette heure-là, c'est beaucoup plus : et puis viennent les marchandes, les brocanteurs, les petits messieurs, les petits auteurs, les vers, les chansons, les brochures : sans la toilette on ne réuniroit jamais si bien tout cela. Le seul profit réel qui tienne à la chose est le prétexte de s'étaler un peu plus que quand on est vêtue; mais ce profit n'est peut-être pas si grand qu'on pense, et les femmes à toilette n'y gagnent pas tant qu'elles diroient bien. Donnez sans scrupule une éducation de femme aux femmes, faites qu'elles aiment les soins de leur sexe, qu'elles aient de la modestie, qu'elles sachent veiller à leur ménage et s'occuper dans leur maison; la grande toilette tombera d'elle-même, et elles n'en seront mises que de meilleur goût.

La première chose que remarquent en grandissant les jeunes personnes, c'est que tous ces agréments étrangers ne leur suffisent pas, si elles n'en ont qui soient à elles. On ne peut jamais se donner la beauté, et l'on n'est pas sitôt en état d'acquérir la coquetterie; mais on peut déjà chercher à donner un tour agréable à ses gestes, un accent flatteur à sa voix, à composer son maintien, à marcher avec légèreté, à prendre des attitudes gracieuses, et à choisir partout ses avantages. La voix s'étend, s'affermit et prend du timbre; les bras se développent, la démarche s'assure, et l'on s'aperçoit que, de quelque manière qu'on soit mise, il y a un art de se faire regarder. Dès-lors il ne s'agit plus seulement d'aiguille et d'industrie; de nouveaux talents se présentent, et font déjà sentir leur utilité.

Je sais que les sévères instituteurs veulent qu'on n'apprenne aux jeunes filles ni chant, ni danse, ni aucun des arts agréables. Cela me paroît plaisant; et à qui veulent-ils donc qu'on les apprenne? aux garçons? A qui des hommes ou des femmes appartient-il d'avoir ces talents par préférence? A personne, répondront-ils: les chansons profanes sont autant de crimes: la danse est une invention du démon; une jeune fille ne doit avoir d'amusement que son travail et la prière. Voilà d'étranges amusements pour un enfant de dix ans! Pour moi, j'ai grand'peur que toutes ces petites saintes qu'on force de passer leur enfance à prier Dieu ne passent leur jeunesse à tout autre chose, et ne réparent de leur mieux, étant mariées, le temps qu'elles pensent avoir perdu filles. J'estime qu'il faut avoir égard à ce qui convient à l'âge aussi bien qu'au sexe; qu'une jeune fille ne doit pas vivre comme sa grand'mère, qu'elle doit être vive, enjouée, folâtre, chanter, danser autant qu'il lui plaît, et goûter tous les innocents plaisirs de son âge : le temps ne viendra que trop tôt d'être posée et de prendre un maintien plus sérieux.

Mais la nécessité de ce changement même est-elle bien réelle? N'est-elle point peut-être encore un fruit de nos préjugés? En n'asservissant les honnêtes femmes qu'à de tristes devoirs, on a banni du mariage tout ce qui pouvoit le rendre agréable aux hommes. Faut-il s'étonner si la taciturnité qu'ils voient régner chez eux les en chasse, ou s'ils sont peu tentés d'embrasser un état si déplaisant? A force d'outrer tous les devoirs, le christianisme les rend impraticables et vains; à force d'interdire aux femmes le chant, la danse et tous les amusements du monde, il les rend maussades, grondeuses, insupportables dans leurs maisons. Il n'y a point de religion où le mariage soit soumis à des devoirs si sévères, et point où un engagement si saint soit si méprisé. On a tant fait pour empêcher les femmes d'être aimables, qu'on a rendu les maris indifférents. Cela ne devroit pas être, j'entends fort bien : mais moi je dis que cela devoit être, puisque enfin les chrétiens sont hommes. Pour moi, je voudrois qu'une jeune Angloise cultivât avec autant de soin les talents agréables pour plaire au mari qu'elle aura, qu'une jeune Albanoise les cultive pour le harem d'Ispahan. Les maris, dira-t-on, ne se soucient point trop de tous ces talents. Vraiment je le crois, quand ces talents, loin d'être employés à leur plaire, ne servent que d'amorce pour attirer chez eux de jeunes impudents qui les déshonorent. Mais pensez-vous qu'une femme aimable et sage, ornée de pareils talents, et qui les consacreroit à l'amusement de son mari, n'ajouteroit pas au bonheur de sa vie, et ne l'empêcheroit pas, sortant de son cabinet la tête épuisée, d'aller chercher des récréations hors de chez lui? Personne n'a-t-il vu d'heureuses familles ainsi réunies, où chacun sait fournir du sien aux amusements communs? Qu'il dise si la confiance et la familiarité qui s'y joint, si l'innocence et la douceur des plaisirs qu'on y goûte, ne rachètent pas bien ce que les plaisirs publics ont de plus bruyant.

On a trop réduit en art les talents agréables; on les a trop généralisés; on a tout fait maxime et précepte, et l'on a rendu fort ennuyeux aux jeunes personnes ce qui ne doit être pour elles qu'amusement et folâtres jeux. Je n'imagine rien de plus ridicule que de voir un vieux maître à danser ou à chanter aborder d'un air refrogné de jeunes personnes qui ne cherchent qu'à rire, et prendre pour leur enseigner sa frivole science un ton plus pédantesque et plus magistral que s'il s'agissoit de leur catéchisme. Est-ce, par exemple, que l'art de chanter tient à la musique écrite? ne sauroit-on rendre sa voix flexible et juste, apprendre à chanter avec goût, même à s'accompagner, sans connoître une seule note? Le même genre de chant va-t-il à toutes les voix? La même méthode va-t-elle à tous les esprits? On ne me fera jamais croire que les mêmes attitudes, les mêmes pas, les mêmes mouvements, les mêmes gestes, les mêmes danses, conviennent à une petite brune vive et piquante, et à une grande belle blonde aux yeux languissants. Quand donc je vois un maître donner exactement à toutes deux les mêmes leçons, je dis : Cet homme suit sa routine, mais il n'entend rien à son art.

On demande s'il faut aux filles des maîtres ou des maîtresses. Je ne sais : je voudrois bien qu'elles n'eussent besoin ni des uns ni des autres, qu'elles apprissent librement ce qu'elles ont tant de penchant à vouloir apprendre, et qu'on ne vît pas sans cesse errer dans nos villes tant de baladins chamarrés. J'ai quelque peine à croire que le commerce de ces gens-là ne soit pas plus nuisible à de jeunes filles que leurs leçons ne leur sont utiles, et que leur jargon, leur ton, leurs airs ne donnent pas à leurs écolières le premier goût des frivolités, pour eux si importantes, dont elles ne tarderont guère, à leur exemple, de faire leur unique occupation.

Dans les arts qui n'ont que l'agrément pour objet, tout peut servir de maître aux jeunes personnes; leur père, leur mère, leur frère, leur sœur, leurs amies, leurs gouvernantes, leur miroir et surtout leur propre goût. On ne doit point offrir de leur donner leçon, il faut que ce soient elles qui la demandent : on ne doit point faire une tâche d'une récompense ; et c'est surtout dans ces sortes d'études que le premier succès est de vouloir réussir. Au reste, s'il faut absolument des leçons en règle, je ne déciderai point du sexe de ceux qui les doivent donner. Je ne sais s'il faut qu'un maître à danser prenne une jeune écolière par sa main délicate et blanche, qu'il lui fasse accourcir la jupe, lever les yeux, déployer les bras, avancer un sein palpitant; mais je sais bien que pour rien au monde je ne voudrois être ce maître-là.

Par l'industrie et les talents le goût se forme : par le goût l'esprit s'ouvre insensiblement aux idées du beau dans tous les genres, et enfin aux notions morales qui s'y rapportent. C'est peut-être une des raisons pourquoi le sentiment de la descence et de l'honnêteté s'insinue plus tôt chez les filles que chez les garçons; car, pour croire que ce sentiment précoce soit l'ouvrage des gouvernantes, il faudroit être fort mal instruit de la tournure de leurs leçons et de la marche de l'esprit humain. Le talent de parler tient le premier rang dans l'art de plaire; c'est par lui seul qu'on peut ajouter de nouveaux charmes à ceux auxquels l'habitude accoutume les sens. C'est l'esprit qui non seulement vivifie le corps, mais qui le renouvelle en quelque sorte ; c'est par la succession des sentiments et des idées qu'il anime et varie la physionomie; et c'est par les discours qu'il inspire que l'attention, tenue en haleine, soutient long-temps le même intérêt sur le même objet. C'est, je crois, par toutes ces raisons que les jeunes filles acquièrent si vite un petit babil agréable, qu'elles mettent de l'accent dans leurs propos, même avant que de les sentir, et que les hommes s'amusent sitôt à les écouter, même avant qu'elles puissent les entendre ; ils épient le premier moment de cette intelligence pour pénétrer ainsi celui du sentiment [1].

Les femmes ont la langue flexible; elles parlent plus tôt, plus aisément et plus agréablement que les hommes. On les accuse aussi de parler davantage : cela doit être, et je changerois volontiers ce reproche en éloge ; la bouche et les yeux ont chez elles la même activité, et par la même raison. L'homme dit ce qu'il sait, la femme dit ce qui plaît;

---

[1] * Var. « .... Les entendre; ils épient, pour ainsi dire, le mo-
« ment du discernement de ces petites personnes, pour savoir
« quand ils pourront les aimer : car, quoi qu'on fasse, on veut
« plaire à qui nous plaît; et sitôt qu'on en désespère, il ne nous
« plaît pas long-temps. »

l'un pour parler a besoin de connoissances, et l'autre de goût; l'un doit avoir pour objet principal les choses utiles, l'autre les agréables. Leurs discours ne doivent avoir de formes communes que celles de la vérité.

On ne doit donc pas contenir le babil des filles, comme celui des garçons, par cette interrogation dure, *A quoi cela est-il bon ?* mais par cette autre, à laquelle il n'est pas plus aisé de répondre, *Quel effet cela fera-t-il ?* Dans ce premier âge, où, ne pouvant discerner encore le bien et le mal, elles ne sont les juges de personne, elles doivent s'imposer pour loi de ne jamais rien dire que d'agréable à ceux à qui elles parlent; et ce qui rend la pratique de cette règle plus difficile est qu'elle reste toujours subordonnée à la première, qui est de ne jamais mentir.

J'y vois bien d'autres difficultés encore, mais elles sont d'un âge plus avancé. Quant à présent, il n'en peut coûter aux jeunes filles pour être vraies que de l'être sans grossièreté; et comme naturellement cette grossièreté leur répugne, l'éducation leur apprend aisément à l'éviter. Je remarque en général, dans le commerce du monde, que la politesse des hommes est plus officieuse, et celle des femmes plus caressante. Cette différence n'est point d'institution, elle est naturelle. L'homme paroît chercher davantage à vous servir, et la femme à vous agréer. Il suit de là que, quoi qu'il en soit du caractère des femmes, leur politesse est moins fausse que la nôtre, elle ne fait qu'étendre leur premier instinct ; mais quand un homme feint de préférer mon intérêt au sien propre, de quelque démonstration qu'il colore ce mensonge, je suis très-sûr qu'il en fait un. Il n'en coûte donc guère aux femmes d'être polies ni par conséquent aux filles d'apprendre à le devenir. La première leçon vient de la nature, l'art ne fait plus que la suivre, et déterminer suivant nos usages sous quelle forme elle doit se montrer. A l'égard de leur politesse entre elles, c'est tout autre chose ; elles y mettent un air si contraint et des attentions si froides, qu'en se gênant mutuellement elles n'ont pas grand soin de cacher leur gêne, et semblent sincères dans leur mensonge en ne cherchant guère à le déguiser. Cependant les jeunes personnes se font quelquefois tout de bon des amitiés plus franches. A leur âge la gaieté tient lieu de bon naturel ; et, contentes d'elles, elles le sont de tout le monde. Il est constant aussi qu'elles se baisent de meilleur cœur, et se caressent avec plus de grâce devant les hommes, fières d'aiguiser impunément leur convoitise par l'image des faveurs qu'elles savent leur faire envier.

Si l'on ne doit pas permettre aux jeunes garçons des questions indiscrètes, à plus forte raison doit-on les interdire à de jeunes filles, dont la curiosité satisfaite ou mal éludée est bien d'une autre conséquence, vu leur pénétration à pressentir les mystères qu'on leur cache, et leur adresse à les découvrir. Mais sans souffrir leurs interrogations, je voudrois qu'on les interrogeât beaucoup elles-mêmes, qu'on eût soin de les faire causer, qu'on les agaçât pour les exercer à parler aisément, pour les rendre vives à la riposte, pour leur délier l'esprit et la langue, tandis qu'on le peut sans danger. Ces conversations toujours tournées en gaieté, mais ménagées avec art et bien dirigées, feroient un amusement charmant pour cet âge, et pourroient porter dans les cœurs innocents de ces jeunes personnes les premières et peut-être les plus utiles leçons de morale qu'elles prendront de leur vie, en leur apprenant, sous l'attrait du plaisir et de la vanité, à quelles qualités les hommes accordent véritablement leur estime, et en quoi consiste la gloire et le bonheur d'une honnête femme.

On comprend bien que si les enfants mâles sont hors d'état de se former aucune véritable idée de religion, à plus forte raison la même idée est-elle au-dessus de la conception des filles : c'est pour cela même que je voudrois en parler à celles-ci de meilleure heure; car, s'il falloit attendre qu'elles fussent en état de discuter méthodiquement ces questions profondes, on courroit risque de ne leur en parler jamais. La raison des femmes est une raison pratique qui leur fait trouver très-habilement les moyens d'arriver à une fin connue; mais qui ne leur fait pas trouver cette fin. La relation sociale des sexes est admirable. De cette société résulte une personne morale dont la femme est l'œil et l'homme le bras, mais avec une telle dépendance l'une de l'autre, que c'est de l'homme que la femme apprend ce qu'il faut voir, et de la femme que l'homme apprend ce qu'il faut faire. Si la femme pouvoit remonter aussi bien que l'homme aux principes, et que l'homme eût aussi bien qu'elle l'esprit des détails, toujours indépendants l'un de l'autre, ils vivroient dans une discorde éternelle, et leur société ne pourroit subsister. Mais, dans l'harmonie qui règne entre eux tout tend à la fin commune; on ne sait lequel met le plus du sien; chacun suit l'impulsion de l'autre; chacun obéit, et tous deux sont les maîtres.

Par cela même que la conduite de la femme est asservie à l'opinion publique, sa croyance est asservie à l'autorité. Toute fille doit avoir la religion de sa mère, et toute femme celle de son mari. Quand cette religion seroit fausse, la docilité qui soumet la mère et la fille à l'ordre de la nature efface auprès de Dieu le péché de l'erreur. Hors d'état d'être juges elles-mêmes, elles doivent recevoir la décision des pères et des maris comme celle de l'Église.

Ne pouvant tirer d'elles seules la règle de leur foi, les femmes ne peuvent lui donner pour bornes celles de l'évidence et de la raison; mais, se laissant entraîner par mille impulsions étrangères, elles sont toujours au-deçà ou au-delà du vrai. Toujours extrêmes, elles sont toutes libertines ou dévotes; on n'en voit point savoir réunir la sagesse à la piété. La source du mal n'est pas seulement dans le caractère outré de leur sexe, mais aussi dans l'autorité mal réglée du nôtre : le libertinage des mœurs la fait mépriser, l'effroi du repentir la rend tyrannique; et voilà comment on en fait toujours trop ou trop peu.

Puisque l'autorité doit régler la religion des femmes, il ne s'agit pas tant de leur expliquer les raisons qu'on a de croire, que de leur exposer nettement ce qu'on croit : car la foi qu'on donne à des idées obscures est la première source du fanatisme, et celle qu'on exige pour des choses absurdes mène à la folie ou à l'incrédulité. Je ne sais à quoi nos catéchismes portent le plus, d'être impie ou fanatique; mais je sais bien qu'ils font nécessairement l'un ou l'autre.

Premièrement, pour enseigner la religion à de jeunes filles, n'en faites jamais pour elles un objet de tristesse et de gêne, jamais une tâche ni un devoir; par conséquent ne leur faites jamais rien apprendre par cœur qui s'y rapporte, pas même les prières. Contentez-vous de faire régulièrement les vôtres devant elles, sans les forcer pourtant d'y assister. Faites-les courtes, selon l'instruction de Jésus-Christ. Faites-les toujours avec le recueillement et le respect convenables; songez qu'en demandant à l'Être suprême de l'attention pour nous écouter, cela vaut bien qu'on en mette à ce qu'on va lui dire.

Il importe moins que de jeunes filles sachent sitôt leur religion, qu'il n'importe qu'elles la sachent bien, et surtout qu'elles l'aiment. Quand vous la leur rendez onéreuse, quand vous leur peignez toujours Dieu fâché contre elles, quand vous leur imposez en son nom mille devoirs pénibles qu'elles ne vous voient jamais remplir, que peuvent-elles penser, sinon que savoir son catéchisme et prier Dieu sont les devoirs des petites filles, et désirer d'être grandes pour s'exempter comme vous de tout cet assujettissement? L'exemple! l'exemple! sans cela jamais on ne réussit à rien auprès des enfants.

Quand vous leur expliquez des articles de foi, que ce soit en forme d'instruction directe, et non par demandes et par réponses. Elles ne doivent jamais répondre que ce qu'elles pensent, et non ce qu'on leur a dicté. Toutes les réponses du catéchisme sont à contre-sens; c'est l'écolier qui instruit le maître; elles sont même des mensonges dans la bouche des enfants, puisqu'ils expliquent ce qu'ils n'entendent point, et qu'ils affirment ce qu'ils sont hors d'état de croire. Parmi les hommes les plus intelligents, qu'on me montre ceux qui ne mentent pas en disant leur catéchisme.

La première question que je vois dans le nôtre est celle-ci : *Qui vous a créée et mise au monde?* A quoi la petite fille, croyant bien que c'est sa mère, dit pourtant sans hésiter que c'est Dieu. La seule chose qu'elle voit là, c'est qu'à une demande qu'elle n'entend guère elle fait une réponse qu'elle n'entend point du tout.

Je voudrois qu'un homme qui connoîtroit bien la marche de l'esprit des enfants voulût faire pour eux un catéchisme. Ce seroit peut-être le livre le plus utile qu'on eût jamais écrit, et ce ne seroit pas, à mon avis, celui qui feroit le moins d'honneur à son auteur. Ce qu'il y a de bien sûr, c'est que si ce livre étoit bon, il ne ressembleroit guère aux nôtres.

Un tel catéchisme ne sera bon que quand, sur les seules demandes, l'enfant fera de lui-même les réponses sans les apprendre; bien entendu qu'il sera quelquefois dans le cas d'interroger à son tour. Pour faire entendre ce que je veux dire il faudroit une espèce de modèle, et je sens bien ce qui me manque pour le tracer. J'essaierai du moins d'en donner quelque légère idée.

Je m'imagine donc que, pour venir à la première question de notre catéchisme, il faudroit que celui-là commençât à peu près ainsi :

LA BONNE.

Vous souvenez-vous du temps que votre mère étoit fille ?

LA PETITE.

Non, ma bonne.

LA BONNE.

Pourquoi non, vous qui avez si bonne mémoire?

LA PETITE.

C'est que je n'étois pas au monde.

LA BONNE.

Vous n'avez donc pas toujours vécu?

LA PETITE.

Non.

LA BONNE.

Vivrez-vous toujours?

LA PETITE.

Oui.

LA BONNE.

Êtes-vous jeune ou vieille?

LA PETITE.

Je suis jeune.

LA BONNE.

Et votre grand'maman, est-elle jeune ou vieille?

LA PETITE.

Elle est vieille.

LA BONNE.

A-t-elle été jeune?

LA PETITE.

Oui.

LA BONNE.

Pourquoi ne l'est-elle plus?

LA PETITE.

C'est qu'elle a vieilli.

LA BONNE.

Vieillirez-vous comme elle?

LA PETITE.

Je ne sais [1].

LA BONNE.

Où sont vos robes de l'année passée?

LA PETITE.

On les a défaites.

LA BONNE.

Et pourquoi les a-t-on défaites?

LA PETITE.

Parce qu'elles m'étoient trop petites.

LA BONNE.

Et pourquoi vous étoient-elles trop petites?

LA PETITE.

Parce que j'ai grandi.

LA BONNE.

Grandirez-vous encore?

LA PETITE.

Oh! oui.

LA BONNE.

Et que deviennent les grandes filles?

LA PETITE.

Elles deviennent femmes.

---

[1] Si partout où j'ai mis, *Je ne sais*, la petite répond autrement, il faut se défier de sa réponse, et la lui faire expliquer avec soin.

LA BONNE.

Et que deviennent les femmes?

LA PETITE.

Elles deviennent mères.

LA BONNE.

Et les mères, que deviennent-elles?

LA PETITE.

Elles deviennent vieilles.

LA BONNE.

Vous deviendrez donc vieille?

LA PETITE.

Quand je serai mère.

LA BONNE.

Et que deviennent les vieilles gens?

LA PETITE.

Je ne sais.

LA BONNE.

Qu'est devenu votre grand-papa?

LA PETITE.

Il est mort[1].

LA BONNE.

Et pourquoi est-il mort?

---

[1] La petite dira cela, parce qu'elle l'a entendu dire; mais il faut vérifier si elle a quelque juste idée de la mort, car cette idée n'est pas si simple ni si à la portée des enfants que l'on pense. On peut voir, dans le petit poëme d'*Abel*, un exemple de la manière dont on doit la leur donner *. Ce charmant ouvrage respire une simplicité délicieuse dont on ne peut trop se nourrir pour converser avec les enfants.

* Voyez au second chant le récit d'Adam au moment où Ève voit mourir un oiseau.

LA PETITE.

Parce qu'il étoit vieux.

LA BONNE.

Que deviennent donc les vieilles gens?

LA PETITE.

Ils meurent.

LA BONNE.

Et vous, quand vous serez vieille, que...

LA PETITE, l'interrompant.

Oh! ma bonne, je ne veux pas mourir.

LA BONNE.

Mon enfant, personne ne veut mourir, et tout le monde meurt.

LA PETITE.

Comment! est-ce que maman mourra aussi?

LA BONNE.

Comme tout le monde. Les femmes vieillissent ainsi que les hommes, et la vieillesse mène à la mort.

LA PETITE.

Que faut-il faire pour vieillir bien tard?

LA BONNE.

Vivre sagement tandis qu'on est jeune.

LA PETITE.

Ma bonne, je serai toujours sage.

LA BONNE.

Tant mieux pour vous. Mais enfin croyez-vous de vivre toujours?

LA PETITE.

Quand je serai bien vieille, bien vieille...

LA BONNE.

Hé bien ?

LA PETITE.

Enfin, quand on est si vieille, vous dites qu'il faut bien mourir.

LA BONNE.

Vous mourrez donc une fois ?

LA PETITE.

Hélas ! oui.

LA BONNE.

Qui est-ce qui vivoit avant vous ?

LA PETITE.

Mon père et ma mère.

LA BONNE.

Qui est-ce qui vivoit avant eux ?

LA PETITE.

Leur père et leur mère.

LA BONNE.

Qui est-ce qui vivra après vous ?

LA PETITE.

Mes enfants.

LA BONNE.

Qui est-ce qui vivra après eux ?

LA PETITE.

Leurs enfants, etc.

En suivant cette route on trouve à la race humaine, par des inductions sensibles, un commencement et une fin, comme à toutes choses, c'est-à-dire un père et une mère qui n'ont eu ni père ni mère, et des enfants qui n'auront point d'enfants[1].

Ce n'est qu'après une longue suite de questions pareilles que la première demande du catéchisme est suffisamment préparée : alors seulement on peut la faire, et l'enfant peut l'entendre. Mais de là jusqu'à la deuxième réponse, qui est pour ainsi dire la définition de l'essence divine, quel saut immense! Quand cet intervalle sera-t-il rempli? Dieu est un esprit! Et qu'est-ce qu'un esprit? Irai-je embarquer celui d'un enfant dans cette obscure métaphysique dont les hommes ont tant de peine à se tirer? Ce n'est pas à une petite fille à résoudre ces questions, c'est tout au plus à elle à les faire. Alors je lui répondrois simplement : Vous me demandez ce que c'est que Dieu; cela n'est pas facile à dire : on ne peut entendre, ni voir, ni toucher Dieu; on ne le connoît que par ses œuvres. Pour juger ce qu'il est, attendez de savoir ce qu'il a fait.

Si nos dogmes sont tous de la même vérité, tous ne sont pas pour cela de la même importance. Il est fort indifférent à la gloire de Dieu qu'elle nous soit connue en toutes choses; mais il importe à la société humaine et à chacun de ses membres que tout homme connoisse et remplisse les devoirs que

---

[1] L'idée de l'éternité ne sauroit s'appliquer aux générations humaines avec le consentement de l'esprit. Toute succession numérique réduite en acte est incompatible avec cette idée.

lui impose la loi de Dieu envers son prochain et envers soi-même. Voilà ce que nous devons incessamment nous enseigner les uns aux autres, et voilà surtout de quoi les pères et les mères sont tenus d'instruire leurs enfants. Qu'une vierge soit la mère de son créateur, qu'elle ait enfanté Dieu, ou seulement un homme auquel Dieu s'est joint ; que la substance du père et du fils soit la même, ou ne soit que semblable ; que l'esprit procède de l'un des deux qui sont le même, ou de tous deux conjointement, je ne vois pas que la décision de ces questions, en apparence essentielles, importe plus à l'espèce humaine que de savoir quel jour de la lune on doit célébrer la pâque, s'il faut dire le chapelet, jeûner, faire maigre, parler latin ou françois à l'église, orner les murs d'images, dire ou entendre la messe, et n'avoir point de femme en propre. Que chacun pense là-dessus comme il lui plaira : j'ignore en quoi cela peut intéresser les autres ; quant à moi, cela ne m'intéresse point du tout. Mais ce qui m'intéresse, moi et tous mes semblables, c'est que chacun sache qu'il existe un arbitre du sort des humains, duquel nous sommes tous les enfants, qui nous prescrit à tous d'être justes, de nous aimer les uns les autres, d'être bienfaisants et miséricordieux, de tenir nos engagements envers tout le monde, même envers nos ennemis et les siens ; que l'apparent bonheur de cette vie n'est rien ; qu'il en est une autre après elle, dans laquelle cet Être suprême sera le rémunérateur des bons et le juge des méchants. Ces dogmes et les dogmes semblables sont ceux qu'il importe d'enseigner à la jeunesse, et de persuader à tous les citoyens. Quiconque les combat mérite châtiment, sans doute; il est le perturbateur de l'ordre et l'ennemi de la société. Quiconque les passe, et veut nous asservir à ses opinions particulières, vient au même point par une route opposée ; pour établir l'ordre à sa manière, il trouble la paix; dans son téméraire orgueil, il se rend l'interprète de la Divinité, il exige en son nom les hommages et les respects des hommes, il se fait Dieu tant qu'il peut à sa place : on devroit le punir comme sacrilége, quand on ne le puniroit pas comme intolérant.

Négligez donc tous ces dogmes mystérieux qui ne sont pour nous que des mots sans idées, toutes ces doctrines bizarres dont la vaine étude tient lieu de vertus à ceux qui s'y livrent, et sert plutôt à les rendre fous que bons. Maintenez toujours vos enfants dans le cercle étroit des dogmes qui tiennent à la morale. Persuadez-leur bien qu'il n'y a rien pour nous d'utile à savoir que ce qui nous apprend à bien faire. Ne faites point de vos filles des théologiennes et des raisonneuses ; ne leur apprenez des choses du ciel que ce qui sert à la sagesse humaine : accoutumez-les à se sentir toujours sous les yeux de Dieu, à l'avoir pour témoin de leurs actions, de leurs pensées, de leur vertu, de leurs plaisirs; à faire le bien sans ostentation parce qu'il l'aime; à souffrir le mal sans murmure, parce qu'il les en dédommagera; à être enfin, tous les jours de leur vie, ce qu'elles seront bien aises d'avoir été lorsqu'elles comparoîtront devant lui. Voilà la véritable religion, voilà la seule qui n'est susceptible ni d'abus, ni d'impiété, ni de fanatisme. Qu'on en prêche tant qu'on voudra de plus sublimes, pour moi, je n'en connois point d'autre que celle-là.

Au reste, il est bon d'observer que, jusqu'à l'âge où la raison s'éclaire et où le sentiment naissant fait parler la conscience, ce qui est bien ou mal pour les jeunes personnes est ce que les gens qui les entourent ont décidé tel. Ce qu'on leur commande est bien, ce qu'on leur défend est mal, elles n'en doivent pas savoir davantage: par où l'on voit de quelle importance est, pour elles encore plus que pour les garçons, le choix des personnes qui doivent les approcher et avoir quelque autorité sur elles. Enfin le moment vient où elles commencent à juger des choses par elles-mêmes, et alors il est temps de changer le plan de leur éducation.

J'en ai trop dit jusqu'ici peut-être. A quoi réduirons-nous les femmes, si nous ne leur donnons pour loi que les préjugés publics? N'abaissons pas à ce point le sexe qui nous gouverne, et qui nous honore quand nous ne l'avons pas avili. Il existe pour toute l'espèce humaine une règle antérieure à l'opinion. C'est à l'inflexible direction de cette règle que se doivent rapporter toutes les autres : elle juge le préjugé même; et ce n'est qu'autant que l'estime des hommes s'accorde avec elle, que cette estime doit faire autorité pour nous.

Cette règle est le sentiment intérieur. Je ne répéterai point ce qui en a été dit ci-devant; il me suffit de remarquer que si ces deux règles ne concourent à l'éducation des femmes, elle sera toujours défectueuse. Le sentiment sans l'opinion ne leur donnera point cette délicatesse d'ame qui pare les bonnes mœurs de l'honneur du monde; et l'opinion sans le sentiment n'en fera jamais que des femmes fausses et déshonnêtes, qui mettent l'apparence à la place de la vertu.

Il leur importe donc de cultiver une faculté qui serve d'arbitre entre les deux guides, qui ne laisse point égarer la conscience, et qui redresse les erreurs du préjugé. Cette faculté est la raison. Mais à ce mot que de questions s'élèvent! Les femmes sont-elles capables d'un solide raisonnement? importe-t-il qu'elles le cultivent? le cultiveront-elles avec succès? Cette culture est-elle utile aux fonctions qui leur sont imposées? Est-elle compatible avec la simplicité qui leur convient?

Les diverses manières d'envisager et de résoudre ces questions font que, donnant dans les excès contraires, les uns bornent la femme à coudre et filer dans son ménage avec ses servantes, et n'en font ainsi que la première servante du maître : les autres, non contents d'assurer ses droits, lui font encore usurper les nôtres; car la laisser au-dessus de nous dans les qualités propres à son sexe, et la rendre notre égale dans tout le reste, qu'est-ce autre chose que transporter à la femme la primauté que la nature donne au mari?

La raison qui mène l'homme à la connoissance de ses devoirs n'est pas fort composée; la raison qui mène la femme à la connoissance des siens est plus simple encore. L'obéissance et la fidélité qu'elle doit à son mari, la tendresse et les soins qu'elle doit à ses enfants, sont des conséquences si naturelles et si sensibles de sa condition qu'elle ne peut sans mauvaise foi refuser son consentement au sentiment intérieur qui la guide, ni méconnoître le devoir dans le penchant qui n'est point encore altéré.

Je ne blâmerois pas sans distinction qu'une femme fût bornée aux seuls travaux de son sexe, et qu'on la laissât dans une profonde ignorance sur tout le reste; mais il faudroit pour cela des mœurs publiques très-simples, très-saines, ou une manière de vivre très-retirée. Dans de grandes villes, et parmi des hommes corrompus, cette femme seroit trop facile à séduire; souvent sa vertu ne tiendroit qu'aux occasions : dans ce siècle philosophe il lui en faut une à l'épreuve ; il faut qu'elle sache d'avance et ce qu'on lui peut dire et ce qu'elle en doit penser.

D'ailleurs, soumise au jugement des hommes, elle doit mériter leur estime ; elle doit surtout obtenir celle de son époux ; elle ne doit pas seulement lui faire aimer sa personne, mais lui faire approuver sa conduite ; elle doit justifier devant le public le choix qu'il a fait, et faire honorer le mari de l'honneur qu'on rend à la femme. Or comment s'y prendra-t-elle pour tout cela, si elle ignore nos institutions, si elle ne sait rien de nos usages, de nos bienséances, si elle ne connoît ni la source des jugements humains, ni les passions qui les déterminent? Dès-là qu'elle dépend à la fois de sa propre conscience et des opinions des autres, il faut qu'elle apprenne à comparer ces deux règles, à les concilier, et à ne préférer la première que quand elles sont en opposition. Elle devient le juge de ses juges, elle décide quand elle doit s'y soumettre et quand elle doit les récuser. Avant de rejeter ou d'admettre leurs préjugés, elle les pèse ; elle apprend à remonter à leur source, à les prévenir, à se les rendre favorables ; elle a soin de ne jamais s'attirer le blâme quand son devoir lui permet de l'éviter. Rien de tout cela ne peut bien se faire sans cultiver son esprit et sa raison.

Je reviens toujours au principe, et il me fournit la solution de toutes mes difficultés. J'étudie ce qui est, j'en recherche la cause, et je trouve enfin que ce qui est est bien. J'entre dans des maisons ouvertes dont le maître et la maîtresse font conjointement les honneurs. Tous deux ont eu la même éducation, tous deux sont d'une égale politesse, tous deux également pourvus de goût et d'esprit, tous deux animés du même désir de bien recevoir leur monde, et de renvoyer chacun content d'eux. Le mari n'omet aucun soin pour être attentif à tout : il va, vient, fait la ronde et se donne mille peines ; il voudroit être tout attention. La femme reste à sa place ; un petit cercle se rassemble autour d'elle, et semble lui cacher le reste de l'assemblée ; cependant il ne s'y passe rien qu'elle n'aperçoive, il n'en sort personne à qui elle n'ait parlé ; elle n'a rien omis de ce qui pouvoit intéresser tout le monde ; elle n'a rien dit à chacun qui ne lui fût agréable ; et sans rien troubler à l'ordre, le moindre de la compagnie n'est pas plus oublié que le premier. On est servi, l'on se met à table : l'homme, instruit des gens qui se conviennent, les placera selon ce qu'il sait : la femme, sans rien savoir, ne s'y trompera pas ; elle aura déjà lu dans les yeux, dans le maintien, toutes les convenances, et chacun se trouvera placé comme il veut l'être. Je ne dis point qu'au service personne n'est oublié. Le maître de la maison, en faisant la ronde, aura pu n'oublier personne ; mais la femme devine ce qu'on regarde avec plaisir et

5.

vous en offre; en parlant à son voisin, elle a l'œil au bout de la table; elle discerne celui qui ne mange point parce qu'il n'a pas faim, et celui qui n'ose servir ou demander parce qu'il est maladroit ou timide. En sortant de table chacun croit qu'elle n'a songé qu'à lui, tous ne pensent pas qu'elle ait eu le temps de manger un seul morceau; mais la vérité est qu'elle a mangé plus que personne.

Quand tout le monde est parti, l'on parle de ce qui s'est passé. L'homme rapporte ce qu'on lui a dit, ce qu'ont dit et fait ceux avec lesquels il s'est entretenu. Si ce n'est pas toujours là-dessus que la femme est le plus exacte, en revanche elle a vu ce qui s'est dit tout bas à l'autre bout de la salle; elle sait ce qu'un tel a pensé, à quoi tenoit tel propos ou tel geste; il s'est fait à peine un mouvement expressif dont elle n'ait l'interprétation toute prête, et presque toujours conforme à la vérité.

Le même tour d'esprit qui fait exceller une femme du monde dans l'art de tenir maison, fait exceller une coquette dans l'art d'amuser plusieurs soupirants. Le manége de la coquetterie exige un discernement encore plus fin que celui de la politesse : car, pourvu qu'une femme polie le soit envers tout le monde, elle a toujours assez bien fait : mais la coquette perdroit bientôt son empire par cette uniformité maladroite; à force de vouloir obliger tous ses amants elle les rebuteroit tous. Dans la société, les manières qu'on prend avec tous les hommes ne laissent pas de plaire à chacun ; pourvu qu'on soit bien traité, l'on n'y regarde pas de si près sur les préférences : mais en amour, une faveur qui n'est pas exclusive est une injure. Un homme sensible aimeroit cent fois mieux être seul maltraité que caressé avec tous les autres, et ce qui lui peut arriver de pis est de n'être point distingué. Il faut donc qu'une femme qui veut conserver plusieurs amants persuade à chacun d'eux qu'elle le préfère, et qu'elle le lui persuade sous les yeux de tous les autres, à qui elle en persuade autant sous les siens.

Voulez-vous voir un personnage embarrassé, placez un homme entre deux femmes avec chacune desquelles il aura des liaisons secrètes, puis observez quelle sotte figure il y fera. Placez en même cas une femme entre deux hommes, et sûrement l'exemple ne sera pas plus rare ; vous serez émerveillé de l'adresse avec laquelle elle donnera le change à tous deux, et fera que chacun se rira de l'autre. Or, si cette femme leur témoignoit la même confiance et prenoit avec eux la même familiarité, comment seroient-ils un instant ses dupes ? En les traitant également, ne montreroit-elle pas qu'ils ont les mêmes droits sur elle ! Oh ! qu'elle s'y prend bien mieux que cela ! loin de les traiter de la même manière, elle affecte de mettre entre eux de l'inégalité ; elle fait si bien que celui qu'elle flatte croit que c'est par tendresse, et que celui qu'elle maltraite croit que c'est par dépit. Ainsi chacun, content de son partage, la voit toujours s'occuper de lui, tandis qu'elle ne s'occupe en effet que d'elle seule.

Dans le désir général de plaire, la coquetterie suggère de semblables moyens : les caprices ne feroient que rebuter, s'ils n'étoient sagement ménagés ; et c'est en les dispensant avec art qu'elle en fait les plus fortes chaînes de ses esclaves.

> Usa ogn' arte la donna, onde sia colto
> Nella sua rete alcun novello amante ;
> Nè con tutti, nè sempre un stesso volto
> Serba; ma cangia a tempo atto e sembiante [1].

A quoi tient tout cet art, si ce n'est à des observations fines et continuelles qui lui font voir à chaque instant ce qui se passe dans les cœurs des hommes, et qui la disposent à porter à chaque mouvement secret qu'elle aperçoit la force qu'il faut pour le suspendre ou l'accélérer ? Or, cet art s'apprend-il ? Non ; il naît avec les femmes ; elles l'ont toutes, et jamais les hommes ne l'ont au même degré. Tel est un des caractères distinctifs du sexe. La présence d'esprit, la pénétration, les observations fines, sont la science des femmes ; l'habileté de s'en prévaloir est leur talent.

Voilà ce qui est, et l'on a vu pourquoi cela doit être. Les femmes sont fausses, nous dit-on. Elles le deviennent. Le don qui leur est propre est l'a-

[1] * Tasso, Gerus. lib., cant. IV, 87.

dresse et non pas la fausseté : dans les vrais penchants de leur sexe, même en mentant, elles ne sont point fausses. Pourquoi consultez-vous leur bouche, quand ce n'est pas elle qui doit parler ? Consultez leurs yeux, leur teint, leur respiration, leur air craintif, leur molle résistance, voilà le langage que la nature leur donne pour vous répondre. La bouche dit toujours non, et doit le dire ; mais l'accent qu'elle y joint n'est pas toujours le même, et cet accent ne sait point mentir. La femme n'a-t-elle pas les mêmes besoins que l'homme, sans avoir le même droit de les témoigner ? Son sort seroit trop cruel, si, même dans les désirs légitimes, elle n'avoit un langage équivalent à celui qu'elle n'ose tenir. Faut-il que sa pudeur la rende malheureuse ? Ne lui faut-il pas un art de communiquer ses penchants sans les découvrir ? De quelle adresse n'a-t-elle pas besoin pour faire qu'on lui dérobe ce qu'elle brûle d'accorder ! Combien ne lui importe-t-il point d'apprendre à toucher le cœur de l'homme, sans paroître songer à lui ! Quel discours charmant n'est-ce pas que la pomme de Galatée et sa fuite maladroite ! Que faudra-t-il qu'elle ajoute à cela ? Ira-t-elle dire au berger qui la suit entre les saules qu'elle n'y fuit qu'à dessein de l'attirer ? Elle mentiroit, pour ainsi dire ; car alors elle ne l'attireroit plus. Plus une femme a de réserve, plus elle doit avoir d'art, même avec son mari. Oui, je soutiens qu'en tenant la coquetterie dans ses limites, on la rend modeste et vraie, on en fait une loi de l'honnêteté.

La vertu est une, disoit très-bien un de mes adversaires; on ne la décompose pas pour admettre une partie et rejeter l'autre. Quand on l'aime, on l'aime dans toute son intégrité; et l'on refuse son cœur quand on peut, et toujours sa bouche aux sentiments qu'on ne doit point avoir. La vérité morale n'est pas ce qui est, mais ce qui est bien; ce qui est mal ne devroit point être, et ne doit point être avoué, surtout quand cet aveu lui donne un effet qu'il n'auroit pas eu sans cela. Si j'étois tenté de voler, et qu'en le disant je tentasse un autre d'être mon complice, lui déclarer ma tentation ne seroit-ce pas y succomber? Pourquoi dites-vous que la pudeur rend les femmes fausses? Celles qui la perdent le plus sont-elles au reste plus vraies que les autres? Tant s'en faut; elles sont plus fausses mille fois. On arrive à ce point de dépravation qu'à force de vices, qu'on garde tous, et qui ne règnent qu'à la faveur de l'intrigue et du mensonge[1]. Au contraire, celles qui ont encore de la honte, qui ne s'enorgueillissent point de leurs fautes, qui savent cacher leurs désirs à

---

[1] Je sais que les femmes qui ont ouvertement pris leur parti sur un certain point prétendent bien se faire valoir de cette franchise, et jurent qu'à cela près il n'y a rien d'estimable qu'on ne trouve en elles; mais je sais bien aussi qu'elles n'ont jamais persuadé cela qu'à des sots. Le plus grand frein de leur sexe ôté, que reste-t-il qui les retienne? et de quel honneur feront-elles cas après avoir

ceux mêmes qui les inspirent, celles dont ils en arrachent les aveux avec le plus de peine, sont d'ailleurs les plus vraies, les plus sincères, et celles sur la foi desquelles on peut généralement le plus compter.

Je ne sache que la seule mademoiselle de l'Enclos qu'on ait pu citer pour exception connue à ces remarques. Aussi mademoiselle de l'Enclos a-t-elle passé pour un prodige. Dans le mépris des vertus de son sexe, elle avoit, dit-on, conservé celles du nôtre : on vante sa franchise, sa droiture, la sûreté de son commerce, sa fidélité dans l'amitié ; enfin, pour achever le tableau de sa gloire, on dit qu'elle s'étoit fait homme. A la bonne heure. Mais, avec toute sa haute réputation, je n'aurois pas plus voulu de cet homme-là pour mon ami que pour ma maîtresse.

Tout ceci n'est pas si hors de propos qu'il paroît être. Je vois où tendent les maximes de la philosophie moderne en tournant en dérision la pudeur du sexe et sa fausseté prétendue ; et je vois que l'effet le plus assuré de cette philosophie sera d'ôter aux femmes de notre siècle le peu d'honneur qui leur est resté.

renoncé à celui qui leur est propre? Ayant mis une fois leurs passions à l'aide, elles n'ont plus aucun intérêt d'y résister; « Nec « femina, amissâ pudicitiâ, alia abnuerit.*. » Jamais auteur connut-il mieux le cœur humain dans les deux sexes que celui qui a dit cela ?

* Tacit., Ann., IV, III.

Sur ces considérations, je crois qu'on peut déterminer en général quelle espèce de culture convient à l'esprit des femmes, et sur quels objets on doit tourner leurs réflexions dès leur jeunesse.

Je l'ai déjà dit, les devoirs de leur sexe sont plus aisés à voir qu'à remplir. La première chose qu'elles doivent apprendre est à les aimer par la considération de leurs avantages ; c'est le seul moyen de les leur rendre faciles. Chaque état et chaque âge a ses devoirs. On connoît bientôt les siens pourvu qu'on les aime. Honorez votre état de femme, et, dans quelque rang que le ciel vous place, vous serez toujours une femme de bien. L'essentiel est d'être ce que nous fit la nature ; on n'est toujours que trop ce que les hommes veulent que l'on soit.

La recherche des vérités abstraites et spéculatives, des principes des axiomes dans les sciences, tout ce qui tend à généraliser les idées, n'est point du ressort des femmes; leurs études doivent se rapporter toutes à la pratique ; c'est à elles à faire l'application des principes que l'homme a trouvés, et c'est à elles de faire les observations qui mènent l'homme à l'établissement des principes. Toutes les réflexions des femmes, en ce qui ne tient pas immédiatement à leurs devoirs, doivent tendre à l'étude des hommes ou aux connoissances agréables qui n'ont que le goût pour objet ; car, quant aux ouvrages de génie, ils passent leur portée; elles n'ont pas non plus assez de justesse et d'attention pour réussir aux sciences exactes ; et, quant aux connoissances physiques, c'est à celui des deux qui est le plus agissant, le plus allant, qui voit le plus d'objets ; c'est à celui qui a le plus de force, et qui l'exerce davantage, à juger des rapports des êtres sensibles et des lois de la nature. La femme, qui est foible et qui ne voit rien au dehors, apprécie et juge les mobiles qu'elle peut mettre en œuvre pour suppléer à sa foiblesse, et ces mobiles sont les passions de l'homme. Sa mécanique à elle est plus forte que la nôtre, tous ses leviers vont ébranler le cœur humain. Tout ce que son sexe ne peut faire par lui-même, et qui lui est nécessaire ou agréable, il faut qu'il ait l'art de nous le faire vouloir ; il faut donc qu'elle étudie à fond l'esprit de l'homme, non par abstraction l'esprit de l'homme en général, mais l'esprit des hommes qui l'entourent, l'esprit des hommes auxquels elle est assujettie, soit par la loi, soit par l'opinion. Il faut qu'elle apprenne à pénétrer leurs sentiments par leurs discours, par leurs actions, par leurs regards, par leurs gestes. Il faut que, par ses discours, par ses actions, par ses regards, par ses gestes, elle sache leur donner les sentiments qu'il lui plaît, sans même paroître y songer. Ils philosopheront mieux qu'elle sur le cœur humain ; mais elle lira mieux qu'eux dans les cœurs des hommes. C'est aux femmes à trouver pour ainsi dire la morale expérimentale, à nous à la réduire en système. La femme a plus d'esprit, et l'homme plus de génie; la femme observe, et l'homme raisonne : de ce concours résultent la lumière la plus claire et la science la plus complète que puisse acquérir de lui-même l'esprit humain; la plus sûre connoissance, en un mot, de soi et des autres qui soit à la portée de notre espèce. Et voilà comment l'art peut tendre incessamment à perfectionner l'instrument donné par la nature.

Le monde est le livre des femmes : quand elles y lisent mal, c'est leur faute, ou quelque passion les aveugle. Cependant la véritable mère de famille, loin d'être une femme du monde, n'est guère moins recluse dans sa maison que la religieuse dans son cloître. Il faudroit donc faire, pour les jeunes personnes qu'on marie, comme on fait ou comme on doit faire pour celles qu'on met dans des couvents; leur montrer les plaisirs qu'elles quittent avant de les y laisser renoncer, de peur que la fausse image de ces plaisirs qui leur sont inconnus ne vienne un jour égarer leur cœur et troubler le bonheur de leur retraite. En France, les filles vivent dans des couvents, et les femmes courent le monde. Chez les anciens, c'étoit tout le contraire; les filles avoient, comme je l'ai dit, beaucoup de jeux et de fêtes publiques; les femmes vivoient retirées. Cet usage étoit plus raisonnable, et maintenoit mieux les mœurs. Une sorte de coquetterie est permise aux filles à marier, s'amuser est leur grande affaire. Les femmes ont d'autres soins chez elles, et n'ont plus de maris à chercher, mais elles ne trouveroient pas leur compte à cette réforme, et malheureusement elles donnent le ton. Mères, faites du moins vos compagnes de vos filles. Donnez-leur un sens droit et une ame honnête, puis ne leur cachez rien de ce qu'un œil chaste peut regarder. Le bal, les festins, les jeux, même le théâtre; tout ce qui, mal vu, fait le charme d'une imprudente jeunesse, peut être offert sans risque à des yeux sains. Mieux elles verront ces bruyants plaisirs, plus tôt elles en seront dégoûtées.

J'entends la clameur qui s'élève contre moi. Quelle fille résiste à ce dangereux exemple? A peine ont-elles vu le monde que la tête leur tourne à toutes; pas une d'elles ne veut le quitter. Cela peut être : mais, avant de leur offrir ce tableau trompeur, les avez-vous bien préparées à le voir sans émotion? Leur avez-vous bien annoncé les objets qu'il représente? Les leur avez-vous bien peints tels qu'ils sont? Les avez-vous bien armées contre les illusions de la vanité? Avez-vous porté dans leurs jeunes cœurs le goût des vrais plaisirs qu'on ne trouve point dans ce tumulte? Quelles précautions, quelles mesures avez-vous prises pour les préserver du faux goût qui les égare? Loin de rien opposer dans leur esprit à l'empire des préjugés publics, vous les y avez nourries; vous leur avez fait aimer d'avance tous les frivoles amusements qu'elles trouvent. Vous les leur faites aimer encore en s'y livrant. De jeunes personnes entrant dans le monde n'ont d'autre gouvernante que leur mère, souvent plus folle qu'elles, et qui ne peut leur montrer les objets autrement qu'elle ne les voit. Son exemple, plus fort que la raison même, les justifie à leurs propres yeux, et l'autorité de la mère est pour la fille une excuse sans réplique. Quand je veux qu'une mère introduise sa fille dans le monde, c'est en supposant qu'elle le lui fera voir tel qu'il est.

Le mal commence plus tôt encore. Les couvents sont de véritables écoles de coquetterie, non de cette coquetterie honnête dont j'ai parlé, mais de celle qui produit tous les travers des femmes et fait les plus extravagantes petites-maîtresses. En sortant de là pour entrer tout d'un coup dans des sociétés bruyantes, de jeunes femmes s'y sentent d'abord à leur place. Elles ont été élevées pour y vivre ; faut-il s'étonner qu'elles s'y trouvent bien ? Je n'avancerai point ce que je vais dire sans crainte de prendre un préjugé pour une observation ; mais il me semble qu'en général, dans les pays protestants, il y a plus d'attachement de famille, de plus dignes épouses et de plus tendres mères que dans les pays catholiques : et si cela est, on ne peut douter que cette différence ne soit due en partie à l'éducation des couvents.

Pour aimer la vie paisible et domestique il faut la connoître ; il faut en avoir senti les douceurs dès l'enfance. Ce n'est que dans la maison paternelle qu'on prend du goût pour sa propre maison, et toute femme que sa mère n'a point élevée n'aimera point élever ses enfants. Malheureusement il n'y a plus d'éducation privée dans les grandes villes. La société y est si générale et si mêlée qu'il ne reste plus d'asile pour la retraite, et qu'on est en public jusque chez soi. A force de vivre avec tout le monde, on n'a plus de famille, à peine connoît-on ses parents : on les voit en étrangers ; et la simplicité des mœurs domestiques s'éteint avec la douce familiarité qui en faisoit le charme. C'est ainsi qu'on suce avec le lait le goût des plaisirs du siècle et des maximes qu'on y voit régner.

On impose aux filles une gêne apparente pour trouver des dupes qui les épousent sur leur maintien. Mais étudiez un moment ces jeunes personnes ; sous un air contraint elles déguisent mal la convoitise qui les dévore, et déjà on lit dans leurs yeux l'ardent désir d'imiter leurs mères. Ce qu'elles convoitent n'est pas un mari, mais la licence du mariage. Qu'a-t-on besoin d'un mari avec tant de ressources pour s'en passer ? Mais on a besoin d'un mari pour couvrir ces ressources[1]. La modestie est sur leur visage, et le libertinage

[1] La voie de l'homme dans sa jeunesse étoit une des quatre choses que le sage ne pouvoit comprendre : la cinquième étoit l'im-

est au fond de leur cœur: cette feinte modestie elle-même en est un signe ; elles ne l'affectent que pour pouvoir s'en débarrasser plus tôt. Femmes de Paris et de Londres, pardonnez-le-moi, je vous supplie. Nul séjour n'exclut les miracles ; mais pour moi je n'en connois point ; et si une seule d'entre vous a l'ame vraiment honnête, je n'entends rien à nos institutions.

Toutes ces éducations diverses livrent également de jeunes personnes au goût des plaisirs du grand monde, et aux passions qui naissent bientôt de ce goût. Dans les grandes villes la dépravation commence avec la vie, et dans les petites elle commence avec la raison. De jeunes provinciales, instruites à mépriser l'heureuse simplicité de leurs mœurs, s'empressent à venir à Paris partager la corruption des nôtres ; les vices, ornés du beau nom de talents, sont l'unique objet de leur voyage ; et, honteuses en arrivant de se trouver si loin de la noble licence des femmes du pays, elles ne tardent pas à mériter d'être aussi de la capitale. Où commence le mal, à votre avis ? dans les lieux où l'on le projette, ou dans ceux où l'on l'accomplit ?

Je ne veux pas que de la province une mère sensée amène sa fille à Paris pour lui montrer ces tableaux si pernicieux pour d'autres ; mais je dis que quand cela seroit, ou cette fille est mal élevée,

---

pudence de la femme adultère, « Quæ comedit, et tergens os suum dicit : Non sum operata malum. » Prov. xxx, 20.

ou ces tableaux sont peu dangereux pour elle. Avec du goût, du sens, et l'amour des choses honnêtes, on ne les trouve pas si attrayants qu'ils le sont pour ceux qui s'en laissent charmer. On remarque à Paris les jeunes écervelées qui viennent se hâter de prendre le ton du pays, et se mettre à la mode six mois durant pour se faire siffler le reste de leur vie : mais qui est-ce qui remarque celles qui, rebutées de tout ce fracas, s'en retournent dans leur province, contentes de leur sort, après l'avoir comparé à celui qu'envient les autres ? Combien j'ai vu de jeunes femmes amenées dans la capitale par des maris complaisants et maîtres de s'y fixer, les en détourner elles-mêmes, repartir plus volontiers qu'elles n'étoient venues, et dire avec attendrissement la veille de leur départ : Ah ! retournons dans notre chaumière, on y vit plus heureux que dans les palais d'ici ! On ne sait pas combien il reste encore de bonnes gens qui n'ont point fléchi le genou devant l'idole, et qui méprisent son culte insensé. Il n'y a de bruyantes que les folles ; les femmes sages ne font point de sensation.

Que si, malgré la corruption générale, malgré les préjugés universels, malgré la mauvaise éducation des filles, plusieurs gardent encore un jugement à l'épreuve, que sera-ce quand ce jugement aura été nourri par des instructions convenables, ou, pour mieux dire, quand on ne l'aura point altéré par des instructions vicieuses? car tout consiste toujours à conserver ou rétablir les sentiments naturels. Il ne s'agit point pour cela d'ennuyer de jeunes filles de vos longs prônes, ni de leur débiter vos sèches moralités. Les moralités pour les deux sexes sont la mort de toute bonne éducation. De tristes leçons ne sont bonnes qu'à faire prendre en haine et ceux qui les donnent et tout ce qu'ils disent. Il ne s'agit point, en parlant à de jeunes personnes, de leur faire peur de leurs devoirs, ni d'aggraver le joug qui leur est imposé par la nature. En leur exposant ces devoirs soyez précise et facile; ne leur laissez pas croire qu'on est chagrine quand on les remplit; point d'air fâché, point de morgue. Tout ce qui doit passer au cœur doit en sortir, leur catéchisme de morale doit être aussi court et aussi clair que leur catéchisme de religion, mais il ne doit pas être aussi grave. Montrez-leur dans les mêmes devoirs la source de leurs plaisirs et le fondement de leurs droits. Est-il si pénible d'aimer pour être aimée, de se rendre aimable pour être heureuse, de se rendre estimable pour être obéie, de s'honorer pour se faire honorer? Que ces droits sont beaux! qu'ils sont respectables! qu'ils sont chers au cœur de l'homme quand la femme sait les faire valoir! Il ne faut point attendre les ans ni la vieillesse pour en jouir. Son empire commence avec ses vertus; à peine ses attraits se développent, qu'elle règne déjà par la douceur de son caractère et rend sa modestie imposante. Quel homme insensible et barbare n'adoucit pas sa fierté et ne prend pas des manières plus attentives près d'une fille de seize ans, aimable et sage, qui parle peu, qui écoute, qui met de la décence dans son maintien et de l'honnêteté dans ses propos, à qui sa beauté ne fait oublier ni son sexe ni sa jeunesse, qui sait intéresser par sa timidité même, et s'attirer le respect qu'elle porte à tout le monde?

Ces témoignages, bien qu'extérieurs, ne sont point frivoles; ils ne sont point fondés seulement sur l'attrait des sens; ils partent de ce sentiment intime que nous avons tous, que les femmes sont les juges naturels du mérite des hommes. Qui est-ce qui veut être méprisé des femmes? personne au monde, non pas même celui qui ne veut plus les aimer. Et moi, qui leur dis des vérités si dures, croyez-vous que leurs jugements me soient indifférents? Non, leurs suffrages me sont plus chers que les vôtres, lecteurs, souvent plus femmes qu'elles. En méprisant leurs mœurs, je veux encore honorer leur justice : peu m'importe qu'elles me haïssent, si je les force à m'estimer.

Que de grandes choses on feroit avec ce ressort, si l'on savoit le mettre en œuvre! Malheur au siècle où les femmes perdent leur ascendant et où leurs jugements ne font plus rien aux hommes! c'est le dernier degré de la dépravation. Tous les peuples qui ont eu des mœurs ont respecté les femmes. Voyez Sparte, voyez les Germains, voyez Rome, Rome le siége de la gloire et de la vertu, si jamais elles en eurent un sur la terre. C'est là que les femmes honoroient les exploits des grands généraux, qu'elles pleuroient publiquement les pères de la patrie, que leurs vœux ou leurs deuils étoient consacrés comme le plus solennel jugement de la république. Toutes les grandes révolutions y vinrent des femmes : par une femme Rome acquit la liberté, par une femme les plébéiens obtinrent le consulat, par une femme finit la tyrannie des décemvirs, par les femmes Rome assiégée fut sauvée des mains d'un proscrit. Galants François, qu'eussiez-vous dit en voyant passer cette procession si ridicule à vos yeux moqueurs ? Vous l'eussiez accompagnée de vos huées. Que nous voyons d'un œil différent les mêmes objets ! et peut-être avons-nous tous raison. Formez ce cortége de belles dames françoises, je n'en connois point de plus indécent : mais composez-le de Romaines, vous aurez tous les yeux des Volsques et le cœur de Coriolan.

Je dirai davantage, et je soutiens que la vertu n'est pas moins favorable à l'amour qu'aux autres droits de la nature, et que l'autorité des maîtresses n'y gagne pas moins que celle des femmes et des mères. Il n'y a point de véritable amour sans enthousiasme ; et point d'enthousiasme sans un objet de perfection réel ou chimérique, mais toujours existant dans l'imagination. De quoi s'enflammeront des amants pour qui cette perfection n'est plus rien, et qui ne voient dans ce qu'ils aiment que l'objet du plaisir des sens? Non, ce n'est pas ainsi que l'ame s'échauffe et se livre à ces transports sublimes qui font le délire des amants et le charme de leur passion. Tout n'est qu'illusion dans l'amour, je l'avoue; mais ce qui est réel ce sont les sentiments dont il nous anime pour le vrai beau qu'il nous fait aimer. Ce beau n'est point dans l'objet qu'on aime, il est l'ouvrage de nos erreurs. Eh! qu'importe? En sacrifie-t-on moins tous ces sentiments bas à ce modèle imaginaire? En pénètre-t-on moins son cœur des vertus qu'on prête à ce qu'il chérit? S'en détache-t-on moins de la bassesse du moi humain? Où est le véritable amant qui n'est pas prêt à immoler sa vie à sa maîtresse? et où est la passion sensuelle et grossière dans un homme qui veut mourir? Nous nous moquons des paladins! c'est qu'ils connoissoient l'amour, et que nous ne connoissons plus que la débauche. Quand ces maximes romanesques commencèrent à devenir ridicules, ce changement fut moins l'ouvrage de la raison que celui des mauvaises mœurs.

Dans quelque siècle que ce soit les relations naturelles ne changent point, la convenance ou disconvenance qui en résulte reste la même, les préjugés sous le vain nom de raison n'en changent que l'apparence. Il sera toujours grand et beau de régner sur soi, fût-ce pour obéir à des opinions fantastiques; et les vrais motifs d'honneur parleront toujours au cœur de toute femme de jugement qui saura chercher dans son état le bonheur de la vie. La chasteté doit être surtout une vertu délicieuse pour une belle femme qui a quelque élévation dans l'ame. Tandis qu'elle voit toute la terre à ses pieds, elle triomphe de tout et d'elle-même : elle s'élève dans son propre cœur un trône auquel tout vient rendre hommage; les sentiments tendres ou jaloux mais toujours respectueux des deux sexes, l'estime universelle et la sienne propre, lui paient sans cesse en tribut de gloire les combats de quelques instants. Les privations sont passagères mais le prix en est permanent. Quelle jouissance pour une ame noble, que l'orgueil de la vertu jointe à la beauté ! Réalisez une héroïne de roman, elle goûtera des voluptés plus exquises que les Laïs et les Cléopâtre; et quand sa beauté ne sera plus, sa gloire et ses plaisirs resteront encore, elle seule saura jouir du passé[1].

Plus les devoirs sont grands et pénibles, plus les raisons sur lesquelles on les fonde doivent être sensibles et fortes. Il y a un certain langage dévot

---

[1] Var. « .... Du passé. Si la route que je trace est agréable, tant
« mieux : elle est plus sûre, elle est dans l'ordre de la nature; et
« vous n'arriverez jamais au but que par celle-là. »

dont, sur les sujets les plus graves, on rebat les oreilles des jeunes personnes sans produire la persuasion. De ce langage trop disproportionné à leurs idées, et du peu de cas qu'elles en font en secret, naît la facilité de céder à leurs penchants, faute de raisons d'y résister tirées des choses mêmes. Une fille élevée sagement et pieusement a sans doute de fortes armes contre les tentations; mais celle dont on nourrit uniquement le cœur ou plutôt les oreilles du jargon de la dévotion devient infailliblement la proie du premier séducteur adroit qui l'entreprend. Jamais une jeune et belle personne ne méprisera son corps, jamais elle ne s'affligera de bonne foi des grands péchés que sa beauté fait commettre, jamais elle ne pleurera sincèrement et devant Dieu d'être un objet de convoitise, jamais elle ne pourra croire en elle-même que le plus doux sentiment du cœur soit une invention de Satan. Donnez-lui d'autres raisons en dedans et pour elle-même, car celles-là ne pénétreront pas. Ce sera pis encore si l'on met, comme on n'y manque guère, de la contradiction dans ses idées, et qu'après l'avoir humiliée en avilissant son corps et ses charmes comme la souillure du péché, on lui fasse ensuite respecter comme le temple de Jésus-Christ ce même corps qu'on lui a rendu si méprisable. Les idées trop sublimes et trop basses sont également insuffisantes et ne peuvent s'associer : il faut une raison à la portée du sexe et de l'âge. La considération du devoir n'a de force qu'autant qu'on y joint des motifs qui nous portent à le remplir.

Quæ quia non liceat non facit, illa facit [1].

On ne se douteroit pas que c'est Ovide qui porte un jugement si sévère.

Voulez-vous donc inspirer l'amour des bonnes mœurs aux jeunes personnes; sans leur dire incessamment, Soyez sages, donnez-leur un grand intérêt à l'être; faites-leur sentir tout le prix de la sagesse, et vous la leur ferez aimer. Il ne suffit pas de prendre cet intérêt au loin dans l'avenir, montrez-le-leur dans le moment même, dans les relations de leur âge, dans le caractère de leurs amants. Dépeignez-leur l'homme de bien, l'homme de mérite; apprenez-leur à le reconnoître, à l'aimer, et à l'aimer pour elles; prouvez-leur qu'amies, femmes ou maîtresses, cet homme seul peut les rendre heureuses. Amenez la vertu par la raison : faites-leur sentir que l'empire de leur sexe et tous ses avantages ne tiennent pas seulement à sa bonne conduite, à ses mœurs, mais encore à celles des hommes; qu'elles ont peu de prise sur des ames viles et basses, et qu'on ne sait servir sa maîtresse

---

[1] * Ovid., Amor., l. III, el. IV.—Ce vers est cité par Montaigne, liv. II, chap. XVI, et Coste le traduit ainsi : « Celle-là a déjà failli, « qui ne s'abstient de faillir que parce qu'il ne lui est pas permis « de le faire. »

que comme on sait servir la vertu. Soyez sûre qu'alors, en leur dépeignant les mœurs de nos jours, vous leur en inspirerez un dégoût sincère; en leur montrant les gens à la mode vous les leur ferez mépriser; vous ne leur donnerez qu'éloignement pour leurs maximes, aversion pour leurs sentiments, dédain pour leurs vaines galanteries; vous leur ferez naître une ambition plus noble, celle de régner sur des ames grandes et fortes, celle des femmes de Sparte, qui étoit de commander à des hommes. Une femme hardie, effrontée, intrigante, qui ne sait attirer ses amants que par la coquetterie, ni les conserver que par les faveurs, les fait obéir comme des valets dans les choses serviles et communes : dans les choses importantes et graves elle est sans autorité sur eux. Mais la femme à la fois honnête, aimable et sage, celle qui force les siens à la respecter, celle qui a de la réserve et de la modestie, celle en un mot qui soutient l'amour par l'estime, les envoie d'un signe au bout du monde, au combat, à la gloire, à la mort, où il lui plaît[1]. Cet empire est beau, ce me semble, et vaut bien la peine d'être acheté.

[1] Brantôme dit que, du temps de François Ier, une jeune personne ayant un amant babillard lui imposa un silence absolu et illimité, qu'il garda si fidèlement deux ans entiers, qu'on le crut devenu muet par maladie. Un jour, en pleine assemblée, sa maîtresse, qui, dans ces temps où l'amour se faisoit avec mystère,

Voilà dans quel esprit Sophie a été élevée, avec plus de soin que de peine, et plutôt en suivant son goût qu'en le gênant. Disons maintenant un mot de sa personne, selon le portrait que j'en ai fait à Émile, et selon qu'il imagine lui-même l'épouse qui peut le rendre heureux.

Je ne redirai jamais trop que je laisse à part les prodiges. Émile n'en est pas un, Sophie n'en est pas un non plus. Émile est homme, et Sophie est femme; voilà toute leur gloire. Dans la confusion des sexes qui règne entre nous, c'est presque un prodige d'être du sien.

Sophie est bien née, elle est d'un bon naturel; elle a le cœur très-sensible, et cette extrême sensibilité lui donne quelquefois une activité d'imagination difficile à modérer. Elle a l'esprit moins juste que pénétrant, l'humeur facile et pourtant inégale, la figure commune, mais agréable, une physionomie qui promet une ame et qui ne ment pas; on peut l'aborder avec indifférence, mais non pas la quitter sans émotion. D'autres ont de bonnes qualités qui lui manquent; d'autres ont à

n'étoit point connue pour telle, se vanta de le guérir sur-le-champ, et le fit avec ce seul mot, *Parlez*. N'y a-t-il pas quelque chose de grand et d'héroïque dans cette amour-là? Qu'eut de plus la philosophie de Pythagore avec tout son faste? N'imagineroit-on pas une divinité donnant à un mortel, d'un seul mot, l'organe de la parole? Quelle femme aujourd'hui pourroit compter sur un pareil silence un seul jour, dût-elle le payer de tout le prix qu'elle y peut mettre?

plus grande mesure celles qu'elle a; mais nulle n'a des qualités mieux assorties pour faire un heureux caractère. Elle sait tirer parti de ses défauts mêmes; et si elle étoit plus parfaite elle plairoit beaucoup moins.

Sophie n'est pas belle; mais auprès d'elle les hommes oublient les belles femmes, et les belles femmes sont mécontentes d'elles-mêmes. A peine est-elle jolie au premier aspect; mais plus on la voit et plus elle s'embellit; elle gagne où tant d'autres perdent; et ce qu'elle gagne elle ne le perd plus. On peut avoir de plus beaux yeux, une plus belle bouche, une figure plus imposante; mais on ne sauroit avoir une taille mieux prise, un plus beau teint, une main plus blanche, un pied plus mignon, un regard plus doux, une physionomie plus touchante. Sans éblouir elle intéresse; elle charme, et l'on ne sauroit dire pourquoi.

Sophie aime la parure et s'y connoît; sa mère n'a point d'autre femme de chambre qu'elle : elle a beaucoup de goût pour se mettre avec avantage; mais elle hait les riches habillements; on voit toujours dans le sien la simplicité jointe à l'élégance; elle n'aime point ce qui brille, mais ce qui sied. Elle ignore quelles sont les couleurs à la mode, mais elle sait à merveille celles qui lui sont favorables. Il n'y a pas une jeune personne qui paroisse mise avec moins de recherche et dont l'ajustement soit plus recherché; pas une pièce du sien n'est prise au hasard, et l'art ne paroît dans aucune. Sa parure est très-modeste en apparence et très-coquette en effet; elle n'étale point ses charmes, elle les couvre, mais en les couvrant elle sait les faire imaginer. En la voyant on dit : Voilà une fille modeste et sage; mais tant qu'on reste auprès d'elle, les yeux et le cœur errent sur toute sa personne sans qu'on puisse les en détacher, et l'on diroit que tout cet ajustement si simple n'est mis à sa place que pour en être ôté pièce à pièce par l'imagination.

Sophie a des talents naturels; elle les sent et ne les a pas négligés : mais n'ayant pas été à portée de mettre beaucoup d'art à leur culture, elle s'est contentée d'exercer sa jolie voix à chanter juste et avec goût, ses petits pieds à marcher légèrement, facilement, avec grâce, à faire la révérence en toutes sortes de situations sans gêne et sans maladresse. Du reste elle n'a eu de maître à chanter que son père, de maîtresse à danser que sa mère; et un organiste du voisinage lui a donné sur le clavecin quelques leçons d'accompagnement qu'elle a depuis cultivé seule. D'abord elle ne songeoit qu'à faire paroître sa main avec avantage sur ces touches noires, ensuite elle trouva que le son aigre et sec du clavecin rendoit plus doux le son de la voix; peu à peu elle devint sensible à l'harmonie; enfin, en grandissant, elle a commencé de sentir les charmes de l'expression, d'aimer la musique pour elle-même. Mais c'est un goût plutôt qu'un talent; elle ne sait point déchiffrer un air sur la note.

Ce que Sophie sait le mieux, et qu'on lui a fait apprendre avec le plus de soin, ce sont les travaux de son sexe, même ceux dont on ne s'avise point, comme de tailler et coudre ses robes. Il n'y a pas un ouvrage à l'aiguille qu'elle ne sache faire, et qu'elle ne fasse avec plaisir; mais le travail qu'elle préfère à tout autre est la dentelle, parce qu'il n'y en a pas un qui donne une attitude plus agréable et où les doigts s'exercent avec plus de grâce et de légèreté. Elle s'est appliquée aussi à tous les détails du ménage; elle entend la cuisine et l'office ; elle sait le prix des denrées; elle en connoît les qualités; elle sait fort bien tenir les comptes; elle sert de maître-d'hôtel à sa mère. Faite pour être un jour mère de famille elle-même, en gouvernant la maison paternelle elle apprend à gouverner la sienne ; elle peut suppléer aux fonctions des domestiques, et le fait toujours volontiers. On ne sait jamais bien commander que ce qu'on sait exécuter soi-même : c'est la raison de sa mère pour l'occuper ainsi. Pour Sophie, elle ne va pas si loin; son premier devoir est celui de fille, et c'est maintenant le seul qu'elle songe à remplir. Son unique vue est de servir sa mère et de la soulager d'une partie de ses soins. Il est pourtant vrai qu'elle ne les remplit pas tous avec un plaisir égal. Par exemple, quoiqu'elle soit gourmande, elle n'aime pas la cuisine; le détail en a quelque chose qui la dégoûte; elle n'y trouve jamais assez de propreté. Elle est là-dessus d'une délicatesse extrême; et cette délicatesse poussée à l'excès est devenue un de ses défauts : elle laisseroit plutôt aller tout le dîner par le feu, que de tacher sa manchette. Elle n'a jamais voulu de l'inspection du jardinier par la même raison. La terre lui paroît malpropre; sitôt qu'elle voit du fumier elle croit en sentir l'odeur.

Elle doit ce défaut aux leçons de sa mère. Selon elle, entre les devoirs de la femme, un des premiers est la propreté; devoir spécial, indispensable, imposé par la nature. Il n'y a pas au monde un objet plus dégoûtant qu'une femme malpropre, et le mari qui s'en dégoûte n'a jamais tort. Elle a tant prêché ce devoir à sa fille dès son enfance, elle en a tant exigé de propreté sur sa personne, tant pour ses hardes, pour son appartement, pour son travail, pour sa toilette, que toutes ces attentions, tournées en habitude, prennent une assez grande partie de son temps et président encore à l'autre : en sorte que bien faire ce qu'elle fait n'est que le second de ses soins; le premier est toujours de le faire proprement.

Cependant tout cela n'a point dégénéré en vaine affectation ni en mollesse; les raffinements du luxe n'y sont pour rien. Jamais il n'entra dans son appartement que de l'eau simple; elle ne connoît d'autre parfum que celui des fleurs, et jamais son mari n'en respira de plus doux que son haleine. Enfin l'attention qu'elle donne à l'extérieur ne lui fait pas oublier qu'elle doit sa vie et son temps à des soins plus nobles : elle ignore ou dédaigne cette excessive propreté du corps qui souille l'ame; Sophie est bien plus que propre, elle est pure.

J'ai dit que Sophie étoit gourmande. Elle l'étoit naturellement; mais elle est devenue sobre par habitude, maintenant elle l'est par vertu. Il n'en est pas des filles comme des garçons qu'on peut jusqu'à certain point gouverner par la gourmandise. Ce penchant n'est pas sans conséquence pour le sexe; il est trop dangereux pour le lui laisser. La petite Sophie, dans son enfance, entrant seule dans le cabinet de sa mère, n'en revenoit pas toujours à vide, et n'étoit pas d'une fidélité à toute épreuve sur les dragées et sur les bonbons. Sa mère la surprit, la reprit, la punit, la fit jeûner. Elle vint enfin à bout de lui persuader que les bonbons gâtoient les dents, et que de trop manger grossissoit la taille. Ainsi Sophie se corrigea : en grandissant elle a pris d'autres goûts qui l'ont détournée de cette sensualité basse. Dans les femmes comme dans les hommes, sitôt que le cœur s'anime, la gourmandise n'est plus un vice dominant. Sophie a conservé le goût propre de son sexe; elle aime le laitage et les sucreries; elle aime la pâtisserie et les entremets, mais fort peu la viande; elle n'a jamais goûté ni vin ni liqueurs fortes : au surplus elle mange de tout très-modérément; son sexe, moins laborieux que le nôtre, a moins besoin de réparation. En toute chose elle aime ce qui est bon et le sait goûter; elle sait aussi s'accommoder de ce qui ne l'est pas, sans que cette privation lui coûte.

Sophie a l'esprit agréable sans être brillant, et solide sans être profond; un esprit dont on ne dit rien, parce qu'on ne lui en trouve jamais ni plus ni moins qu'à soi. Elle a toujours celui qui plaît aux gens qui lui parlent, quoiqu'il ne soit pas fort orné, selon l'idée que nous avons de la culture de l'esprit des femmes; car le sien ne s'est point formé par la lecture, mais seulement par les conversations de son père et de sa mère, par ses propres réflexions, et par les observations qu'elle a faites dans le peu de monde qu'elle a vu. Sophie a naturellement de la gaieté, elle étoit même folâtre dans son enfance; mais peu à peu sa mère a pris soin de réprimer ses airs évaporés, de peur que bientôt un changement trop subit n'instruisît du moment qui l'avoit rendu nécessaire. Elle est donc devenue modeste et réservée même avant le temps de l'être; et maintenant que ce temps est venu, il lui est plus aisé de garder le ton qu'elle a pris, qu'il ne lui seroit de le prendre sans indiquer la raison de ce changement. C'est une chose plaisante de la voir se livrer quelquefois par un reste d'habitude à des vivacités de l'enfance, puis tout d'un coup rentrer en elle-même, se taire, baisser les yeux, et rougir : il faut bien que le terme intermédiaire entre les deux âges participe un peu de chacun des deux.

Sophie est d'une sensibilité trop grande pour conserver une parfaite égalité d'humeur, mais elle a trop de douceur pour que cette sensibilité soit fort importune aux autres ; c'est à elle seule qu'elle fait du mal. Qu'on dise un seul mot qui la blesse, elle ne boude pas, mais son cœur se gonfle ; elle tâche de s'échapper pour aller pleurer. Qu'au milieu de ses pleurs son père ou sa mère la rappelle, et dise un seul mot, elle vient à l'instant jouer et rire en s'essuyant adroitement les yeux et tâchant d'étouffer ses sanglots.

Elle n'est pas non plus tout-à-fait exempte de caprice : son humeur un peu trop poussée dégénère en mutinerie, et alors elle est sujette à s'oublier. Mais laissez-lui le temps de revenir à elle, et sa manière d'effacer son tort lui en fera presque un mérite. Si on la punit, elle est docile et soumise, et l'on voit que sa honte ne vient pas tant du châtiment que de la faute. Si on ne lui dit rien, jamais elle ne manque de la réparer d'elle-même, mais si franchement et de si bonne grâce, qu'il n'est pas possible d'en garder la rancune. Elle baiseroit la terre devant le dernier domestique, sans que cet abaissement lui fît la moindre peine ; et sitôt qu'elle est pardonnée, sa joie et ses caresses montrent de quel poids son bon cœur est soulagé. En un mot, elle souffre avec patience les torts des autres, et répare avec plaisir les siens. Tel est l'aimable naturel de son sexe avant que nous l'ayons gâté. La femme est faite pour céder à l'homme et pour supporter même son injustice. Vous ne réduirez jamais les jeunes garçons au même point; le sentiment intérieur s'élève et se révolte en eux contre l'injustice; la nature ne les fit pas pour la tolérer.

Gravem
Pelidæ stomachum cedere nescii.
Hor., lib. I, od. vi.

Sophie a de la religion, mais une religion raisonnable et simple, peu de dogmes et moins de pratique de dévotion; ou plutôt ne connoissant de pratique essentielle que la morale, elle dévoue sa vie entière à servir Dieu en faisant le bien. Dans toutes les instructions que ses parents lui ont données sur ce sujet, ils l'ont accoutumée à une soumission respectueuse, en lui disant toujours : « Ma « fille, ces connoissances ne sont pas de votre « âge; votre mari vous en instruira quand il sera « temps. » Du reste, au lieu de longs discours de piété, ils se contentent de la lui prêcher par leur exemple, et cet exemple est gravé dans son cœur.

Sophie aime la vertu; cet amour est devenu sa passion dominante. Elle l'aime, parce qu'il n'y a rien de si beau que la vertu; elle l'aime, parce que la vertu fait la gloire de la femme, et qu'une femme vertueuse lui paroît presque égale aux anges ; elle l'aime comme la seule route du vrai bonheur, et parce qu'elle ne voit que misère, abandon, malheur, opprobre, ignominie, dans la vie d'une femme déshonnête ; elle l'aime enfin comme chère à son respectable père, à sa tendre et digne mère : non contents d'être heureux de leur propre vertu, ils veulent l'être aussi de la sienne, et son premier bonheur à elle-même est l'espoir de faire le leur. Tous ces sentiments lui inspirent un enthousiasme qui lui élève l'ame et tient tous ses petits penchants asservis à une passion si noble. Sophie sera chaste et honnête jusqu'à son dernier soupir; elle l'a juré dans le fond de son ame, et elle l'a juré dans un temps où elle sentoit déjà tout ce qu'un tel serment coûte à tenir ; elle l'a juré quand elle en auroit dû révoquer l'engagement, si ses sens étoient faits pour régner sur elle.

Sophie n'a pas le bonheur d'être une aimable Françoise, froide par tempérament et coquette par vanité, voulant plutôt briller que plaire, cherchant l'amusement et non le plaisir. Le seul besoin d'aimer la dévore, il vient la distraire et troubler son cœur dans les fêtes : elle a perdu son ancienne gaieté; les folâtres jeux ne sont plus faits pour elle; loin de craindre l'ennui de la solitude, elle la cherche ; elle y pense à celui qui doit la lui rendre douce; tous les indifférents l'importunent ; il ne lui faut pas une cour, mais un amant; elle aime mieux plaire à un seul honnête homme, et lui plaire toujours, que d'élever en sa faveur le cri de la mode, qui dure un jour, et le lendemain se change en huée.

Les femmes ont le jugement plutôt formé que les hommes : étant sur la défensive presque dès leur enfance, et chargées d'un dépôt difficile à garder, le bien et le mal leur sont nécessairement plus tôt connus. Sophie, précoce en tout, parce que son tempérament la porte à l'être, a aussi le jugement plus tôt formé que d'autres filles de son âge. Il n'y a rien à cela de fort extraordinaire; la maturité n'est pas partout la même en même temps.

Sophie est instruite des devoirs et des droits de son sexe et du nôtre. Elle connoît les défauts des hommes et les vices des femmes; elle connoît aussi les qualités, les vertus contraires, et les a toutes empreintes au fond de son cœur. On ne peut pas avoir une plus haute idée de l'honnête femme que celle qu'elle en a conçue, et cette idée ne l'épouvante point; mais elle pense avec plus de complaisance à l'honnête homme, à l'homme de mérite; elle sent qu'elle est faite pour cet homme-là, qu'elle en est digne, qu'elle peut lui rendre le bonheur qu'elle recevra de lui; elle sent qu'elle saura bien le reconnoître; il ne s'agit que de le trouver.

Les femmes sont les juges naturels du mérite

des hommes, comme ils le sont du mérite des femmes : cela est de leur droit réciproque; et ni les uns ni les autres ne l'ignorent. Sophie connoît ce droit et en use, mais avec la modestie qui convient à sa jeunesse, à son inexpérience, à son état; elle ne juge que des choses qui sont à sa portée, et elle n'en juge que quand cela sert à développer quelque maxime utile. Elle ne parle des absents qu'avec la plus grande circonspection, surtout si ce sont des femmes. Elle pense que ce qui les rend médisantes et satiriques est de parler de leur sexe : tant qu'elles se bornent à parler du nôtre elles ne sont qu'équitables. Sophie s'y borne donc. Quant aux femmes, elle n'en parle jamais que pour en dire le bien qu'elle sait : c'est un honneur qu'elle croit devoir à son sexe; et pour celles dont elle ne sait aucun bien à dire, elle n'en dit rien du tout, et cela s'entend.

Sophie a peu d'usage du monde; mais elle est obligeante, attentive, et met de la grâce à tout ce qu'elle fait. Un heureux naturel la sert mieux que beaucoup d'art. Elle a une certaine politesse à elle qui ne tient point aux formules, qui n'est point asservie aux modes, qui ne change point avec elles, qui ne fait rien par usage, mais qui vient d'un vrai désir de plaire, et qui plaît. Elle ne sait point les compliments triviaux, et n'en invente point de plus recherchés; elle ne dit pas qu'elle est très-obligée, qu'on lui fait beaucoup d'honneur, qu'on ne prenne pas la peine, etc. Elle s'avise encore moins de tourner des phrases. Pour une attention, pour une politesse établie, elle répond par une révérence ou par un simple *Je vous remercie;* mais ce mot, dit de sa bouche, en vaut bien un autre. Pour un vrai service elle laisse parler son cœur, et ce n'est pas un compliment qu'il trouve. Elle n'a jamais souffert que l'usage françois l'asservît au joug des simagrées, comme d'étendre sa main, en passant d'une chambre à l'autre, sur un bras sexagénaire qu'elle auroit grande envie de soutenir. Quand un galant musqué lui offre cet impertinent service, elle laisse l'officieux bras sur l'escalier, et s'élance en deux sauts dans la chambre, en disant qu'elle n'est pas boiteuse. En effet, quoiqu'elle ne soit pas grande, elle n'a jamais voulu de talons hauts; elle a les pieds assez petits pour s'en passer.

Non seulement elle se tient dans le silence et dans le respect avec les femmes, mais même avec les hommes mariés, ou beaucoup plus âgés qu'elle; elle n'acceptera jamais de place au-dessus d'eux que par obéissance, et reprendra la sienne au-dessous sitôt qu'elle le pourra; car elle sait que les droits de l'âge vont avant ceux du sexe, comme ayant pour eux le préjugé de la sagesse, qui doit être honorée avant tout.

Avec les jeunes gens de son âge, c'est autre chose; elle a besoin d'un ton différent pour leur

en imposer, et elle sait le prendre sans quitter l'air modeste qui lui convient. S'ils sont modestes et réservés eux-mêmes, elle gardera volontiers avec eux l'aimable familiarité de la jeunesse; leurs entretiens pleins d'innocence seront badins, mais décents : s'ils deviennent sérieux, elle veut qu'ils soient utiles; s'ils dégénèrent en fadeurs, elle les fera bientôt cesser, car elle méprise surtout le petit jargon de la galanterie, comme très-offensant pour son sexe. Elle sait bien que l'homme qu'elle cherche n'a pas ce jargon-là, et jamais elle ne souffre volontiers d'un autre ce qui ne convient pas à celui dont elle a le caractère empreint au fond du cœur. La haute opinion qu'elle a des droits de son sexe, la fierté d'ame que lui donne la pureté de ses sentiments, cette énergie de la vertu qu'elle sent en elle-même et qui la rend respectable à ses propres yeux, lui font écouter avec indignation les propos doucereux dont on prétend l'amuser. Elle ne les reçoit point avec une colère apparente, mais avec un ironique applaudissement qui déconcerte, ou d'un ton froid auquel on ne s'attend point. Qu'un beau Phébus lui débite ses gentillesses, la loue avec esprit sur le sien, sur sa beauté, sur ses grâces, sur le prix du bonheur de lui plaire, elle est fille à l'interrompre, en lui disant poliment : « Monsieur, j'ai grand'peur
« de savoir ces choses-là mieux que vous; si nous
« n'avons rien de plus curieux à dire, je crois que

« nous pouvons finir ici l'entretien. » Accompagner ces mots d'une grande révérence, et puis se trouver à vingt pas de lui, n'est pour elle que l'affaire d'un instant. Demandez à vos agréables s'il est aisé d'étaler long-temps son caquet avec un esprit aussi rebours que celui-là.

Ce n'est pas pourtant qu'elle n'aime fort à être louée, pourvu que ce soit tout de bon, et qu'elle puisse croire qu'on pense en effet le bien qu'on lui dit d'elle. Pour paroître touché de son mérite il faut commencer par en montrer. Un hommage fondé sur l'estime peut flatter son cœur altier, mais tout galant persiflage est toujours rebuté ; Sophie n'est pas faite pour exercer les petits talents d'un baladin.

Avec une si grande maturité de jugement, et formée à tous égards comme une fille de vingt ans, Sophie, à quinze, ne sera point traitée en enfant par ses parents. A peine apercevront-ils en elle la première inquiétude de la jeunesse, qu'avant le progrès ils se hâteront d'y pourvoir, ils lui tiendront des discours tendres et sensés. Les discours tendres et sensés sont de son âge et de son caractère. Si ce caractère est tel que je l'imagine, pourquoi son père ne lui parleroit-il pas à peu près ainsi :

« Sophie, vous voilà grande fille, et ce n'est pas
« pour l'être toujours qu'on le devient. Nous vou-
« lons que vous soyez heureuse ; c'est pour nous

« que nous le voulons, parce que notre bonheur
« dépend du vôtre. Le bonheur d'une honnête
« fille est de faire celui d'un honnête homme : il
« faut donc penser à vous marier; il y faut penser
« de bonne heure, car du mariage dépend le sort
« de la vie, et l'on n'a jamais trop de temps pour
« y penser.

« Rien n'est plus difficile que le choix d'un bon
« mari, si ce n'est peut-être celui d'une bonne
« femme. Sophie, vous serez cette femme rare,
« vous serez la gloire de notre vie et le bonheur
« de nos vieux jours; mais, de quelque mérite que
« vous soyez pourvue, la terre ne manque pas
« d'hommes qui en ont encore plus que vous. Il
« n'y en a pas un qui ne dût s'honorer de vous ob-
« tenir; il y en a beaucoup qui vous honoreroient
« davantage. Dans ce nombre il s'agit d'en trouver
« un qui vous convienne, de le connoître, et de
« vous faire connoître à lui.

« Le plus grand bonheur du mariage dépend de
« tant de convenances, que c'est une folie de les
« vouloir toutes rassembler. Il faut d'abord s'assu-
« rer des plus importantes : quand les autres s'y
« trouvent, on s'en prévaut; quand elles man-
« quent, on s'en passe. Le bonheur parfait n'est
« pas sur la terre, mais le plus grand des mal-
« heurs, et celui qu'on peut toujours éviter, est
« d'être malheureux par sa faute.

« Il y a des convenances naturelles, il y en a

« d'institution, il y en a qui ne tiennent qu'à
« l'opinion seule. Les parents sont juges des deux
« dernières espèces, les enfants seuls le sont de la
« première. Dans les mariages qui se font par l'au-
« torité des pères, on se règle uniquement sur les
« convenances d'institution et d'opinion ; ce ne
« sont pas les personnes qu'on marie, ce sont les
« conditions et les biens : mais tout cela peut chan-
« ger ; les personnes seules restent toujours, elles
« se portent partout avec elles ; en dépit de la for-
« tune, ce n'est que par les rapports personnels
« qu'un mariage peut être heureux ou malheureux.

« Votre mère étoit de condition, j'étois riche ;
« voilà les seules considérations qui portèrent nos
« parents à nous unir. J'ai perdu mes biens, elle a
« perdu son nom : oubliée de sa famille, que lui
« sert aujourd'hui d'être née demoiselle ? Dans nos
« désastres, l'union de nos cœurs nous a consolés
« de tout ; la conformité de nos goûts nous a fait
« choisir cette retraite ; nous y vivons heureux
« dans la pauvreté, nous nous tenons lieu de tout
« l'un à l'autre. Sophie est notre trésor commun ;
« nous bénissons le ciel de nous avoir donné ce-
« lui-là et de nous avoir ôté tout le reste. Voyez,
« mon enfant, où nous a conduits la Providence :
« les convenances qui nous firent marier sont éva-
« nouies ; nous ne sommes heureux que par celles
« que l'on compta pour rien.

« C'est aux époux à s'assortir. Le penchant mu-

« tuel doit être leur premier lien : leurs yeux, leurs
« cœurs doivent être leurs premiers guides; car
« comme leur premier devoir, étant unis, est de
« s'aimer, et qu'aimer ou n'aimer pas ne dépend
« point de nous-mêmes, ce devoir en emporte né-
« cessairement un autre, qui est de commencer
« par s'aimer avant de s'unir. C'est là le droit de
« la nature, que rien ne peut abroger : ceux qui
« l'ont gênée par tant de lois civiles ont eu plus
« d'égard à l'ordre apparent qu'au bonheur du
« mariage et aux mœurs des citoyens. Vous voyez,
« ma Sophie, que nous ne vous prêchons pas une
« morale difficile. Elle ne tend qu'à vous rendre
« maîtresse de vous-même, et à nous en rapporter
« à vous sur le choix de votre époux.

« Après vous avoir dit nos raisons pour vous
« laisser une entière liberté, il est juste de vous
« parler aussi des vôtres pour en user avec sagesse.
« Ma fille, vous êtes bonne et raisonnable, vous
« avez de la droiture et de la piété, vous avez les
« talents qui conviennent à d'honnêtes femmes,
« et vous n'êtes pas dépourvue d'agréments; mais
« vous êtes pauvre : vous avez les biens les plus
« estimables, et vous manquez de ceux qu'on es-
« time le plus. N'aspirez donc qu'à ce que vous
« pouvez obtenir, et réglez votre ambition, non
« sur vos jugements ni sur les nôtres, mais sur
« l'opinion des hommes. S'il n'étoit question que
« d'une égalité de mérite, j'ignore à quoi je de-

« vrois borner vos espérances : mais ne les élevez
« point au-dessus de votre fortune, et n'oubliez pas
« qu'elle est au plus bas rang. Bien qu'un homme
« digne de vous ne compte pas cette inégalité pour
« un obstacle, vous devez faire alors ce qu'il ne
« fera pas : Sophie doit imiter sa mère, et n'entrer
« que dans une famille qui s'honore d'elle. Vous
« n'avez point vu votre opulence, vous êtes née
« durant notre pauvreté ; vous nous la rendez
« douce et vous la partagez sans peine. Croyez-
« moi, Sophie, ne cherchez point des biens dont
« nous bénissons le ciel de nous avoir délivrés ;
« nous n'avons goûté le bonheur qu'après avoir
« perdu la richesse.

« Vous êtes trop aimable pour ne plaire à per-
« sonne, et votre misère n'est pas telle qu'un hon-
« nête homme se trouve embarrassé de vous. Vous
« serez recherchée, et vous pourrez l'être de gens
« qui ne vous vaudront pas. S'ils se montroient à
« vous tels qu'ils sont, vous les estimeriez tels qu'ils
« valent ; tout leur faste ne vous en imposeroit pas
« long-temps : mais, quoique vous ayez le jugement
« bon et que vous vous connoissiez en mérite, vous
« manquez d'expérience, et vous ignorez jusqu'où
« les hommes peuvent se contrefaire. Un fourbe
« adroit peut étudier vos goûts pour vous séduire,
« et feindre auprès de vous des vertus qu'il n'aura
« point. Il vous perdroit, Sophie, avant que vous
« vous en fussiez aperçue, et vous ne connoîtriez

« votre erreur que pour la pleurer. Le plus dan-
« gereux de tous les piéges, et le seul que la raison
« ne peut éviter, est celui des sens; si jamais vous
« avez le malheur d'y tomber, vous ne verrez plus
« qu'illusions et chimères, vos yeux se fascine-
« ront, votre jugement se troublera, votre volonté
« sera corrompue, votre erreur même vous sera
« chère; et quand vous seriez en état de la con-
« noître, vous n'en voudriez pas revenir. Ma fille,
« c'est à la raison de Sophie que je vous livre; je
« ne vous livre point au penchant de son cœur.
« Tant que vous serez de sang-froid, restez votre
« propre juge, mais sitôt que vous aimerez, rendez
« à votre mère le soin de vous.

« Je vous propose un accord qui vous marque
« notre estime et rétablisse entre nous l'ordre na-
« turel. Les parents choisissent l'époux de leur
« fille, et ne la consultent que pour la forme : tel
« est l'usage. Nous ferons entre nous tout le con-
« traire; vous choisirez, et nous serons consultés.
« Usez de votre droit, Sophie, usez-en librement
« et sagement. L'époux qui vous convient doit
« être de votre choix et non pas du nôtre. Mais
« c'est à nous de juger si vous ne vous trompez pas
« sur les convenances, et si, sans le savoir, vous
« ne faites point autre chose que ce que vous vou-
« lez. La naissance, les biens, le rang, l'opinion,
« n'entreront pour rien dans nos raisons. Prenez
« un honnête homme dont la personne vous plaise

« et dont le caractère vous convienne ; quel qu'il
« soit d'ailleurs, nous l'acceptons pour notre gen-
« dre. Son bien sera toujours assez grand, s'il a des
« bras, des mœurs, et qu'il aime sa famille. Son
« rang sera toujours assez illustre, s'il l'ennoblit
« par la vertu. Quand toute la terre nous blâme-
« roit, qu'importe ? Nous ne cherchons pas l'ap-
« probation publique, il nous suffit de votre bon-
« heur. »

Lecteurs, j'ignore quel effet feroit un pareil discours sur les filles élevées à votre manière. Quant à Sophie, elle pourra n'y pas répondre par des paroles; la honte et l'attendrissement ne la laisseroient pas aisément s'exprimer : mais je suis bien sûr qu'il restera gravé dans son cœur le reste de sa vie, et que si l'on peut compter sur quelque résolution humaine, c'est sur celle qu'il lui fera faire d'être digne de l'estime de ses parents.

Mettons la chose au pis, et donnons-lui un tempérament ardent qui lui rende pénible une longue attente; je dis que son jugement, ses connoissances, son goût, sa délicatesse, et surtout les sentiments dont son cœur a été nourri dans son enfance, opposeront à l'impétuosité des sens un contre-poids qui lui suffira pour les vaincre, ou du moins pour leur résister long-temps. Elle mourroit plutôt martyre de son état, que d'affliger ses parents, d'épouser un homme sans mérite, et de s'exposer aux malheurs d'un mariage mal assorti.

La liberté même qu'elle a reçue ne fait que lui donner une nouvelle élévation d'ame, et la rendre plus difficile sur le choix de son maître. Avec le tempérament d'une Italienne et la sensibilité d'une Angloise, elle a, pour contenir son cœur et ses sens, la fierté d'une Espagnole, qui, même en cherchant un amant, ne trouve pas aisément celui qu'elle estime digne d'elle.

Il n'appartient pas à tout le monde de sentir quel ressort l'amour des choses honnêtes peut donner à l'ame, et quelle force on peut trouver en soi quand on veut être sincèrement vertueux. Il y a des gens à qui tout ce qui est grand paroît chimérique; et qui, dans leur basse et vile raison, ne connoîtront jamais ce que peut sur les passions humaines la folie même de la vertu. Il ne faut parler à ces gens-là que par des exemples : tant pis pour eux s'ils s'obstinent à les nier. Si je leur disois que Sophie n'est point un être imaginaire, que son nom seul est de mon invention, que son éducation, ses mœurs, son caractère, sa figure même, ont réellement existé, et que sa mémoire coûte encore des larmes à toute une honnête famille, sans doute ils n'en croiroient rien : mais enfin, que risquerai-je d'achever sans détour l'histoire d'une fille si semblable à Sophie, que cette histoire pourroit être la sienne sans qu'on dût en être surpris? Qu'on la croie véritable ou non, peu importe; j'aurai, si l'on veut, raconté des fictions, mais j'aurai toujours expliqué ma méthode, et j'irai toujours à mes fins.

La jeune personne, avec le tempérament dont je viens de charger Sophie, avoit d'ailleurs avec elle toutes les conformités qui pouvoient lui en faire mériter le nom, et je le lui laisse. Après l'entretien que j'ai rapporté, son père et sa mère, jugeant que les partis ne viendroient pas s'offrir dans le hameau qu'ils habitoient, l'envoyèrent passer un hiver à la ville, chez une tante qu'on instruisit en secret du sujet de ce voyage, car la fière Sophie portoit au fond de son cœur le noble orgueil de savoir triompher d'elle ; et, quelque besoin qu'elle eût d'un mari, elle fût morte fille plutôt que de se résoudre à l'aller chercher.

Pour répondre aux vues de ses parents, sa tante la présenta dans les maisons, la mena dans les sociétés, dans les fêtes, lui fit voir le monde, ou plutôt l'y fit voir, car Sophie se soucioit peu de tout ce fracas. On remarqua pourtant qu'elle ne fuyoit pas les jeunes gens d'une figure agréable qui paroissoient décents et modestes. Elle avoit dans sa réserve même un certain art de les attirer, qui ressembloit assez à de la coquetterie : mais après s'être entretenue avec eux deux ou trois fois elle s'en rebutoit. Bientôt à cet air d'autorité qui semble accepter les hommages[1], elle substituoit

---

[1] * Var. « ...Les hommages, et qui est la première faveur du « sexe, elle.... »

un maintien plus humble et une politesse plus repoussante. Toujours attentive sur elle-même, elle ne leur laissoit plus l'occasion de lui rendre le moindre service : c'étoit dire assez qu'elle ne vouloit pas être leur maîtresse.

Jamais les cœurs sensibles n'aimèrent les plaisirs bruyants, vain et stérile bonheur des gens qui ne sentent rien, et qui croient qu'étourdir sa vie c'est en jouir. Sophie, ne trouvant point ce qu'elle cherchoit, et désespérant de le trouver ainsi, s'ennuya de la ville. Elle aimoit tendrement ses parents, rien ne la dédommageoit d'eux, rien n'étoit propre à les lui faire oublier; elle retourna les joindre long-temps avant le terme fixé pour son retour.

A peine eut-elle repris ses fonctions dans la maison paternelle, qu'on vit qu'en gardant la même conduite elle avoit changé d'humeur. Elle avoit des distractions, de l'impatience, elle étoit triste et rêveuse; elle se cachoit pour pleurer. On crut d'abord qu'elle aimoit et qu'elle en avoit honte : on lui en parla, elle s'en défendit. Elle protesta n'avoir vu personne qui pût toucher son cœur, et Sophie ne mentoit point.

Cependant sa langueur augmentoit sans cesse, et sa santé commençoit à s'altérer. Sa mère, inquiète de ce changement, résolut enfin d'en savoir la cause. Elle la prit en particulier, et mit en œuvre auprès d'elle ce langage insinuant et ces caresses invincibles que la seule tendresse maternelle sait employer : Ma fille, toi que j'ai portée dans mes entrailles et que je porte incessamment dans mon cœur, verse les secrets du tien dans le sein de ta mère. Quels sont donc ces secrets qu'une mère ne peut savoir? Qui est-ce qui plaint tes peines, qui est-ce qui les partage, qui est-ce qui veut les partager, si ce n'est ton père et moi? Ah! mon enfant, veux-tu que je meure de ta douleur sans la connoître?

Loin de cacher ses chagrins à sa mère, la jeune fille ne demandoit pas mieux que de l'avoir pour consolatrice et pour confidente ; mais la honte l'empêchoit de parler, et sa modestie ne trouvoit point de langage pour décrire un état si peu digne d'elle, que l'émotion qui troubloit ses sens malgré qu'elle en eût. Enfin, la honte même servant d'indice à la mère, elle lui arracha ces humilians aveux. Loin de l'affliger par d'injustes réprimandes, elle la consola, la plaignit, pleura sur elle : elle étoit trop sage pour lui faire un crime d'un mal que sa vertu seule rendoit si cruel. Mais pourquoi supporter sans nécessité un mal dont le remède étoit si facile et si légitime? Que n'usoit-elle de la liberté qu'on lui avoit donnée ? que n'acceptoit-elle un mari? que ne le choisissoit-elle? Ne savoit-elle pas que son sort dépendoit d'elle seule, et que, quel que fût son choix, il seroit confirmé, puisqu'elle n'en pouvoit faire un qui ne fût honnête? On l'avoit envoyée à la ville, elle n'y avoit point voulu rester; plusieurs partis s'étoient présentés, elle les avoit tous refusés. Qu'attendoit-elle donc? que vouloit-elle? Quelle inexplicable contradiction!

La réponse étoit simple. S'il ne s'agissoit que d'un secours pour la jeunesse, le choix seroit bientôt fait : mais un maître pour toute la vie n'est pas si facile à choisir; et, puisqu'on ne peut séparer ces deux choix, il faut bien attendre, et souvent perdre sa jeunesse, avant de trouver l'homme avec qui l'on veut passer ses jours. Tel étoit le cas de Sophie : elle avoit besoin d'un amant, mais cet amant devoit être un mari; et pour le cœur qu'il falloit au sien, l'un étoit presque aussi difficile à trouver que l'autre. Tous ces jeunes gens si brillants n'avoient avec elle que la convenance de l'âge, les autres leur manquoient toujours, leur esprit superficiel, leur vanité, leur jargon, leurs mœurs sans règle, leurs frivoles imitations la dégoûtoient d'eux. Elle cherchoit un homme et ne trouvoit que des singes; elle cherchoit une ame et n'en trouvoit point.

Que je suis malheureuse! disoit-elle à sa mère; j'ai besoin d'aimer, et ne vois rien qui me plaise. Mon cœur repousse tous ceux qu'attirent mes sens. Je n'en vois pas un qui n'excite mes désirs, et pas un qui ne les réprime; un goût sans estime ne peut durer. Ah! ce n'est pas là l'homme qu'il faut à votre Sophie ! son charmant modèle est empreint trop avant dans son ame. Elle ne peut aimer que lui, elle ne peut rendre heureux que lui, elle ne peut être heureuse qu'avec lui seul. Elle aime mieux se consumer et combattre sans cesse, elle aime mieux mourir malheureuse et libre, que désespérée auprès d'un homme qu'elle n'aimeroit pas et qu'elle rendroit malheureux lui-même; il vaut mieux n'être plus, que de n'être que pour souffrir.

Frappée de ces singularités, sa mère les trouva trop bizarres pour n'y pas soupçonner quelque mystère. Sophie n'étoit ni précieuse ni ridicule. Comment cette délicatesse outrée avoit-elle pu lui convenir, à elle à qui l'on n'avoit rien tant appris dès son enfance qu'à s'accommoder des gens avec qui elle avoit à vivre, et à faire de nécessité vertu? Ce modèle de l'homme aimable duquel elle étoit si enchantée, et qui revenoit si souvent dans tous ses entretiens, fit conjecturer à sa mère que ce caprice avoit quelque autre fondement qu'elle ignoroit encore, et que Sophie n'avoit pas tout dit. L'infortunée, surchargée de sa peine secrète, ne cherchoit qu'à s'épancher. Sa mère la presse; elle hésite; elle se rend enfin, et sortant sans rien dire, elle rentre un moment après un livre à la main : Plaignez votre malheureuse fille, sa tristesse est sans remède, ses pleurs ne peuvent tarir. Vous en voulez savoir la cause : eh bien! la voilà, dit-elle, en jetant le livre sur la table. La mère prend le livre et l'ouvre : c'étoient les Aventures de Télémaque. Elle ne comprend rien d'abord à cette énigme : à force de questions et de réponses obscures, elle voit enfin, avec une surprise facile à concevoir, que sa fille est la rivale d'Eucharis.

Sophie aimoit Télémaque, et l'aimoit avec une passion dont rien ne put la guérir. Sitôt que son père et sa mère connurent sa manie, ils en rirent, et crurent la ramener par la raison. Ils se trompèrent : la raison n'étoit pas toute de leur côté; Sophie avoit aussi la sienne et savoit la faire valoir. Combien de fois elle les réduisit au silence en se servant contre eux de leurs propres raisonnements, en leur montrant qu'ils avoient fait tout le mal eux-mêmes, qu'ils ne l'avoient point formée pour un homme de son siècle; qu'il faudroit nécessairement qu'elle adoptât les manières de penser de son mari, ou qu'elle lui donnât les siennes; qu'ils lui avoient rendu le premier moyen impossible par la manière dont ils l'avoient élevée, et que l'autre étoit précisément ce qu'elle cherchoit. Donnez-moi, disoit-elle, un homme imbu de mes maximes, ou que j'y puisse amener, et je l'épouse; mais jusque-là pourquoi me grondez-vous? plaignez-moi. Je suis malheureuse et non pas folle. Le cœur dépend-il de la volonté? Mon père ne l'a-t-il pas dit lui-même? Est-ce ma faute si j'aime ce qui n'est pas? Je ne suis point visionnaire; je ne veux point un prince, je ne cherche point Télémaque, je sais qu'elle n'est qu'une fiction : je cherche quelqu'un qui lui ressemble. Et pourquoi ce quelqu'un ne peut-il exister, puisque j'existe, moi qui me sens un cœur si semblable au sien? Non, ne déshonorons pas ainsi l'humanité; ne pensons pas qu'un homme aimable et vertueux ne soit qu'une chimère. Il existe, il vit, me cherche peut-être; il cherche une ame qui le sache aimer. Mais qu'est-il? où est-il? Je l'ignore : il n'est aucun de ceux que j'ai vus; sans doute il n'est aucun de ceux que je verrai. O ma mère! pourquoi m'avez-vous rendu la vertu trop aimable? Si je ne puis aimer qu'elle, le tort en est moins à moi qu'à vous.

Amènerai-je ce triste récit jusqu'à sa catastrophe? Dirai-je les longs débats qui la précédèrent? Représenterai-je une mère impatientée changeant en rigueurs ses premières caresses? Montrerai-je un père irrité oubliant ses premiers engagements, et traitant comme une folle la plus vertueuse des filles? Peindrai-je enfin l'infortunée, encore plus attachée à sa chimère par la persécution qu'elle lui fait souffrir, marchant à pas lents vers la mort, et descendant dans la tombe au moment qu'on croit l'entraîner à l'autel? Non, j'écarte ces objets funestes. Je n'ai pas besoin d'aller si loin pour montrer par un exemple assez frappant, ce me semble, que, malgré les préjugés qui naissent des mœurs du siècle, l'enthousiasme de l'honnêteté et du beau n'est pas plus étranger aux femmes qu'aux hommes, et qu'il n'y a rien que, sous la direction de la nature, on ne puisse obtenir d'elles comme de nous.

On m'arrête ici pour me demander si c'est la nature qui nous prescrit de prendre tant de peines pour réprimer des désirs immodérés. Je réponds que non, mais qu'aussi ce n'est point la nature qui nous donne tant de désirs immodérés. Or, tout ce qui n'est pas d'elle est contre elle : j'ai prouvé cela mille fois.

Rendons à notre Émile sa Sophie : ressuscitons cette aimable fille pour lui donner une imagination moins vive et un destin plus heureux. Je voulois peindre une femme ordinaire; et à force de lui élever l'ame j'ai troublé sa raison; je me suis égaré moi-même. Revenons sur nos pas. Sophie n'a qu'un bon naturel dans une ame commune; tout ce qu'elle a de plus que les autres femmes est l'effet de son éducation.

Je me suis proposé dans ce livre de dire tout ce qui se pouvoit faire, laissant à chacun le choix de ce qui est à sa portée dans ce que je puis avoir dit de bien. J'avois pensé dès le commencement à former de loin la compagne d'Émile, et à les élever l'un pour l'autre et l'un avec l'autre. Mais en y réfléchissant, j'ai trouvé que tous ces arrangements trop prématurés étoient mal entendus, et qu'il étoit absurde de destiner deux enfants à s'unir avant de pouvoir connoître si cette union étoit dans l'ordre de la nature, et s'ils auroient entre eux les rapports convenables pour la former. Il ne faut pas confondre ce qui est naturel à l'état sauvage et ce qui est naturel à l'état civil. Dans le premier état, toutes les femmes conviennent à tous les hommes, parce que les uns et les autres n'ont encore que la forme primitive et commune; dans le second, chaque caractère étant développé par les institutions sociales, et chaque esprit ayant reçu sa forme propre et déterminée, non de l'éducation seule, mais du concours bien ou mal ordonné du naturel et de l'éducation, on ne peut plus les assortir qu'en les présentant l'un à l'autre pour voir s'ils se conviennent à tous égards, ou pour préférer au moins le choix qui donne le plus de ces convenances.

Le mal est qu'en développant les caractères l'état social distingue les rangs, et que l'un de ces deux ordres, n'étant point semblable à l'autre, plus on distingue les conditions, plus on confond les caractères. De là les mariages mal assortis et tous les désordres qui en dérivent; d'où l'on voit, par une conséquence évidente, que plus on s'éloigne de l'égalité, plus les sentiments naturels s'altèrent; plus l'intervalle des grands aux petits s'accroît, plus le lien conjugal se relâche; plus il y a de riches et de pauvres, moins il y a de pères et de maris. Le maître ni l'esclave n'ont plus de famille, chacun des deux ne voit que son état.

Voulez-vous prévenir les abus et faire d'heureux mariages, étouffez les préjugés, oubliez les institutions humaines, et consultez la nature. N'unissez pas des gens qui ne se conviennent que dans une condition donnée, et qui ne se conviendront plus, cette condition venant à changer ; mais des gens qui se conviendront dans quelque situation qu'ils se trouvent, dans quelque pays qu'ils habitent, dans quelque rang qu'ils puissent tomber. Je ne dis pas que les rapports conventionnels soient indifférents dans le mariage, mais je dis que l'influence des rapports naturels l'emporte tellement sur la leur, que c'est elle seule qui décide du sort de la vie, et qu'il y a telle convenance de goûts, d'humeurs, de sentiments, de caractères, qui devroient engager un père sage, fût-il prince, fût-il monarque, à donner sans balancer à son fils la fille avec laquelle il auroit toutes ces convenances, fût-elle née dans une famille déshonnête, fût-elle la fille du bourreau. Oui, je soutiens que, tous les malheurs imaginables dussent-ils tomber sur deux époux bien unis, ils jouiront d'un plus vrai bonheur à pleurer ensemble, qu'ils n'en auroient dans toutes les fortunes de la terre, empoisonnées par la désunion des cœurs.

Au lieu donc de destiner dès l'enfance une

épouse à mon Émile, j'ai attendu de connoître celle qui lui convient. Ce n'est point moi qui fais cette destination, c'est la nature; mon affaire est de trouver le choix qu'elle a fait. Mon affaire, je dis la mienne et non celle du père; car en me confiant son fils, il me cède sa place, il substitue mon droit au sien, c'est moi qui suis le vrai père d'Émile, c'est moi qui l'ai fait homme. J'aurois refusé de l'élever si je n'avois pas été maître de le marier à son choix, c'est-à-dire au mien. Il n'y a que le plaisir de faire un heureux qui puisse payer ce qu'il en coûte pour mettre un homme en état de le devenir.

Mais ne croyez pas non plus que j'aie attendu, pour trouver l'épouse d'Émile, que je le misse en devoir de la chercher. Cette feinte recherche n'est qu'un prétexte pour lui faire connoître les femmes, afin qu'il sente le prix de celle qui lui convient. Dès long-temps Sophie est trouvée; peut-être Émile l'a-t-il déjà vue; mais il ne la reconnoîtra que quand il sera temps.

Quoique l'égalité des conditions ne soit pas nécessaire au mariage, quand cette égalité se joint aux autres convenances, elle leur donne un nouveau prix; elle n'entre en balance avec aucune, mais la fait pencher quand tout est égal.

Un homme, à moins qu'il ne soit monarque, ne peut pas chercher une femme dans tous les états; car les préjugés qu'il n'aura pas il les trouvera dans les autres ; et telle fille lui conviendroit peut-être, qu'il ne l'obtiendroit pas pour cela. Il y a donc des maximes de prudence qui doivent borner les recherches d'un père judicieux. Il ne doit point vouloir donner à son élève un établissement au-dessus de son rang, car cela ne dépend pas de lui. Quand il le pourroit, il ne devroit pas le vouloir encore ; car qu'importe le rang au jeune homme, du moins au mien? Et cependant, en montant, il s'expose à mille maux réels qu'il sentira toute sa vie. Je dis même qu'il ne doit pas vouloir compenser des biens de différentes natures, comme la noblesse et l'argent, parce que chacun des deux ajoute moins de prix à l'autre qu'il n'en reçoit d'altération ; que de plus on ne s'accorde jamais sur l'estimation commune ; qu'enfin la préférence que chacun donne à sa mise prépare la discorde entre deux familles, et souvent entre deux époux.

Il est encore fort différent pour l'ordre du mariage que l'homme s'allie au-dessus ou au-dessous de lui. Le premier cas est tout-à-fait contraire à la raison ; le second y est plus conforme. Comme la famille ne tient à la société que par son chef, c'est l'état de ce chef qui règle celui de la famille entière. Quand il s'allie dans un rang plus bas, il ne descend point, il élève son épouse ; au contraire, en prenant une femme au-dessus de lui, il l'abaisse sans l'élever. Ainsi, dans le premier cas, il y a du bien sans mal, et dans le second du mal sans bien. De plus, il est dans l'ordre de la nature que la femme obéisse à l'homme. Quand donc il la prend dans un rang inférieur, l'ordre naturel et l'ordre civil s'accordent, et tout va bien. C'est le contraire quand, s'alliant au-dessus de lui, l'homme se met dans l'alternative de blesser son droit ou sa reconnoissance, et d'être ingrat ou méprisé. Alors la femme prétendant à l'autorité, se rend le tyran de son chef; et le maître, devenu l'esclave, se trouve la plus ridicule et la plus misérable des créatures. Tels sont ces malheureux favoris que les rois d'Asie honorent et tourmentent de leur alliance, et qui, dit-on, pour coucher avec leurs femmes, n'osent entrer dans le lit que par le pied.

Je m'attends que beaucoup de lecteurs, se souvenant que je donne à la femme un talent naturel pour gouverner l'homme, m'accuseront ici de contradiction : ils se tromperont pourtant. Il y a bien de la différence entre s'arroger le droit de commander, et gouverner celui qui commande. L'empire de la femme est un empire de douceur, d'adresse et de complaisance; ses ordres sont des caresses, ses menaces sont des pleurs. Elle doit régner dans la maison comme un ministre dans l'état, en se faisant commander ce qu'elle veut faire. En ce sens il est constant que les meilleurs ménages sont ceux où la femme a le plus d'autorité. Mais quand elle méconnoît la voix du chef, qu'elle veut usurper ses droits et commander elle-même, il ne résulte jamais de ce désordre que misère, scandale et déshonneur.

Reste le choix entre ses égales et ses inférieures : et je crois qu'il y a encore quelques restrictions à faire pour ces dernières ; car il est difficile de trouver dans la lie du peuple une épouse capable de faire le bonheur d'un honnête homme : non qu'on soit plus vicieux dans les derniers rangs que dans les premiers, mais parce qu'on y a peu d'idée de ce qui est beau et honnête, et que l'injustice des autres états fait voir à celui-ci la justice dans ses vices mêmes.

Naturellement l'homme ne pense guère. Penser est un art qu'il apprend comme tous les autres, et même plus difficilement. Je ne connois pour les deux sexes que deux classes réellement distinguées : l'une des gens qui pensent, l'autre des gens qui ne pensent point ; et cette différence vient presque uniquement de l'éducation. Un homme de la première de ces deux classes ne doit point s'allier dans l'autre ; car le plus grand charme de la société manque à la sienne lorsqu'ayant une femme il est réduit à penser seul. Les gens qui passent exactement la vie entière à travailler pour vivre n'ont d'autre idée que celle de leur travail ou de leur intérêt, et tout leur esprit semble être au bout de leurs bras. Cette ignorance ne nuit ni à la probité ni aux mœurs ; souvent même elle y sert; souvent on compose avec ses devoirs à force d'y réfléchir, et l'on finit par mettre un jargon à la place des choses. La conscience est le plus éclairé des philosophes : on n'a pas besoin de savoir les Offices de Cicéron pour être homme de bien; et la femme du monde la plus honnête sait peut-être le moins ce que c'est qu'honnêteté. Mais il n'en est pas moins vrai qu'un esprit cultivé rend seul le commerce agréable; et c'est une triste chose pour un père de famille qui se plaît dans sa maison, d'être forcé de s'y renfermer en lui-même, et de ne pouvoir s'y faire entendre à personne.

D'ailleurs comment une femme qui n'a nulle habitude de réfléchir élèvera-t-elle ses enfants? Comment discernera-t-elle ce qui leur convient? comment les disposera-t-elle aux vertus qu'elle ne connoît pas, au mérite dont elle n'a nulle idée? Elle ne saura que les flatter ou les menacer, les rendre insolents ou craintifs; elle en fera des singes maniérés ou d'étourdis polissons, jamais de bons esprits ni des enfants aimables.

Il ne convient donc pas à un homme qui a de l'éducation de prendre une femme qui n'en ait point, ni par conséquent dans un rang où l'on ne sauroit en avoir. Mais j'aimerois encore cent fois mieux une fille simple et grossièrement élevée, qu'une fille savante et bel esprit qui viendroit établir dans ma maison un tribunal de littérature dont elle se feroit la présidente. Une femme bel esprit est le fléau de son mari, de ses enfants, de ses amis, de ses valets, de tout le monde. De la sublime élévation de son beau génie elle dédaigne tous ses devoirs de femme, et commence toujours par se faire homme à la manière de mademoiselle de l'Enclos. Au dehors elle est toujours ridicule et très-justement critiquée, parce qu'on ne peut manquer de l'être aussitôt qu'on sort de son état et qu'on n'est point fait pour celui qu'on veut prendre. Toutes ces femmes à grands talents n'en imposent jamais qu'aux sots. On sait toujours quel est l'artiste ou l'ami qui tient la plume ou le pinceau quand elles travaillent; on sait quel est le discret homme de lettres qui leur dicte en secret leurs oracles. Toute cette charlatanerie est indigne d'une honnête femme. Quand elle auroit de vrais talents, sa prétention les aviliroit. Sa dignité est d'être ignorée; sa gloire est dans l'estime de son mari; ses plaisirs sont dans le bonheur de sa famille. Lecteurs, je m'en rapporte à vous-mêmes; soyez de bonne foi : lequel vous donne meilleure opinion d'une femme en entrant dans sa chambre, lequel vous la fait aborder avec plus de respect, de la voir occupée des travaux de son sexe, des soins de son ménage, environnée des hardes de ses enfants, ou de la trouver écrivant des vers sur sa toilette, entourée de brochures de toutes les sortes et de petits billets peints de toutes les couleurs? Toute fille lettrée restera fille toute sa vie, quand il n'y aura que des hommes sensés sur la terre :

> Quæris cur nolim te ducere, Galla? diserta es.
> MARTIAL, XI, 20.

Après ces considérations vient celle de la figure ; c'est la première qui frappe et la dernière qu'on doit faire, mais encore ne la faut-il pas compter pour rien. La grande beauté me paroît plutôt à fuir qu'à rechercher dans le mariage. La beauté s'use promptement par la possession ; au bout de six semaines elle n'est plus rien pour le possesseur, mais ses dangers durent autant qu'elle. A moins qu'une belle femme ne soit un ange, son mari est le plus malheureux des hommes ; et quand elle seroit un ange, comment empêchera-t-elle qu'il ne soit sans cesse entouré d'ennemis ? Si l'extrême laideur n'étoit pas dégoûtante, je la préférerois à l'extrême beauté ; car en peu de temps l'une et l'autre étant nulles pour le mari, la beauté devient un inconvénient et la laideur un avantage. Mais la laideur qui produit le dégoût est le plus grand des malheurs ; ce sentiment, loin de s'effacer, augmente sans cesse et se tourne en haine. C'est un enfer qu'un pareil mariage ; il vaudroit mieux être morts qu'unis ainsi.

Désirez en tout la médiocrité sans en excepter la beauté même. Une figure agréable et prévenante, qui n'inspire pas l'amour, mais la bienveillance, est ce qu'on doit préférer ; elle est sans préjudice pour le mari, et l'avantage en tourne au profit commun ; les grâces ne s'usent pas comme la beauté ; elles ont de la vie, elles se renouvellent sans cesse, et au bout de trente ans de mariage, une honnête femme avec des grâces plaît à son mari comme le premier jour.

Telles sont les réflexions qui m'ont déterminé dans le choix de Sophie. Élève de la nature ainsi qu'Émile, elle est faite pour lui plus qu'aucune autre ; elle sera la femme de l'homme. Elle est son égale par la naissance et par le mérite, son inférieure par la fortune. Elle n'enchante pas au premier coup d'œil, mais elle plaît chaque jour davantage. Son plus grand charme n'agit que par degrés ; il ne se déploie que dans l'intimité du commerce ; et son mari le sentira plus que personne au monde. Son éducation n'est ni brillante ni négligée ; elle a du goût sans étude, des talents sans art, du jugement sans connoissances. Son esprit ne sait pas, mais il est cultivé pour apprendre ; c'est une terre bien préparée qui n'attend que le grain pour rapporter. Elle n'a jamais lu de livre que Barrême, et Télémaque, qui lui tomba par hasard dans les mains ; une fille capable de se passionner pour Télémaque a-t-elle un cœur sans sentiment et un esprit sans délicatesse ? O l'aimable ignorante ! Heureux celui qu'on destine à l'instruire ? elle ne sera point le professeur de son mari, mais son disciple; loin de vouloir l'assujettir à ses goûts, elle prendra les siens. Elle vaudra mieux pour lui que si elle étoit savante; il aura le plaisir de lui tout enseigner. Il est temps enfin qu'ils se voient; travaillons à les rapprocher.

Nous partons de Paris tristes et rêveurs. Ce lieu de babil n'est pas notre centre. Émile tourne un œil de dédain vers cette grande ville, et dit avec dépit : Que de jours perdus en vaines recherches ! Ah ! ce n'est pas là qu'est l'épouse de mon cœur. Mon ami, vous le saviez bien, mais mon temps ne vous coûte guère, et mes maux vous font peu souffrir. Je le regarde fixement, et lui dis sans m'émouvoir : Émile, croyez-vous ce que vous dites ? A l'intant il me saute au cou tout confus, et me serre dans ses bras sans répondre. C'est toujours sa réponse quand il a tort.

Nous voici par les champs en vrais chevaliers errants; non pas comme eux cherchant des aventures, nous les fuyons au contraire en quittant Paris; mais imitant assez leur allure errante, inégale, tantôt piquant des deux, et tantôt marchant à petits pas. A force de suivre ma pratique on en aura pris enfin l'esprit; et je n'imagine aucun lecteur encore assez prévenu par les usages pour nous supposer tous deux endormis dans une bonne chaise de poste bien fermée, marchant sans rien voir, sans rien observer, rendant nul pour nous l'intervalle du départ à l'arrivée, et dans la vitesse de notre marche, perdant le temps pour le ménager.

Les hommes disent que la vie est courte, et je vois qu'ils s'efforcent de la rendre telle. Ne sachant pas l'employer, ils se plaignent de la rapidité du temps, et je vois qu'il coule trop lentement à leur gré. Toujours pleins de l'objet auquel ils tendent, ils voient à regret l'intervalle qui les en sépare : l'un voudroit être à demain, l'autre au mois prochain ; l'autre à dix ans de là ; nul ne veut vivre aujourd'hui ; nul n'est content de l'heure présente, tous la trouvent trop lente à passer. Quand ils se plaignent que le temps coule trop vite, ils mentent : ils paieroient volontiers le pouvoir de l'accélérer ; ils emploieroient volontiers leur fortune à consumer leur vie entière ; et il n'y en a peut-être pas un qui n'eût réduit ses ans à très peu d'heures s'il eût été le maître d'en ôter au gré de son ennui celles qui lui étoient à charge, et au gré de son impatience celles qui le séparoient du moment désiré. Tel passe la moitié de sa vie à se rendre de Paris à Versailles, de Versailles à Paris, de la ville à la campagne, de la campagne à la ville, et d'un quartier à l'autre, qui seroit fort embarrassé de ses heures s'il n'avoit le secret de les perdre ainsi, et qui s'éloigne exprès de ses affaires pour s'occuper à les aller chercher : il croit gagner le temps qu'il y met de plus, et dont autrement il ne sauroit que faire ; ou bien, au contraire, il court pour courir, et vient en poste sans autre objet que de retourner de même. Mortels, ne cesserez-vous jamais de calomnier la nature? Pourquoi vous plaindre que la vie est courte, puisqu'elle ne l'est pas encore assez à votre gré? s'il est un seul d'entre vous qui sache mettre assez de tempérance à ses désirs pour ne jamais souhaiter que le temps s'écoule, celui-là ne l'estimera point trop courte; vivre et jouir seront pour lui la même chose; et, dût-il mourir jeune, il ne mourra que rassasié de jours.

Quand je n'aurois que cet avantage dans ma méthode, par cela seul il la faudroit préférer à toute autre. Je n'ai point élevé mon Émile pour désirer ni pour attendre, mais pour jouir; et quand il porte ses désirs au-delà du présent, ce n'est point avec une ardeur assez impétueuse pour être importuné de la lenteur du temps. Il ne jouira pas seulement du plaisir de désirer, mais de celui d'aller à l'objet qu'il désire; et ses passions sont tellement modérées, qu'il est toujours plus où il est qu'où il sera.

Nous ne voyageons donc point en courriers, mais en voyageurs. Nous ne songeons pas seulement aux deux termes, mais à l'intervalle qui les sépare. Le voyage même est un plaisir pour nous. Nous ne le faisons point tristement assis et comme emprisonnés dans une petite cage bien fermée. Nous ne voyageons point dans la mollesse et dans le repos des femmes. Nous ne nous ôtons ni le grand air, ni la vue des objets qui nous environnent, ni la commodité de les contempler à notre gré quand il nous plaît. Émile n'entra jamais dans une chaise de poste, et ne court guère en poste s'il n'est pressé. Mais de quoi jamais Émile peut-il être pressé? D'une seule chose, de jouir de la vie. Ajouterai-je et de faire du bien quand il le peut? Non, car cela même est jouir de la vie.

Je ne conçois qu'une manière de voyager plus agréable que d'aller à cheval; c'est d'aller à pied. On part à son moment, on s'arrête à sa volonté, on fait tant et si peu d'exercice qu'on veut. On observe tout le pays; on se détourne à droite, à gauche; on examine tout ce qui nous flatte; on s'arrête à tous les points de vue. Aperçois-je une rivière, je la côtoie; un bois touffus, je vais sous son ombre; une grotte, je la visite; une carrière, j'examine les minéraux. Par-tout où je me plais j'y reste. A l'instant que je m'ennuie, je m'en vais. Je ne dépends ni des chevaux ni du postillon. Je n'ai pas besoin de choisir des chemins tout faits, des routes commodes; je passe par-tout où un homme peut passer; je vois tout ce qu'un homme peut voir; et, ne dépendant que de moi-même, je jouis de toute la liberté dont un homme peut jouir. Si le mauvais temps m'arrête et que l'ennui me gagne, alors je prends des chevaux. Si je suis las.... Mais Émile ne se lasse guère; il est robuste; et pourquoi se lasseroit-il? il n'est point pressé. S'il s'arrête, comment peut-il s'ennuyer? Il porte partout de quoi s'amuser. Il entre chez un maître, il travaille ; il exerce ses bras pour reposer ses pieds.

Voyager à pied c'est voyager comme Thalès, Platon, et Pythagore. J'ai peine à comprendre comment un philosophe peut se résoudre à voyager autrement, et s'arracher à l'examen des richesses qu'il foule aux pieds et que la terre prodigue à sa vue. Qui est-ce qui, aimant un peu l'agriculture, ne veut pas connoître les productions particulières au climat des lieux qu'il traverse, et la manière de les cultiver ? qui est-ce qui, ayant un peu de goût pour l'histoire naturelle, peut se résoudre à passer un terrain sans l'examiner, un rocher sans l'écorner, des montagnes sans herboriser, des cailloux sans chercher des fossiles ? Vos philosophes de ruelles étudient l'histoire naturelle dans des cabinets ; ils ont des colifichets ; ils savent des noms, et n'ont aucune idée de la nature. Mais le cabinet d'Émile est plus riche que ceux des rois ; ce cabinet est la terre entière. Chaque chose y est à sa place : le naturaliste qui en prend soin a rangé le tout dans un fort bel ordre ; Daubenton ne feroit pas mieux.

Combien de plaisirs différents on rassemble par cette agréable manière de voyager ! sans compter la santé qui s'affermit, l'humeur qui s'égaie. J'ai toujours vu ceux qui voyageoient dans de bonnes voitures bien douces, rêveurs, tristes, grondants, ou souffrants ; et les piétons toujours gais, légers, et contents de tout. Combien le cœur rit quand on approche du gîte! Combien un repas grossier paroît savoureux! avec quel plaisir on se repose à table! Quel bon sommeil on fait dans un mauvais lit! Quand on ne veut qu'arriver, on peut courir en chaise de poste; mais quand on veut voyager, il faut aller à pied.

Si, avant que nous ayons fait cinquante lieues de la manière que j'imagine, Sophie n'est pas oubliée, il faut que je ne sois guère adroit ou qu'Émile soit bien peu curieux; car avec tant de connoissances élémentaires, il est difficile qu'il ne soit pas tenté d'en acquérir davantage. On n'est curieux qu'à proportion qu'on est instruit; il sait précisément assez pour vouloir apprendre.

Cependant un objet en attire un autre, et nous avançons toujours. J'ai mis à notre première course un terme éloigné : le prétexte en est facile; en sortant de Paris, il faut aller chercher une femme au loin.

Quelques jours après nous être égarés plus qu'à l'ordinaire dans des vallons, dans des montagnes où l'on n'aperçoit aucun chemin, nous ne savons plus retrouver le nôtre. Peu nous importe, tous chemins sont bons pourvu qu'on arrive : mais encore faut-il arriver quelque part quand on a faim. Heureusement nous trouvons un paysan qui nous mène dans sa chaumière; nous mangeons de grand appétit son maigre dîner. En nous voyant si fatigués, si affamés, il nous dit : Si le bon Dieu vous eût conduits de l'autre côté de la colline, vous eussiez été mieux reçus.... vous auriez trouvé une maison de paix.... des gens si charitables.... de si bonnes gens !... Ils n'ont pas meilleur cœur que moi, mais ils sont plus riches, quoiqu'on dise qu'ils l'étoient bien plus autrefois.... Ils ne pâtissent pas, Dieu merci ; et tout le pays se sent de ce qui leur reste.

À ce mot de bonnes gens le cœur du bon Émile s'épanouit. Mon ami, dit-il en me regardant, allons à cette maison dont les maîtres sont bénis dans le voisinage : je serois bien aise de les voir ; peut-être seront-ils bien aises de nous voir aussi. Je suis sûr qu'ils nous recevront bien : s'ils sont des nôtres, nous serons des leurs.

La maison bien indiquée, on part, on erre dans les bois : une grande pluie nous surprend en chemin ; elle nous retarde sans nous arrêter. Enfin l'on se retrouve, et le soir nous arrivons à la maison désignée. Dans le hameau qui l'entoure, cette seule maison, quoique simple, a quelque apparence. Nous nous présentons, nous demandons l'hospitalité. L'on nous fait parler au maître ; il nous questionne, mais poliment : sans dire le sujet de notre voyage, nous disons celui de notre détour. Il a gardé de son ancienne opulence la facilité de connoître l'état des gens dans leurs manières ; quiconque a vécu dans le grand monde se trompe rarement là-dessus : sur ce passeport nous sommes admis.

On nous montre un appartement fort petit, mais propre et commode; on y fait du feu, nous y trouvons du linge, des nippes, tout ce qu'il nous faut. Quoi! dit Émile tout surpris, on diroit que nous étions attendus! O que le paysan avoit bien raison! quelle attention! quelle bonté! quelle prévoyance! et pour des inconnus! Je crois être au temps d'Homère. Soyez sensible à tout cela, lui dis-je, mais ne vous en étonnez pas; partout où les étrangers sont rares, ils sont bien venus : rien ne rend plus hospitalier que de n'avoir pas souvent besoin de l'être : c'est l'affluence des hôtes qui détruit l'hospitalité. Du temps d'Homère on ne voyageoit guère, et les voyageurs étoient bien reçus partout. Nous sommes peut-être les seuls passagers qu'on ait vus ici de toute l'année. N'importe, reprend-il, cela même est un éloge de savoir se passer d'hôtes, et de les recevoir toujours bien.

Séchés et rajustés, nous allons rejoindre le maître de la maison ; il nous présente à sa femme ; elle nous reçoit non pas seulement avec politesse, mais avec bonté. L'honneur de ses coups d'œil est pour Émile. Une mère, dans le cas où elle est, voit rarement sans inquiétude, ou du moins sans curiosité, entrer chez elle un homme de cet âge.

On fait hâter le souper pour l'amour de nous.

En entrant dans la salle à manger nous voyons cinq couverts : nous nous y plaçons, il en reste un vide. Une jeune personne entre, fait une grande révérence, et s'assied modestement sans parler. Émile, occupé de sa faim ou de ses réponses, la salue, parle, et mange. Le principal objet de son voyage est aussi loin de sa pensée qu'il se croit lui-même encore loin du terme. L'entretien roule sur l'égarement de nos voyageurs. Monsieur, lui dit le maître de la maison, vous me paroissez un jeune homme aimable et sage; et cela me fait songer que vous êtes arrivés ici, votre gouverneur et vous, las et mouillés, comme Télémaque et Mentor dans l'île de Calypso. Il est vrai, répond Émile, que nous trouvons ici l'hospitalité de Calypso. Son Mentor ajoute, Et les charmes d'Eucharis. Mais Émile connoît l'Odyssée, et n'a point lu Télémaque; il ne sait ce que c'est qu'Eucharis. Pour la jeune personne, je la vois rougir jusqu'aux yeux, les baisser sur son assiette et n'oser souffler. La mère, qui remarque son embarras, fait signe au père, et celui-ci change de conversation. En parlant de sa solitude, il s'engage insensiblement dans le récit des événements qui l'y ont confiné; les malheurs de sa vie, la constance de son épouse, les consolations qu'ils ont trouvées dans leur union, la vie douce et paisible qu'ils mènent dans leur retraite, et toujours sans dire un mot de la jeune personne; tout cela forme un récit agréable et touchant, qu'on ne peut entendre sans intérêt. Émile, ému, attendri, cesse de manger pour écouter. Enfin, à l'endroit où le plus honnête des hommes s'étend avec plus de plaisir sur l'attachement de la plus digne des femmes, le jeune voyageur, hors de lui, serre une main du mari qu'il a saisie, et de l'autre prend aussi la main de la femme, sur laquelle il se penche avec transport en l'arrosant de pleurs. La naïve vivacité du jeune homme enchante tout le monde : mais la fille, plus sensible que personne à cette marque de son bon cœur, croit voir Télémaque affecté des malheurs de Philoctète. Elle porte à la dérobée les yeux sur lui pour mieux examiner sa figure ; elle n'y trouve rien qui démente la comparaison. Son air aisé a de la liberté sans arrogance ; ses manières sont vives sans étourderie ; sa sensibilité rend son regard plus doux, sa physionomie plus touchante : la jeune personne le voyant pleurer est près de mêler ses larmes aux siennes. Dans un si beau prétexte, une honte secrète la retient : elle se reproche déjà les pleurs prêts à s'échapper de ses yeux, comme s'il étoit mal d'en verser pour sa famille.

La mère, qui dès le commencement du souper n'a cessé de veiller sur elle, voit sa contrainte, et l'en délivre en l'envoyant faire une commission. Une minute après, la jeune fille rentre ; mais si mal remise que son désordre est visible à tous les yeux. La mère lui dit avec douceur : Sophie, remettez-vous; ne cesserez-vous point de pleurer les malheurs de vos parents? Vous qui les en consolez, n'y soyez pas plus sensible qu'eux-mêmes.

A ce nom de Sophie, vous eussiez vu tressaillir Émile. Frappé d'un nom si cher, il se réveille en sursaut et jette un regard avide sur celle qui l'ose porter. Sophie, ô Sophie! est-ce vous que mon cœur cherche? est-ce vous que mon cœur aime? Il l'observe, il la contemple avec une sorte de crainte et de défiance. Il ne voit point exactement la figure qu'il s'étoit peinte; il ne sait si celle qu'il voit vaut mieux ou moins. Il étudie chaque trait, il épie chaque mouvement, chaque geste; il trouve à tout mille interprétations confuses; il donneroit la moitié de sa vie pour qu'elle voulût dire un seul mot. Il me regarde, inquiet et troublé; ses yeux me font à la fois cent questions, cent reproches. Il semble me dire à chaque regard: Guidez-moi tandis qu'il est temps; si mon cœur se livre et se trompe, je n'en reviendrai de mes jours.

Émile est l'homme du monde qui sait le moins se déguiser. Comment se déguiseroit-il dans le plus grand trouble de sa vie, entre quatre spectateurs qui l'examinent, et dont le plus distrait en apparence est en effet le plus attentif? Son désordre n'échappe point aux yeux pénétrants de Sophie; les siens l'instruisent de reste qu'elle en est l'objet: elle voit que cette inquiétude n'est pas de l'amour

LIVRE V.

encore; mais qu'importe? il s'occupe d'elle, et cela suffit; elle sera bien malheureuse s'il s'en occupe impunément.

Les mères ont des yeux comme leurs filles, et l'expérience de plus. La mère de Sophie sourit du succès de nos projets. Elle lit dans les cœurs des deux jeunes gens; elle voit qu'il est temps de fixer celui du nouveau Télémaque; elle fait parler sa fille. Sa fille, avec sa douceur naturelle, répond d'un ton timide qui ne fait que mieux son effet. Au premier son de cette voix, Émile est rendu; c'est Sophie, il n'en doute plus. Ce ne la seroit pas qu'il seroit trop tard pour s'en dédire.

C'est alors que les charmes de cette fille enchanteresse vont par torrents à son cœur, et qu'il commence d'avaler à longs traits le poison dont elle l'enivre. Il ne parle plus, il ne répond plus; il ne voit que Sophie; il n'entend que Sophie : si elle dit un mot, il ouvre la bouche ; si elle baisse les yeux, il les baisse; s'il la voit soupirer, il soupire; c'est l'ame de Sophie qui paroît l'animer. Que la sienne a changé dans peu d'instants ! Ce n'est plus le tour de Sophie de trembler, c'est celui d'Émile. Adieu la liberté, la naïveté, la franchise. Confus, embarrassé, craintif, il n'ose plus regarder autour de lui, de peur de voir qu'on le regarde. Honteux de se laisser pénétrer, il voudroit se rendre invisible à tout le monde pour se rassasier de la contempler sans être observé. Sophie, au contraire, se rassure de la crainte d'Émile; elle voit son triomphe, elle en jouit.

> No'l mostra già, ben che in suo cor ne rida.
> Tasso, *Ger. lib.*, c. iv, 33.

Elle n'a pas changé de contenance; mais, malgré cet air modeste et ces yeux baissés, son tendre cœur palpite de joie, et lui dit que Télémaque est trouvé.

Si j'entre ici dans l'histoire trop naïve et trop simple peut-être de leurs innocentes amours, on regardera ces détails comme un jeu frivole, et l'on aura tort. On ne considère pas assez l'influence que doit avoir la première liaison d'un homme avec une femme dans le cours de la vie de l'un et de l'autre. On ne voit pas qu'une première impression, aussi vive que celle de l'amour ou du penchant qui tient sa place, a de longs effets dont on n'aperçoit point la chaîne dans le progrès des ans, mais qui ne cessent d'agir jusqu'à la mort. On nous donne, dans les traités d'éducation, de grands verbiages inutiles et pédantesques sur les chimériques devoirs des enfants; et l'on ne nous dit pas un mot de la partie la plus importante et la plus difficile de toute l'éducation, savoir, la crise qui sert de passage de l'enfance à l'état d'homme. Si j'ai pu rendre ces essais utiles par quelque endroit, ce sera sur-tout pour m'y être étendu fort au long sur cette partie essentielle, omise par tous les autres, et pour ne m'être point laissé rebuter dans cette entreprise par de fausses délicatesses, ni effrayer par des difficultés de langue. Si j'ai dit ce qu'il faut faire, j'ai dit ce que j'ai dû dire : il m'importe fort peu d'avoir écrit un roman. C'est un assez beau roman que celui de la nature humaine. S'il ne se trouve que dans cet écrit, est-ce ma faute? Ce devroit être l'histoire de mon espèce. Vous qui la dépravez, c'est vous qui faites un roman de mon livre.

Une autre considération qui renforce la première, est qu'il ne s'agit pas ici d'un jeune homme livré dès l'enfance à la crainte, à la convoitise, à l'envie, à l'orgueil, et à toutes les passions qui servent d'instrument aux éducations communes ; qu'il s'agit d'un jeune homme dont c'est ici non seulement le premier amour, mais la première passion de toute espèce ; que de cette passion, l'unique peut-être qu'il sentira vivement dans toute sa vie, dépend la dernière forme que doit prendre son caractère. Ses manières de penser, ses sentiments, ses goûts, fixés par une passion durable, vont acquérir une consistance qui ne leur permettra plus de s'altérer.

On conçoit qu'entre Émile et moi la nuit qui suit une pareille soirée ne se passe pas toute à dormir. Quoi donc ! la seule conformité d'un nom doit-elle avoir tant de pouvoir sur un homme sage? N'y a-t-il qu'une Sophie au monde ? Se ressemblent-elles toutes d'ame comme de nom? Toutes celles qu'il verra sont-elles la sienne? Est-il fou de se passionner ainsi pour une inconnue à laquelle il n'a jamais parlé? Attendez, jeune homme, examinez, observez. Vous ne savez pas même encore chez qui vous êtes; et, à vous entendre, on vous croiroit déjà dans votre maison.

Ce n'est pas le temps des leçons, et celles-ci ne sont pas faites pour être écoutées. Elles ne font que donner au jeune homme un nouvel intérêt pour Sophie par le désir de justifier son penchant. Ce rapport des noms, cette rencontre qu'il croit fortuite, ma réserve même, ne font qu'irriter sa vivacité: déjà Sophie lui paroît trop estimable pour qu'il ne soit pas sûr de me la faire aimer.

Le matin, je me doute bien que, dans son mauvais habit de voyage, Émile tâchera de se mettre avec plus de soin. Il n'y manqua pas: mais je ris de son empressement à s'accommoder du linge de la maison. Je pénètre sa pensée; j'y lis avec plaisir qu'il cherche, en se préparant des restitutions, des échanges, à s'établir une espèce de correspondance qui le mette en droit d'y renvoyer et d'y revenir.

Je m'étois attendu de trouver Sophie un peu plus ajustée aussi de son côté: je me suis trompé. Cette vulgaire coquetterie est bonne pour ceux à qui l'on ne veut que plaire. Celle du véritable amour est plus raffinée; elle a bien d'autres prétentions. Sophie est mise encore plus simplement que la veille, et même plus négligemment, quoique avec une propreté toujours scrupuleuse. Je ne vois de la coquetterie dans cette négligence que parce que j'y vois de l'affectation. Sophie sait bien qu'une parure plus recherchée est une déclaration ; mais elle ne sait pas qu'une parure plus négligée en est une autre ; elle montre qu'on ne se contente pas de plaire par l'ajustement, qu'on veut plaire aussi par la personne. Eh ! qu'importe à l'amant comment on soit mise, pourvu qu'il voie qu'on s'occupe de lui ? Déjà sûre de son empire, Sophie ne se borne pas à frapper par ses charmes les yeux d'Émile, si son cœur ne va les chercher ; il ne lui suffit plus qu'il les voie, elle veut qu'il les suppose. N'en a-t-il pas assez vu pour être obligé de deviner le reste.

Il est à croire que, durant nos entretiens de cette nuit, Sophie et sa mère n'ont pas non plus resté muettes ; il y a eu des aveux arrachés, des instructions données. Le lendemain on se rassemble bien préparés. Il n'y a pas douze heures que nos jeunes gens se sont vus ; ils ne se sont pas dit encore un seul mot, et déjà l'on voit qu'ils s'entendent. Leur abord n'est pas familier ; il est embarrassé, timide ; ils ne se parlent point ; leurs yeux baissés semblent s'éviter, et cela même est un signe d'intelligence : ils s'évitent, mais de concert : ils sentent déjà le besoin du mystère avant de s'être rien dit. En partant nous demandons la permission de venir nous-mêmes rapporter ce que nous emportons. La bouche d'Émile demande cette permission au père, à la mère, tandis que ses yeux inquiets, tournés vers la fille, la lui demandent beaucoup plus instamment. Sophie ne dit rien, ne fait aucun signe, ne paroît rien voir, rien entendre; mais elle rougit; et cette rougeur est une réponse encore plus claire que celle de ses parents.

On nous permet de revenir sans nous inviter à rester. Cette conduite est convenable; on donne le couvert à des passants embarrassés de leur gîte, mais il n'est pas décent qu'un amant couche dans la maison de sa maîtresse.

A peine sommes-nous hors de cette maison chérie, qu'Émile songe à nous établir aux environs: la chaumière la plus voisine lui semble déjà trop éloignée; il voudroit coucher dans les fossés du château. Jeune étourdi! lui dis-je d'un ton de pitié, quoi! déjà la passion vous aveugle! Vous ne voyez déjà plus ni les bienséances ni la raison! Malheureux! vous croyez aimer, et vous voulez déshonorer votre maîtresse? Que dira-t-on d'elle quand on saura qu'un jeune homme qui sort de sa maison couche aux environs? Vous l'aimez, dites-vous! Est-ce donc à vous de la perdre de réputation? Est-ce là le prix de l'hospitalité que ses parents vous ont accordée! Ferez-vous l'opprobre de celle dont vous attendez votre bonheur? Eh! qu'importent, répond-il avec vivacité, les vains discours des hommes et leurs injustes soupçons? Ne m'avez-vous pas appris vous-même à n'en faire aucun cas? Qui sait mieux que moi combien j'honore Sophie, combien je la veux respecter? Mon attachement ne fera point sa honte, il fera sa gloire, il sera digne d'elle. Quand mon cœur et mes soins lui rendront partout l'hommage qu'elle mérite, en quoi puis-je l'outrager? Cher Émile, reprends-je en l'embrassant, vous raisonnez pour vous: apprenez à raisonner pour elle. Ne comparez point l'honneur d'un sexe à celui de l'autre: ils ont des principes tout différents. Ces principes sont également solides et raisonnables, parce qu'ils dérivent également de la nature, et que la même vertu qui vous fait mépriser pour vous les discours des hommes vous oblige à les respecter pour votre maîtresse. Votre honneur est en vous seul, et le sien dépend d'autrui. Le négliger seroit blesser le vôtre même, et vous ne vous rendez point ce que vous vous devez, si vous êtes cause qu'on ne lui rende pas ce qui lui est dû.

Alors, lui expliquant les raisons de ces différences, je lui fais sentir quelle injustice il y auroit à vouloir les compter pour rien. Qui est-ce qui lui a dit qu'il sera l'époux de Sophie, elle dont il ignore les sentiments, elle dont le cœur ou les parents ont peut-être des engagements antérieurs;

elle qu'il ne connoît point, et qui n'a peut-être avec lui pas une des convenances qui peuvent rendre un mariage heureux? Ignore-t-il que tout scandale est pour une fille une tache indélébile, que n'efface pas même son mariage avec celui qui l'a causé? Eh! quel est l'homme sensible qui veut perdre celle qu'il aime? Quel est l'honnête homme qui veut faire pleurer à jamais à une infortunée le malheur de lui avoir plu?

Le jeune homme, effrayé des conséquences que je lui fais envisager, et toujours extrême dans ses idées, croit déjà n'être jamais assez loin du séjour de Sophie : il double le pas pour fuir plus promptement : il regarde autour de nous si nous ne sommes point écoutés ; il sacrifieroit mille fois son bonheur à l'honneur de celle qu'il aime ; il aimeroit mieux ne la revoir de sa vie que de lui causer un seul déplaisir. C'est le premier fruit des soins que j'ai pris dès sa jeunesse de lui former un cœur qui sache aimer.

Il s'agit donc de trouver un asile éloigné, mais à portée. Nous cherchons, nous nous informons : nous apprenons qu'à deux grandes lieues est une ville ; nous allons chercher à nous y loger, plutôt que dans des villages plus proches, où notre séjour deviendroit suspect. C'est là qu'arrive enfin le nouvel amant, plein d'amour, d'espoir, de joie, et surtout de bons sentiments ; et voilà comment, dirigeant peu à peu sa passion naissante vers ce qui est bon et honnête, je dispose insensiblement tous ses penchants à prendre le même pli.

J'approche du terme de ma carrière; je l'aperçois déjà de loin. Toutes les grandes difficultés sont vaincues, tous les grands obstacles sont surmontés; il ne me reste plus rien de pénible à faire que de ne pas gâter mon ouvrage en me hâtant de le consommer. Dans l'incertitude de la vie humaine, évitons surtout la fausse prudence d'immoler le présent à l'avenir; c'est souvent immoler ce qui est à ce qui ne sera point. Rendons l'homme heureux dans tous les âges, de peur qu'après bien des soins il ne meure avant de l'avoir été. Or, s'il est un temps pour jouir de la vie, c'est assurément la fin de l'adolescence, où les facultés du corps et de l'ame ont acquis leur plus grande vigueur, et où l'homme, au milieu de sa course, voit de plus loin les deux termes qui lui en font sentir la brièveté. Si l'imprudente jeunesse se trompe, ce n'est pas en ce qu'elle veut jouir, c'est en ce qu'elle cherche la jouissance où elle n'est point, et qu'en s'apprêtant un avenir misérable elle ne sait pas même user du moment présent.

Considérez mon Émile, à vingt ans passés, bien formé, bien constitué d'esprit et de corps, fort, sain, dispos, adroit, robuste, plein de sens, de raison, de bonté, d'humanité, ayant des mœurs, du goût, aimant le beau, faisant le bien, libre de l'empire des passions cruelles, exempt du joug de l'opinion, mais soumis à la loi de la sagesse, et docile à la voix de l'amitié; possédant tous les talents utiles, et plusieurs talents agréables, se souciant peu des richesses, portant sa ressource au bout de ses bras, et n'ayant pas peur de manquer de pain, quoi qu'il arrive. Le voilà maintenant enivré d'une passion naissante : son cœur s'ouvre aux premiers feux de l'amour; ses douces illusions lui font un nouvel univers de délices et de jouissances; il aime un objet aimable, et plus aimable encore par son caractère que par sa personne; il espère, il attend un retour qu'il sent lui être dû.

C'est du rapport des cœurs, c'est du concours des sentiments honnêtes, que s'est formé leur premier penchant : ce penchant doit être durable. Il se livre avec confiance, avec raison même, au plus charmant délire, sans crainte, sans regret, sans remords, sans autre inquiétude que celle dont le sentiment du bonheur est inséparable. Que peut-il manquer au sien? Voyez, cherchez, imaginez ce qu'il faut encore, et qu'on puisse accorder avec ce qu'il a. Il réunit tous les biens qu'on peut obtenir à la fois; on n'y en peut ajouter aucun qu'aux dépens d'un autre; il est heureux autant qu'un homme peut l'être. Irai-je en ce moment abréger un destin si doux? irai-je troubler une volupté si pure? Ah! tout le prix de la vie est dans la félicité qu'il goûte. Que pourrois-je lui rendre qui valût ce que je lui aurois ôté? Même en mettant le comble à son bonheur, j'en détruirois le plus grand charme. Ce bonheur suprême est cent fois plus doux à espérer qu'à obtenir; on en jouit mieux quand on l'attend que quand on le goûte. O bon Émile, aime et sois aimé ! jouis long-temps avant que de posséder; jouis à la fois de l'amour et de l'innocence, fais ton paradis sur la terre en attendant l'autre : je n'abrégerai point cet heureux temps de ta vie; j'en filerai pour toi l'enchantement; je le prolongerai le plus qu'il me sera possible. Hélas! il faut qu'il finisse et qu'il finisse en peu de temps; mais je ferai du moins qu'il dure toujours dans ta mémoire, et que tu ne te repentes jamais de l'avoir goûté.

Émile n'oublie pas que nous avons des restitutions à faire. Sitôt qu'elles sont prêtes, nous prenons des chevaux, nous allons grand train; pour cette fois, en partant il voudroit être arrivé. Quand le cœur s'ouvre aux passions, il s'ouvre à l'ennui de la vie. Si je n'ai pas perdu mon temps, la sienne entière ne se passera pas ainsi.

Malheureusement la route est fort coupée et le pays difficile. Nous nous égarons; il s'en aperçoit le premier, et, sans s'impatienter, sans se plaindre, il met toute son attention à retrouver son chemin, il erre long-temps avant de se reconnoître, et toujours avec le même sang-froid. Ceci n'est rien pour vous, mais c'est beaucoup pour moi qui connois son naturel emporté : je vois le fruit des soins que j'ai mis dès son enfance à l'endurcir aux coups de la nécessité.

Nous arrivons enfin. La réception qu'on nous fait est bien plus simple et plus obligeante que la première fois; nous sommes déjà d'anciennes connoissances. Émile et Sophie se saluent avec un peu d'embarras, et ne se parlent toujours point : que se diroient-ils en notre présence? L'entretien qu'il leur faut n'a pas besoin de témoins. L'on se promène dans le jardin : ce jardin a pour parterre un potager très-bien entendu; pour parc, un verger couvert de grands et beaux arbres fruitiers de toute espèce, coupé en divers sens de jolis ruisseaux, et de plates-bandes pleines de fleurs. Le beau lieu! s'écrie Émile plein de son Homère et toujours dans l'enthousiasme; je crois voir le jardin d'Alcinoüs. La fille voudroit savoir ce que c'est qu'Alcinoüs, et la mère le demande. Alcinoüs, leur dis-je, étoit un roi de Corcyre, dont le jardin, décrit par Homère, est critiqué par les gens de goût, comme trop simple et trop peu paré[1]. Cet

---

[1] « En sortant du palais on trouve un vaste jardin de quatre ar-
« pents, enceint et clos tout à l'entour, planté de grands arbres
« fleuris, produisant des poires, des pommes de grenade et d'autres
« des plus belles espèces, des figuiers aux doux fruits, et des oli-
« viers verdoyants. Jamais durant l'année entière ces beaux arbres
« ne restent sans fruits : l'hiver et l'été, la douce haleine du vent
« d'ouest fait à la fois nouer les uns et mûrir les autres. On voit la
« poire et la pomme vieillir et sécher sur leurs arbres, la figue sur
« le figuier, et la grappe sur la souche. La vigne inépuisable ne

Alcinoüs avoit une fille aimable, qui, la veille qu'un étranger reçut l'hospitalité chez son père, songea qu'elle auroit bientôt un mari. Sophie, interdite, rougit, baisse les yeux, se mord la langue; on ne peut imaginer une pareille confusion. Le père, qui se plaît à l'augmenter, prend la parole, et dit que la jeune princesse alloit elle-même laver le linge à la rivière. Croyez-vous, poursuit-il, qu'elle eût dédaigné de toucher aux serviettes sales, en disant qu'elles sentoient le graillon? Sophie, sur qui le coup porte, oubliant sa timidité naturelle, s'excuse avec vivacité. Son papa sait bien que tout le menu linge n'eût point eu d'autre blanchisseuse qu'elle, si on l'avoit laissée faire [1], et qu'elle en eût fait davantage avec plaisir, si on lui eût ordonné. Durant ces mots elle me regarde à la dérobée avec une inquiétude dont je

« cesse d'y porter de nouveaux raisins; on fait cuire et confire les
« uns au soleil sur une aire, tandis qu'on en vendange d'autres,
« laissant sur la plante ceux qui sont encore en fleur, en verjus,
« ou qui commencent à noircir. A l'un des bouts, deux carrés bien
« cultivés, et couverts de fleurs toute l'année, sont ornés de deux
« fontaines, dont l'une est distribuée dans tout le jardin, et l'autre,
« après avoir traversé le palais, est conduite à un bâtiment élevé
« dans la ville pour abreuver les citoyens. »

Telle est la description du jardin Royal d'Alcinoüs, au septième livre de l'Odyssée; jardin dans lequel, à la honte de ce vieux rêveur d'Homère et des princes de son temps, on ne voit ni treillages, ni statues, ni cascades, ni boulingrins.

[1] J'avoue que je sais quelque gré à la mère de Sophie de ne lui avoir pas laissé gâter dans le savon des mains aussi douces que les siennes, et qu'Émile doit baiser si souvent.

ne puis m'empêcher de rire, en lisant dans son cœur ingénu les alarmes qui la font parler. Son père a la cruauté de relever cette étourderie, en lui demandant d'un ton railleur à quel propos elle parle ici pour elle, et ce qu'elle a de commun avec la fille d'Alcinoüs. Honteuse et tremblante, elle n'ose plus souffler, ni regarder personne. Fille charmante ! il n'est plus temps de feindre ; vous voilà déclarée en dépit de vous.

Bientôt cette petite scène est oubliée ou paroît l'être ; très-heureusement pour Sophie, Émile est le seul qui n'y a rien compris. La promenade se continue, et nos jeunes gens, qui d'abord étoient à nos côtés, ont peine à se régler sur la lenteur de notre marche ; insensiblement ils nous précèdent, ils s'approchent, ils s'accostent à la fin ; et nous les voyons assez loin devant nous. Sophie semble attentive et posée ; Émile parle et gesticule avec feu : il ne paroît pas que l'entretien les ennuie. Au bout d'une grande heure on retourne, on les rappelle, ils reviennent, mais lentement à leur tour, et l'on voit qu'ils mettent le temps à profit. Enfin tout à coup leur entretien cesse avant qu'on soit à portée de les entendre, et ils doublent le pas pour nous rejoindre. Émile nous aborde avec un air ouvert et caressant ; ses yeux pétillent de joie ; il les tourne pourtant avec un peu d'inquiétude vers la mère de Sophie pour voir la réception qu'elle lui fera. Sophie n'a pas, à beaucoup près, un maintien si dégagé; en approchant elle semble toute confuse de se voir tête à tête avec un jeune homme, elle qui s'y est si souvent trouvée avec tant d'autres sans en être embarrassée, et sans qu'on l'ait jamais trouvé mauvais. Elle se hâte d'accourir à sa mère, un peu essoufflée, en disant quelques mots qui ne signifient pas grand'chose, comme pour avoir l'air d'être là depuis long-temps.

A la sérénité qui se peint sur le visage de ces aimables enfants, on voit que cet entretien a soulagé leurs jeunes cœurs d'un grand poids. Ils ne sont pas moins réservés l'un avec l'autre, mais leur réserve est moins embarrassée; elle ne vient plus que du respect d'Émile, de la modestie de Sophie, et de l'honnêteté de tous deux. Émile ose lui adresser quelques mots, quelquefois elle ose répondre, mais jamais elle n'ouvre la bouche pour cela sans jeter les yeux sur ceux de sa mère. Le changement qui paroît le plus sensible en elle est envers moi. Elle me témoigne une considération plus empressée, elle me regarde avec intérêt, elle me parle affectueusement, elle est attentive à ce qui peut me plaire; je vois qu'elle m'honore de son estime, et qu'il ne lui est pas indifférent d'obtenir la mienne. Je comprends qu'Émile lui a parlé de moi; on diroit qu'ils ont déjà comploté de me gagner: il n'en est rien pourtant, et Sophie elle-même ne se gagne pas si vite. Il aura peut-être plus besoin de ma faveur auprès d'elle, que

de la sienne auprès de moi. Couple charmant!...
En songeant que le cœur sensible de mon jeune ami m'a fait entrer pour beaucoup dans son premier entretien avec sa maîtresse, je jouis du prix de ma peine; son amitié m'a tout payé.

Les visites se réitèrent. Les conversations entre nos jeunes gens deviennent plus fréquentes. Émile, enivré d'amour, croit déjà toucher à son bonheur. Cependant il n'obtient point d'aveu formel de Sophie; elle l'écoute et ne lui dit rien. Émile connoît toute sa modestie; tant de retenue l'étonne peu; il sent qu'il n'est pas mal auprès d'elle; il sait que ce sont les pères qui marient les enfants; il suppose que Sophie attend un ordre de ses parents; il lui demande la permission de le solliciter; elle ne s'y oppose pas. Il m'en parle; j'en parle en son nom, même en sa présence. Quelle surprise pour lui d'apprendre que Sophie dépend d'elle seule, et que pour le rendre heureux elle n'a qu'à vouloir! Il commence à ne plus rien comprendre à sa conduite. Sa confiance diminue. Il s'alarme, il se voit moins avancé qu'il ne pensoit l'être, et c'est alors que l'amour le plus tendre emploie son langage le plus touchant pour la fléchir.

Émile n'est pas fait pour deviner ce qui lui nuit : si on ne le lui dit, il ne le saura de ses jours, et Sophie est trop fière pour le lui dire. Les difficultés qui l'arrêtent feroient l'empressement d'une autre. Elle n'a pas oublié les leçons de ses parents. Elle est pauvre; Émile est riche, elle le sait. Combien il a besoin de se faire estimer d'elle! Quel mérite ne lui faut-il point pour effacer cette inégalité? Mais comment songera-t-il à ces obstacles? Émile sait-il s'il est riche? Daigne-t-il même s'en informer? Grâces au ciel il n'a nul besoin de l'être, il sait être bienfaisant sans cela. Il tire le bien qu'il fait de son cœur et non de sa bourse. Il donne aux malheureux son temps, ses soins, ses affections, sa personne; et, dans l'estimation de ses bienfaits, à peine ose-t-il compter pour quelque chose l'argent qu'il répand sur les indigents.

Ne sachant à quoi s'en prendre de sa disgrâce, il l'attribue à sa propre faute : car qui oseroit accuser de caprice l'objet de ses adorations? L'humiliation de l'amour-propre augmente les regrets de l'amour éconduit. Il n'approche plus de Sophie avec cette aimable confiance d'un cœur qui se sent digne du sien; il est craintif et tremblant devant elle. Il n'espère plus la toucher par la tendresse, il cherche à la fléchir par la pitié. Quelquefois sa patience se lasse, le dépit est prêt à lui succéder. Sophie semble pressentir ses emportements, et le regarde. Ce seul regard le désarme et l'intimide : il est plus soumis qu'auparavant.

Troublé de cette résistance obstinée et de ce silence invincible, il épanche son cœur dans celui de son ami. Il y dépose les douleurs de ce cœur navré de tristesse; il implore son assistance et ses conseils. Quel impénétrable mystère ! Elle s'intéresse à mon sort, je n'en puis douter : loin de m'éviter elle se plaît avec moi : quand j'arrive elle marque de la joie, et du regret quand je pars; elle reçoit mes soins avec bonté; mes services paroissent lui plaire; elle daigne me donner des avis, quelquefois même des ordres. Cependant elle rejette mes sollicitations, mes prières. Quand j'ose parler d'union, elle m'impose impérieusement silence; et si j'ajoute un mot, elle me quitte à l'instant. Par quelle étrange raison veut-elle bien que je sois à elle sans vouloir entendre parler d'être à moi ? Vous qu'elle honore, vous qu'elle aime et qu'elle n'osera faire taire, parlez, faites-la parler; servez votre ami, couronnez votre ouvrage; ne rendez pas vos soins funestes à votre élève : ah ! ce qu'il tient de vous fera sa misère, si vous n'achevez son bonheur.

Je parle à Sophie, et j'en arrache avec peu de peine un secret que je savois avant qu'elle me l'eût dit. J'obtiens plus difficilement la permission d'en instruire Émile; je l'obtiens enfin, et j'en use. Cette explication le jette dans un étonnement dont il ne peut revenir. Il n'entend rien à cette délicatesse; il n'imagine pas ce que des écus de plus ou de moins font au caractère et au mérite. Quand je lui fais entendre ce qu'ils font aux préjugés, il se met à rire; et, transporté de joie, il veut partir à l'instant, aller tout déchirer, tout jeter, renoncer à tout, pour avoir l'honneur d'être aussi pauvre que Sophie, et revenir digne d'être son époux.

Hé quoi ! dis-je en l'arrêtant, et riant à mon tour de son impétuosité, cette jeune tête ne mûrira-t-elle point ? et, après avoir philosophé toute votre vie, n'apprendrez-vous jamais à raisonner ? Comment ne voyez-vous pas qu'en suivant votre insensé projet vous allez empirer votre situation et rendre Sophie plus intraitable ? C'est un petit avantage d'avoir quelques biens de plus qu'elle, c'en seroit un très-grand de les lui avoir tous sacrifiés ; et, si sa fierté ne peut se résoudre à vous avoir la première obligation, comment se résoudroit-elle à vous avoir l'autre ? Si elle ne peut souffrir qu'un mari puisse lui reprocher de l'avoir enrichie, souffrira-t-elle qu'il puisse lui reprocher de s'être appauvri pour elle ? Eh malheureux ! tremblez qu'elle ne vous soupçonne d'avoir eu ce projet. Devenez au contraire économe et soigneux pour l'amour d'elle, de peur qu'elle ne vous accuse de vouloir la gagner par adresse, et de lui sacrifier volontairement ce que vous perdrez par négligence.

Croyez-vous au fond que de grands biens lui fassent peur, et que ses oppositions viennent précisément des richesses ? Non, cher Émile ; elles ont une cause plus solide et plus grave dans l'effet que produisent ces richesses dans l'ame du possesseur. Elle sait que les biens de la fortune sont toujours préférés à tout par ceux qui les ont. Tous les riches comptent l'or avant le mérite. Dans la mise commune de l'argent et des services, ils trouvent toujours que ceux-ci n'acquittent jamais l'autre, et pensent qu'on leur en doit de reste quand on a passé sa vie à les servir en mangeant leur pain. Qu'avez-vous donc à faire, ô Émile! pour la rassurer sur ses craintes? Faites-vous bien connoître à elle; ce n'est pas l'affaire d'un jour. Montrez-lui dans les trésors de votre ame noble de quoi racheter ceux dont vous avez le malheur d'être partagé. A force de constance et de temps, surmontez sa résistance; à force de sentiments grands et généreux, forcez-la d'oublier vos richesses. Aimez-la, servez-la, servez ses respectables parents. Prouvez-lui que ces soins ne sont pas l'effet d'une passion folle et passagère, mais des principes ineffaçables gravés au fond de votre cœur. Honorez dignement le mérite outragé par la fortune : c'est le seul moyen de le réconcilier avec le mérite qu'elle a favorisé.

On conçoit quels transports de joie ce discours donne au jeune homme, combien il lui rend de confiance et d'espoir, combien son honnête cœur se félicite d'avoir à faire, pour plaire à Sophie, tout ce qu'il feroit de lui-même quand Sophie n'existeroit pas, ou qu'il ne seroit pas amoureux d'elle. Pour peu qu'on ait compris son caractère, qui est-ce qui n'imaginera pas sa conduite en cette occasion ?

Me voilà donc le confident de mes deux bonnes gens et le médiateur de leurs amours! Bel emploi pour un gouverneur! Si beau que je ne fis de ma vie rien qui m'élevât tant à mes propres yeux, et qui me rendît si content de moi-même. Au reste, cet emploi ne laisse pas d'avoir ses agréments : je ne suis pas mal venu dans la maison : l'on s'y fie à moi du soin d'y tenir les amants dans l'ordre : Émile, toujours tremblant de me déplaire, ne fut jamais si docile. La petite personne m'accable d'amitiés dont je ne suis pas la dupe, et dont je ne prends pour moi que ce qui m'en revient. C'est ainsi qu'elle se dédommage indirectement du respect dans lequel elle tient Émile. Elle lui fait en moi mille tendres caresses, qu'elle aimeroit mieux mourir que de lui faire à lui-même; et lui, qui sait que je ne veux pas nuire à ses intérêts, est charmé de ma bonne intelligence avec elle. Il se console quand elle refuse son bras à la promenade et que c'est pour lui préférer le mien. Il s'éloigne sans murmure en me serrant la main, et me disant tout bas de la voix et de l'œil : Ami, parlez pour moi. Il nous suit des yeux avec intérêt : il tâche de lire nos sentiments sur nos visages, et d'interpréter nos discours par nos gestes; il sait que rien de ce qui se dit entre nous ne lui est indifférent. Bonne

Sophie, combien votre cœur sincère est à son aise, quand, sans être entendue de Télémaque, vous pouvez vous entretenir avec son Mentor ! Avec quelle aimable franchise vous lui laissez lire dans ce tendre cœur tout ce qui s'y passe ! Avec quel plaisir vous lui montrez toute votre estime pour son élève ! Avec quelle ingénuité touchante vous lui laissez pénétrer des sentiments plus doux ! Avec quelle feinte colère vous renvoyez l'importun quand l'impatience le force à vous interrompre ! Avec quel charmant dépit vous lui reprochez son indiscrétion quand il vient vous empêcher de dire du bien de lui, d'en entendre, et de tirer toujours de mes réponses quelque nouvelle raison de l'aimer !

Ainsi parvenu à se faire souffrir comme amant déclaré, Émile en fait valoir tous les droits; il parle, il presse, il sollicite, il importune. Qu'on lui parle durement, qu'on le maltraite, peu lui importe pourvu qu'il se fasse écouter. Enfin il obtient, non sans peine, que Sophie de son côté veuille bien prendre ouvertement sur lui l'autorité d'une maîtresse, qu'elle lui prescrive ce qu'il doit faire, qu'elle commande au lieu de prier, qu'elle accepte au lieu de remercier, qu'elle règle le nombre et le temps des visites, qu'elle lui défende de venir jusqu'à tel jour et de rester passé telle heure. Tout cela ne se fait point par jeu, mais très-sérieusement, et si elle accepta ces droits avec peine, elle en use avec une rigueur qui réduit souvent le pauvre Émile au regret de les lui avoir donnés. Mais, quoi qu'elle ordonne, il ne réplique point; et souvent, en parlant pour obéir, il me regarde avec des yeux pleins de joie qui me disent : Vous voyez qu'elle a pris possession de moi. Cependant l'orgueilleuse l'observe en dessous, et sourit en secret de la fierté de son esclave.

Albane et Raphaël, prêtez-moi le pinceau de la volupté ! Divin Milton, apprends à ma plume grossière à décrire les plaisirs de l'amour et de l'innocence ! Mais non, cachez vos arts mensongers devant la sainte vérité de la nature. Ayez seulement des cœurs sensibles, des ames honnêtes; puis laissez errer votre imagination sans contrainte sur les transports de deux jeunes amants, qui, sous les yeux de leurs parents et de leurs guides, se livrent sans trouble à la douce illusion qui les flatte, et, dans l'ivresse des désirs, s'avançant lentement vers le terme, entrelacent de fleurs et de guirlandes l'heureux lien qui doit les unir jusqu'au tombeau. Tant d'images charmantes m'enivrent moi-même; je les rassemble sans ordre et sans suite; le délire qu'elles me causent m'empêche de les lier. Oh ! qui est-ce qui a un cœur, et qui ne saura pas faire en lui-même le tableau délicieux des situations diverses du père, de la mère, de la fille, du gouverneur, de l'élève, et du concours des uns et des autres à l'union du plus charmant couple dont l'amour et la vertu puissent faire le bonheur ?

C'est à présent que, devenu véritablement empressé de plaire, Émile commence à sentir le prix des talents agréables qu'il s'est donnés. Sophie aime à chanter, il chante avec elle ; il fait plus, il lui apprend la musique. Elle est vive et légère, elle aime à sauter, il danse avec elle ; il change ses sauts en pas, il la perfectionne. Ces leçons sont charmantes, la gaieté folâtre les anime, elle adoucit le timide respect de l'amour : il est permis à un amant de donner ces leçons avec volupté ; il est permis d'être le maître de sa maîtresse.

On a un vieux clavecin tout dérangé ; Émile l'accommode et l'accorde ; il est facteur, il est luthier aussi-bien que menuisier ; il eut toujours pour maxime d'apprendre à se passer du secours d'autrui dans tout ce qu'il pouvoit faire lui-même. La maison est dans une situation pittoresque, il en tire différentes vues auxquelles Sophie a quelquefois mis la main et dont elle orne le cabinet de son père. Les cadres n'en sont point dorés et n'ont pas besoin de l'être. En voyant dessiner Émile, en l'imitant, elle se perfectionne à son exemple, elle cultive tous les talents, et son charme les embellit tous. Son père et sa mère se rappellent leur ancienne opulence en revoyant briller autour d'eux les beaux-arts, qui seuls la leur rendoient chère ; l'amour a paré toute leur maison ; lui seul y fait régner sans frais et sans peine les mêmes plaisirs qu'ils n'y rassembloient autrefois qu'à force d'argent et d'ennui.

Comme l'idolâtre enrichit des trésors qu'il estime l'objet de son culte, et pare sur l'autel le dieu qu'il adore, l'amant a beau voir sa maîtresse parfaite, il lui veut sans cesse ajouter de nouveaux ornements. Elle n'en a pas besoin pour lui plaire ; mais il a besoin lui de la parer : c'est un nouvel hommage qu'il croit lui rendre, c'est un nouvel intérêt qu'il donne au plaisir de la contempler. Il lui semble que rien de beau n'est à sa place quand il n'orne pas la suprême beauté. C'est un spectacle à la fois touchant et risible, de voir Émile empressé d'apprendre à Sophie tout ce qu'il sait, sans consulter si ce qu'il lui veut apprendre est de son goût ou lui convient. Il lui parle de tout, il lui explique tout avec un empressement puéril ; il croit qu'il n'a qu'à dire, et qu'à l'instant elle l'entendra : il se figure d'avance le plaisir qu'il aura de raisonner, de philosopher avec elle ; il regarde comme inutile tout l'acquis qu'il ne peut point étaler à ses yeux : il rougit presque de savoir quelque chose qu'elle ne sait pas.

Le voilà donc lui donnant leçon de philosophie, de physique, de mathématiques, d'histoire, de tout en un mot. Sophie se prête avec plaisir à son zèle, et tâche d'en profiter. Quand il peut obtenir de donner ses leçons à genoux devant elle, qu'Émile est content! Il croit voir les cieux ouverts. Cependant cette situation, plus gênante pour l'écolière que pour le maître, n'est pas la plus favorable à l'instruction. L'on ne sait pas trop alors que faire de ses yeux pour éviter ceux qui les poursuivent, et quand ils se rencontrent la leçon n'en va pas mieux.

L'art de penser n'est pas étranger aux femmes, mais elles ne doivent faire qu'effleurer les sciences de raisonnement. Sophie conçoit tout et ne retient pas grand'chose. Ses plus grands progrès sont dans la morale et les choses de goût; pour la physique, elle n'en retient que quelque idée des lois générales et du système du monde. Quelquefois, dans leurs promenades, en contemplant les merveilles de la nature, leurs cœurs innocents et purs osent s'élever jusqu'à son auteur : ils ne craignent pas sa présence, ils s'épanchent conjointement devant lui.

Quoi! deux amants dans la fleur de l'âge emploient leur tête-à-tête à parler de religion! Ils passent leur temps à dire leur catéchisme! Que sert d'avilir ce qui est sublime? Oui, sans doute, ils le disent dans l'illusion qui les charme : ils se voient parfaits, ils s'aiment, ils s'entretiennent avec enthousiasme de ce qui donne un prix à la vertu. Les sacrifices qu'ils lui font la leur rendent chère. Dans des transports qu'il faut vaincre, ils versent quelquefois ensemble des larmes plus pures que la rosée du ciel, et ces douces larmes font l'enchantement de leur vie : ils sont dans le plus charmant délire qu'aient jamais éprouvé des ames humaines. Les privations même ajoutent à leur bonheur et les honorent à leurs propres yeux de leurs sacrifices. Hommes sensuels, corps sans ames, ils connoîtront un jour vos plaisirs, et regretteront toute leur vie l'heureux temps où ils se les ont refusés !

Malgré cette bonne intelligence il ne laisse pas d'y avoir quelquefois des dissensions, même des querelles; la maîtresse n'est pas sans caprice, ni l'amant sans emportement : mais ces petits orages passent rapidement et ne font que raffermir l'union; l'expérience même apprend à Émile à ne les plus tant craindre ; les raccommodements lui sont toujours plus avantageux que les brouilleries ne lui sont nuisibles. Le fruit de la première lui en a fait espérer autant des autres; il s'est trompé : mais enfin, s'il n'en rapporte pas toujours un profit aussi sensible, il y gagne toujours de voir confirmé par Sophie l'intérêt sincère qu'elle prend à son cœur. On veut savoir quel est donc ce profit. J'y consens d'autant plus volontiers, que cet exemple me donnera lieu d'exposer une maxime très-utile, et d'en combattre une très-funeste.

Émile aime, il n'est donc pas téméraire; et l'on conçoit encore mieux que l'impérieuse Sophie n'est pas fille à lui passer des familiarités. Comme la sagesse a son terme en toute chose, on la taxeroit bien plutôt de trop de dureté que de trop d'indulgence, et son père lui-même craint quelquefois que son extrême fierté ne dégénère en hauteur. Dans les tête-à-tête les plus secrets Émile n'oseroit solliciter la moindre faveur, pas même y paroître aspirer; et quand elle veut bien passer son bras sous le sien à la promenade, grâce qu'elle ne laisse pas changer en droit, à peine ose-t-il quelquefois, en soupirant, presser ce bras contre sa poitrine. Cependant, après une longue contrainte, il se hasarde à baiser furtivement sa robe, et plusieurs fois il est assez heureux pour qu'elle veuille bien ne pas s'en apercevoir. Un jour qu'il veut prendre un peu plus ouvertement la même liberté, elle s'avise de le trouver très-mauvais. Il s'obstine, elle s'irrite, le dépit lui dicte quelques mots piquants; Émile ne les endure pas sans réplique : le reste du jour se passe en bouderie, et l'on se sépare très-mécontents.

Sophie est mal à son aise. Sa mère est sa confidente; comment lui cacheroit-elle son chagrin? C'est sa première brouillerie; et une brouillerie d'une heure est une si grande affaire! Elle se repent de sa faute : sa mère lui permet de la réparer, son père le lui ordonne.

Le lendemain, Émile inquiet revient plus tôt qu'à l'ordinaire. Sophie est à la toilette de sa mère, le père est aussi dans la même chambre : Émile entre avec respect, mais d'un air triste. A peine le père et la mère l'ont-ils salué, que Sophie se retourne, et, lui présentant la main, lui demande, d'un ton caressant, comment il se porte. Il est clair que cette jolie main ne s'avance ainsi que pour être baisée : il la reçoit et ne la baise pas. Sophie, un peu honteuse, la retire d'aussi bonne grâce qu'il lui est possible. Émile, qui n'est pas fait aux manières des femmes et qui ne sait à quoi le caprice est bon, ne l'oublie pas aisément et ne s'apaise pas si vite. Le père de Sophie, la voyant embarrassée, achève de la déconcerter par des railleries. La pauvre fille, confuse, humiliée, ne sait plus ce qu'elle fait, et donneroit tout au monde pour oser pleurer. Plus elle se contraint, plus son cœur se gonfle ; une larme s'échappe enfin malgré qu'elle en ait. Émile voit cette larme, se précipite à ses genoux, lui prend la main, la baise plusieurs fois avec saisissement. Ma foi, vous êtes trop bon, dit le père en éclatant de rire; j'aurois moins d'indulgence pour toutes ces folles, et je punirois la bouche qui m'auroit offensé. Émile, enhardi par ce discours, tourne un œil suppliant vers la mère, et, croyant voir un signe de consentement, s'approche en tremblant du visage de Sophie, qui détourne la tête, et, pour sauver la bouche, expose une joue de roses. L'indiscret ne s'en contente pas ; on résiste foiblement. Quel baiser, s'il n'étoit pas pris sous les yeux d'une mère ! Sévère Sophie, prenez garde à vous ; on vous demandera souvent votre robe à baiser, à condition que vous la refuserez quelquefois.

Après cette exemplaire punition le père sort pour quelque affaire; la mère envoie Sophie sous quelque prétexte, puis elle adresse la parole à Émile, et lui dit d'un ton assez sérieux : « Monsieur,
« je crois qu'un jeune homme aussi bien né, aussi
« bien élevé que vous, qui a des sentiments et des
« mœurs, ne voudroit pas payer du déshonneur
« d'une famille l'amitié qu'elle lui témoigne. Je ne
« suis ni farouche ni prude ; je sais ce qu'il faut
« passer à la jeunesse folâtre; et ce que j'ai souf-
« fert sous mes yeux le prouve assez. Consultez
« votre ami sur vos devoirs, il vous dira quelle
« différence il y a entre les jeux que la présence
« d'un père et d'une mère autorise, et les libertés
« qu'on prend loin d'eux en abusant de leur con-
« fiance, et tournant en piéges les mêmes faveurs
« qui, sous leurs yeux, ne sont qu'innocentes. Il
« vous dira, monsieur, que ma fille n'a eu d'autre
« tort avec vous que celui de ne pas voir, dès la
« première fois, ce qu'elle ne devoit jamais souffrir;
« il vous dira que tout ce qu'on prend pour faveur
« en devient une, et qu'il est indigne d'un homme
« d'honneur d'abuser de la simplicité d'une jeune
« fille pour usurper en secret les mêmes libertés
« qu'elle peut souffrir devant tout le monde. Car
« on sait ce que la bienséance peut tolérer en pu-

« blic; mais on ignore où s'arrête, dans l'ombre
« du mystère, celui qui se fait seul juge de ses fan-
« taisies. »

Après cette juste réprimande, bien plus adressée à moi qu'à mon élève, cette sage mère nous quitte, et me laisse dans l'admiration de sa rare prudence, qui compte pour peu qu'on baise devant elle la bouche de sa fille, et qui s'effraie qu'on ose baiser sa robe en particulier. En réfléchissant à la folie de nos maximes, qui sacrifient toujours à la décence la véritable honnêteté, je comprends pourquoi le langage est d'autant plus chaste que les cœurs sont plus corrompus, et pourquoi les procédés sont d'autant plus exacts que ceux qui les ont sont plus malhonnêtes.

En pénétrant, à cette occasion, le cœur d'Émile des devoirs que j'aurois dû plus tôt lui dicter, il me vient une réflexion nouvelle, qui fait peut-être le plus d'honneur à Sophie, et que je me garde pourtant bien de communiquer à son amant; c'est qu'il est clair que cette prétendue fierté qu'on lui reproche n'est qu'une précaution très-sage pour se garantir d'elle-même. Ayant le malheur de se sentir un tempérament combustible, elle redoute la première étincelle et l'éloigne de tout son pouvoir. Ce n'est pas par fierté qu'elle est sévère, c'est par humilité. Elle prend sur Émile l'empire qu'elle craint de n'avoir pas sur Sophie; elle se sert de l'un pour combattre l'autre. Si elle étoit plus confiante, elle seroit bien moins fière. Otez ce seul point, quelle fille au monde est plus facile et plus douce ? qui est-ce qui supporte plus patiemment une offense ? qui est-ce qui craint plus d'en faire à autrui ? qui est-ce qui a moins de prétentions en tout genre, hors la vertu ? Encore n'est-ce pas de sa vertu qu'elle est fière, elle ne l'est que pour la conserver; et, quand elle peut se livrer sans risque au penchant de son cœur, elle caresse jusqu'à son amant. Mais sa discrète mère ne fait pas tous ces détails à son père même : les hommes ne doivent pas tout savoir.

Loin même qu'elle semble s'enorgueillir de sa conquête, Sophie en est devenue encore plus affable, et moins exigeante avec tout le monde, hors peut-être le seul qui produit ce changement. Le sentiment de l'indépendance n'enfle plus son noble cœur. Elle triomphe avec modestie d'une victoire qui lui coûte sa liberté. Elle a le maintien moins libre et le parler plus timide depuis qu'elle n'entend plus le mot d'amant sans rougir; mais le contentement perce à travers son embarras, et cette honte elle-même n'est pas un sentiment fâcheux. C'est surtout avec les jeunes survenants que la différence de sa conduite est le plus sensible. Depuis qu'elle ne les craint plus, l'extrême réserve qu'elle avoit avec eux s'est beaucoup relâchée. Décidée dans son choix, elle se montre sans scrupule gracieuse aux indifférents; moins difficile sur leur mérite depuis qu'elle n'y prend plus d'intérêt, elle les trouve toujours assez aimables pour des gens qui ne lui seront jamais rien.

Si le véritable amour pouvoit user de coquetterie, j'en croirois même voir quelques traces dans la manière dont Sophie se comporte avec eux en présence de son amant. On diroit que non contente de l'ardente passion dont elle l'embrase par un mélange exquis de réserve et de caresse, elle n'est pas fâchée encore d'irriter cette même passion par un peu d'inquiétude; on diroit qu'égayant à dessein ses jeunes hôtes, elle destine au tourment d'Émile les grâces d'un enjouement qu'elle n'ose avoir avec lui : mais Sophie est trop attentive, trop bonne, trop judicieuse, pour le tourmenter en effet. Pour tempérer ce dangereux stimulant, l'amour et l'honnêteté lui tiennent lieu de prudence : elle sait l'alarmer, et le rassurer précisément quand il faut; et si quelquefois elle l'inquiète, elle ne l'attriste jamais. Pardonnons le souci qu'elle donne à ce qu'elle aime à la peur qu'elle a qu'il ne soit jamais assez enlacé.

Mais quel effet ce petit manége fera-t-il sur Émile? Sera-t-il jaloux? ne le sera-t-il pas? C'est ce qu'il faut examiner : car de telles digressions entrent aussi dans l'objet de mon livre et m'éloignent peu de mon sujet.

J'ai fait voir précédemment comment, dans les choses qui ne tiennent qu'à l'opinion, cette passion s'introduit dans le cœur de l'homme. Mais en amour c'est autre chose; la jalousie paroît alors tenir de si près à la nature, qu'on a bien de la peine à croire qu'elle n'en vienne pas; et l'exemple même des animaux, dont plusieurs sont jaloux jusqu'à la fureur, semble établir le sentiment opposé sans réplique. Est-ce l'opinion des hommes qui apprend aux coqs à se mettre en pièces, et aux taureaux à se battre jusqu'à la mort?

L'aversion contre tout ce qui trouble et combat nos plaisirs est un mouvement naturel, cela est incontestable. Jusqu'à certain point le désir de posséder exclusivement ce qui nous plaît est encore dans le même cas. Mais quand ce désir, devenu passion, se transforme en fureur ou en une fantaisie ombrageuse et chagrine appelée jalousie, alors c'est autre chose, cette passion peut être naturelle, ou ne l'être pas; il faut distinguer.

L'exemple tiré des animaux a été ci-devant examiné dans le *Discours sur l'Inégalité*; et maintenant que j'y réfléchis de nouveau, cet examen me paroît assez solide pour oser y renvoyer les lecteurs. J'ajouterai seulement aux distinctions que j'ai faites dans cet écrit, que la jalousie qui vient de la nature tient beaucoup à la puissance du sexe, et que, quand cette puissance est ou paroît être illimitée, cette jalousie est à son comble; car le mâle alors, mesurant ses droits sur ses besoins, ne peut jamais voir un autre mâle que comme un importun concurrent. Dans ces mêmes espèces, les femelles, obéissant toujours au premier venu, n'appartiennent aux mâles que par le droit de conquête, et causent entre eux des combats éternels.

Au contraire, dans les espèces où un s'unit avec une, où l'accouplement produit une sorte de lien moral, une sorte de mariage, la femelle, appartenant par son choix au mâle qu'elle s'est donné, se refuse communément à tout autre; et le mâle, ayant pour garant de sa fidélité cette affection de préférence, s'inquiète aussi moins de la vue des autres mâles, et vit plus paisiblement avec eux. Dans ces espèces, le mâle partage le soin des petits; et par une de ces lois de la nature qu'on n'observe point sans attendrissement, il semble que la femelle rende au père l'attachement qu'il a pour ses enfants.

Or, à considérer l'espèce humaine dans sa simplicité primitive, il est aisé de voir, par la puissance bornée du mâle, et par la tempérance de ses désirs, qu'il est destiné par la nature à se contenter d'une seule femelle; ce qui se confirme par l'égalité numérique des individus des deux sexes, au moins dans nos climats; égalité qui n'a pas lieu, à beaucoup près, dans les espèces où la plus grande force des mâles réunit plusieurs femelles à un seul. Et bien que l'homme ne couve pas comme le pigeon, et que, n'ayant pas non plus des mamelles pour allaiter, il soit à cet égard dans la classe des quadrupèdes, les enfants sont si long-temps rampants et foibles, que la mère et eux se passeroient difficilement de l'attachement du père, et des soins qui en sont l'effet.

Toutes les observations concourent donc à prouver que la fureur jalouse des mâles dans quelques espèces d'animaux, ne conclut point du tout pour l'homme; et l'exception même des climats méridionaux, où la polygamie est établie, ne fait que mieux confirmer le principe, puisque c'est de la pluralité des femmes que vient la tyrannique précaution des maris, et que le sentiment de sa propre foiblesse porte l'homme à recourir à la contrainte pour éluder les lois de la nature.

Parmi nous, où ces mêmes lois, en cela moins éludées, le sont dans un sens contraire et plus odieux, la jalousie a son motif dans les passions sociales plus que dans l'instinct primitif. Dans la plupart des liaisons de galanterie, l'amant hait bien plus ses rivaux qu'il n'aime sa maîtresse; il craint de n'être pas seul écouté, c'est l'effet de cet amour-propre dont j'ai montré l'origine, et la vanité pâtit en lui bien plus que l'amour. D'ailleurs nos maladroites institutions ont rendu les femmes si dissimulées[1], et ont si fort allumé leurs appétits, qu'on peut à peine compter sur leur attachement

---

[1] L'espèce de dissimulation que j'entends ici est opposée à celle qui leur convient et qu'elles tiennent de la nature; l'une consiste à déguiser les sentiments qu'elles ont, et l'autre à feindre ceux qu'elles

le mieux prouvé, et qu'elles ne peuvent plus marquer de préférences qui rassurent sur la crainte des concurrents.

Pour l'amour véritable, c'est autre chose. J'ai fait voir, dans l'écrit déjà cité, que ce sentiment n'est pas aussi naturel que l'on pense; et il y a bien de la différence entre la douce habitude qui affectionne l'homme à sa compagne, et cette ardeur effrénée qui l'enivre des chimériques attraits d'un objet qu'il ne voit plus tel qu'il est. Cette passion, qui ne respire qu'exclusions et préférences, ne diffère en ceci de la vanité, qu'en ce que la vanité, exigeant tout et n'accordant rien, est toujours inique; au lieu que l'amour, donnant autant qu'il exige, est par lui-même un sentiment rempli d'équité. D'ailleurs plus il est exigeant, plus il est crédule: la même illusion qui le cause le rend facile à persuader. Si l'amour est inquiet, l'estime est confiante; et jamais l'amour sans l'estime n'exista dans un cœur honnête, parce que nul n'aime dans ce qu'il aime que les qualités dont il fait cas.

Tout ceci bien éclairci, l'on peut dire à coup sûr de quelle sorte de jalousie Émile sera capable; car, puisque à peine cette passion a-t-elle un germe dans le cœur humain, sa forme est déterminée uniquement par l'éducation. Émile, amoureux et

---

n'ont pas. Toutes les femmes du monde passent leur vie à faire trophée de leur prétendue sensibilité, et n'aiment jamais rien qu'elles-mêmes.

jaloux, ne sera point colère, ombrageux, méfiant, mais délicat, sensible et craintif: il sera plus alarmé qu'irrité; il s'attachera bien plus à gagner sa maîtresse qu'à menacer son rival; il l'écartera, s'il peut, comme un obstacle, sans le haïr comme un ennemi; s'il le hait, ce ne sera pas pour l'audace de lui disputer un cœur auquel il prétend, mais pour le danger réel qu'il lui fait courir de le perdre; son injuste orgueil ne s'offensera point sottement qu'on ose entrer en concurrence avec lui; comprenant que le droit de préférence est uniquement fondé sur le mérite, et que l'honneur est dans le succès, il redoublera de soins pour se rendre aimable, et probablement il réussira. La généreuse Sophie, en irritant son amour par quelques alarmes, saura bien les régler, l'en dédommager; et les concurrents, qui n'étoient soufferts que pour le mettre à l'épreuve, ne tarderont pas d'être écartés.

Mais où me sens-je insensiblement entraîné? O Émile, qu'es-tu devenu? Puis-je reconnoître en toi mon élève? Combien je te vois déchu! Où est ce jeune homme formé si durement, qui bravoit les rigueurs des saisons, qui livroit son corps aux plus rudes travaux, et son ame aux seules lois de la sagesse; inaccessible aux préjugés, aux passions; qui n'aimoit que la vérité, qui ne cédoit qu'à la raison, et ne tenoit à rien de ce qui n'étoit pas lui? Maintenant, amolli dans une vie oisive, il se laisse gouverner par des femmes; leurs amusemens sont ses occupations, leurs volontés sont ses lois; une jeune fille est l'arbitre de sa destinée; il rampe et fléchit devant elle; le grave Émile est le jouet d'un enfant!

Tel est le changement des scènes de la vie : chaque âge a ses ressorts qui le font mouvoir, mais l'homme est toujours le même. A dix ans il est mené par des gâteaux, à vingt par une maîtresse, à trente par les plaisirs, à quarante par l'ambition, à cinquante par l'avarice : quand ne court-il qu'après la sagesse? Heureux celui qu'on y conduit malgré lui! Qu'importe de quel guide on se serve, pourvu qu'il le mène au but? Les héros, les sages eux-mêmes, ont payé ce tribut à la foiblesse humaine; et tel dont les doigts ont cassé des fuseaux n'en fut pas pour cela moins grand homme.

Voulez-vous étendre sur la vie entière l'effet d'une heureuse éducation, prolongez durant la jeunesse les bonnes habitudes de l'enfance; et, quand votre élève est ce qu'il doit être, faites qu'il soit le même dans tous les temps. Voilà la dernière perfection qui vous reste à donner à votre ouvrage. C'est pour cela surtout qu'il importe de laisser un gouverneur aux jeunes hommes; car d'ailleurs il est peu à craindre qu'ils ne sachent pas faire l'amour sans lui. Ce qui trompe les instituteurs, et surtout les pères, c'est qu'ils croient qu'une manière de vivre en exclut une autre, et qu'aussitôt qu'on est grand on doit renoncer à tout ce qu'on faisoit étant petit. Si cela étoit, à quoi serviroit de soigner l'enfance, puisque le bon ou le mauvais usage qu'on en feroit s'évanouiroit avec elle; et qu'en prenant des manières de vivre absolument différentes, on prendroit nécessairement d'autres façons de penser?

Comme il n'y a que de grandes maladies qui fassent solution de continuité dans la mémoire, il n'y a guère que de grandes passions qui la fassent dans les mœurs. Bien que nos goûts et nos inclinations changent, ce changement, quelquefois assez brusque, est adouci par les habitudes. Dans la succession de nos penchants, comme dans une bonne dégradation de couleurs, l'habile artiste doit rendre les passages imperceptibles, confondre et mêler les teintes, et pour qu'aucune ne tranche, en étendre plusieurs sur tout son travail. Cette règle est confirmée par l'expérience; les gens immodérés changent tous les jours d'affections, de goûts, de sentiments, et n'ont pour toute constance que l'habitude du changement; mais l'homme réglé revient toujours à ses anciennes pratiques, et ne perd pas même dans sa vieillesse le goût des plaisirs qu'il aimoit enfant.

Si vous faites qu'en passant dans un nouvel âge les jeunes gens ne prennent point en mépris celui qui l'a précédé, qu'en contractant de nouvelles habitudes, ils n'abandonnent point les anciennes, et qu'ils aiment toujours à faire ce qui est bien, sans égard au temps où ils ont commencé; alors seulement vous aurez sauvé votre ouvrage, et vous serez sûrs d'eux jusqu'à la fin de leurs jours; car la révolution la plus à craindre est celle de l'âge sur lequel vous veillez maintenant. Comme on le regrette toujours, on perd difficilement dans la suite les goûts qu'on y a conservés; au lieu que quand ils sont interrompus, on ne les reprend de la vie.

La plupart des habitudes que vous croyez faire contracter aux enfants et aux jeunes gens ne sont point de véritables habitudes, parce qu'ils ne les ont prises que par force, et que, les suivant malgré eux, ils n'attendent que l'occasion de s'en délivrer. On ne prend point le goût d'être en prison à force d'y demeurer; l'habitude alors, loin de diminuer l'aversion, l'augmente. Il n'en est pas ainsi d'Émile, qui, n'ayant rien fait dans son enfance que volontairement et avec plaisir, ne fait, en continuant d'agir de même étant homme, qu'ajouter l'empire de l'habitude aux douceurs de la liberté. La vie active, le travail des bras, l'exercice, le mouvement, lui sont tellement devenus nécessaires, qu'il n'y pourroit renoncer sans souffrir. Le réduire tout à coup à une vie molle et sédentaire seroit l'emprisonner, l'enchaîner, le tenir dans un état violent et contraint; je ne doute pas que son humeur et sa santé n'en fussent également altérées. A peine peut-il respirer à son aise dans une chambre bien fermée, il lui faut le grand air, le mouvement, la fatigue. Aux genoux même de Sophie il ne peut s'empêcher de regarder quelquefois la campagne du coin de l'œil, et de désirer de la parcourir avec elle. Il reste pourtant quand il faut rester; mais il est inquiet, agité; il semble se débattre; il reste parce qu'il est dans les fers. Voilà donc, allez-vous dire, des besoins auxquels je l'ai soumis, des assujettissements que je lui ai donnés : et tout cela est vrai; je l'ai assujetti à l'état d'homme.

Émile aime Sophie; mais quels sont les premiers charmes qui l'ont attaché? La sensibilité, la vertu, l'amour des choses honnêtes. En aimant cet amour dans sa maîtresse, l'auroit-il perdu pour lui-même? A quel prix à son tour Sophie s'est-elle mise? A celui de tous les sentiments qui sont naturels au cœur de son amant; l'estime des vrais biens; la frugalité, la simplicité, le généreux désintéressement, le mépris du faste et des richesses. Émile avoit ces vertus avant que l'amour les lui eût imposées. En quoi donc Émile est-il véritablement changé? Il a de nouvelles raisons d'être lui-même; c'est le seul point où il soit différent de ce qu'il étoit.

Je n'imagine pas qu'en lisant ce livre avec quelque attention personne puisse croire que toutes les circonstances de la situation où il se trouve se soient ainsi rassemblées autour de lui par hasard. Est-ce par hasard que les villes fournissant tant de filles aimables, celle qui lui plaît ne se trouve qu'au fond d'une retraite éloignée? Est-ce par hasard qu'il la rencontre? Est-ce par hasard qu'ils se conviennent? Est-ce par hasard qu'ils ne peuvent loger dans le même lieu? Est-ce par hasard qu'il ne trouve un asile que si loin d'elle? Est-ce par hasard qu'il la voit si rarement, et qu'il est forcé d'acheter par tant de fatigues le plaisir de la voir quelquefois? Il s'efféminc, dites-vous. Il s'endurcit, au contraire; il faut qu'il soit aussi robuste que je l'ai fait pour résister aux fatigues que Sophie lui fait supporter.

Il loge à deux grandes lieues d'elle. Cette distance est le soufflet de la forge; c'est par elle que je trempe les traits de l'amour. S'ils logeoient porte à porte, ou qu'il pût l'aller voir mollement assis dans un bon carrosse, il l'aimeroit à son aise, il l'aimeroit en Parisien. Léandre eût-il voulu mourir pour Héro, si la mer ne l'eût séparé d'elle? Lecteur, épargnez-moi des paroles; si vous êtes fait pour m'entendre, vous suivrez assez mes règles dans mes détails.

Les premières fois que nous sommes allés voir Sophie, nous avons pris des chevaux pour aller plus vite. Nous trouvons cet expédient commode; et à la cinquième fois nous continuons de prendre des chevaux. Nous étions attendus; à plus d'une demi-lieue de la maison nous apercevons du monde sur le chemin. Émile observe; le cœur lui bat; il approche, il reconnoît Sophie, il se précipite à bas de son cheval, il part, il vole, il est aux pieds de l'aimable famille. Émile aime les beaux chevaux; le sien est vif, il se sent libre, il s'échappe à travers champs : je le suis, je l'atteins avec peine, je le ramène. Malheureusement Sophie a peur des chevaux, je n'ose approcher d'elle. Émile accourt tout honteux, prend les chevaux, reste en arrière : il est juste que chacun ait son tour. Il part le premier pour se débarrasser de nos montures. En laissant ainsi Sophie derrière lui, il ne trouve plus le cheval une voiture aussi commode. Il revient essoufflé, et nous rencontre à moitié chemin.

Au voyage suivant Émile ne veut plus de chevaux. Pourquoi? lui dis-je; nous n'avons qu'à prendre un laquais pour en avoir soin. Ah! dit-il, surchargerons-nous ainsi la respectable famille? Vous voyez bien qu'elle veut tout nourrir, hommes et chevaux. Il est vrai, reprends-je, qu'ils ont la noble hospitalité de l'indigence. Les riches, avares dans leur faste, ne logent que leurs amis; mais les pauvres logent aussi les chevaux de leurs amis. Allons à pied, dit-il; n'en avez-vous pas le courage, vous qui partagez de si bon cœur les fatigants plaisirs de votre enfant? Très-volontiers, reprends-je à l'instant : aussi-bien l'amour, à ce qu'il me semble, ne veut pas être fait avec tant de bruit.

En approchant nous trouvons la mère et la fille plus loin encore que la première fois. Nous sommes venus comme un trait. Émile est tout en nage : une main chérie daigne lui passer un mouchoir sur les joues. Il y auroit bien des chevaux au monde, avant que nous fussions désormais tentés de nous en servir.

Cependant il est assez cruel de ne pouvoir jamais passer la soirée ensemble. L'été s'avance, les jours commencent à diminuer. Quoi que nous puissions dire, on ne nous permet jamais de nous en retourner de nuit; et quand nous ne venons pas dès le matin, il faut presque repartir aussitôt qu'on est arrivé. A force de nous plaindre et de s'inquiéter de nous, la mère pense enfin qu'à la vérité on ne peut nous loger décemment dans la maison, mais qu'on peut nous trouver un gîte au village pour y coucher quelquefois. A ces mots Émile frappe des mains, tressaillit de joie; et Sophie, sans y songer, baise un peu plus souvent sa mère le jour qu'elle a trouvé cet expédient.

Peu à peu la douceur de l'amitié, la familiarité de l'innocence, s'établissent et s'affermissent entre nous. Les jours prescrits par Sophie ou par sa mère, je viens ordinairement avec mon ami : quelquefois aussi je le laisse aller seul. La confiance élève l'ame, et l'on ne doit plus traiter un homme en enfant : et qu'aurois-je avancé jusque-là si mon élève ne méritoit pas mon estime? Il m'arrive aussi d'aller sans lui; alors il est triste et ne murmure point : que serviroient ses murmures? Et puis il sait bien que je ne vais pas nuire à ses intérêts. Au reste, que nous allions ensemble ou séparément, on conçoit qu'aucun temps ne nous arrête, tout fiers d'arriver dans un état à pouvoir être plaints. Malheureusement Sophie nous interdit cet honneur, et défend qu'on vienne par le mauvais temps. C'est la seule fois que je la trouve rebelle aux règles que je lui dicte en secret.

Un jour qu'il est allé seul, et que je ne l'attends que le lendemain, je le vois arriver le soir même, et je lui dis en l'embrassant : Quoi! cher Émile, tu reviens à ton ami! Mais, au lieu de répondre à mes caresses, il me dit avec un peu d'humeur : Ne croyez pas que je revienne sitôt de mon gré, je viens malgré moi. Elle a voulu que je vinsse ; je viens pour elle et non pas pour vous. Touché de cette naïveté, je l'embrasse derechef, en lui disant : Ame franche, ami sincère, ne me dérobe pas ce qui m'appartient. Si tu viens pour elle, c'est pour moi que tu le dis : ton retour est son ouvrage ; mais ta franchise est le mien. Garde à jamais cette noble candeur des belles ames. On peut laisser penser aux indifférents ce qu'ils veulent; mais c'est un crime de souffrir qu'un ami nous

fasse un mérite de ce que nous n'avons pas fait pour lui.

Je me garde bien d'avilir à ses yeux le prix de cet aveu, en y trouvant plus d'amour que de générosité, et en lui disant qu'il veut moins s'ôter le mérite de ce retour que le donner à Sophie. Mais voici comment il me dévoile le fond de son cœur sans y songer : s'il est venu à son aise, à petits pas, et rêvant à ses amours, Émile n'est que l'amant de Sophie; il arrive à grands pas, échauffé, quoiqu'un peu grondeur, Émile est l'ami de son Mentor.

On voit par ces arrangements que mon jeune homme est bien éloigné de passer sa vie auprès de Sophie et de la voir autant qu'il voudroit. Un voyage ou deux par semaine bornent les permissions qu'il reçoit; et ses visites, souvent d'une seule demi-journée, s'étendent rarement au lendemain. Il emploie bien plus de temps à espérer de la voir, ou à se féliciter de l'avoir vue, qu'à la voir en effet. Dans celui même qu'il donne à ses voyages, il en passe moins auprès d'elle qu'à s'en approcher ou s'en éloigner. Ses plaisirs vrais, purs, délicieux, mais moins réels qu'imaginaires, irritent son amour sans efféminer son cœur.

Les jours qu'il ne la voit point il n'est pas oisif et sédentaire. Ces jours-là c'est Émile encore : il n'est point du tout transformé. Le plus souvent il court les campagnes des environs; il suit son histoire naturelle; il observe, il examine les terres, leurs productions, leur culture; il compare les travaux qu'il voit à ceux qu'il connoît, il cherche les raisons des différences; quand il juge d'autres méthodes préférables à celles du lieu, il les donne aux cultivateurs; s'il propose une meilleure forme de charrue, il en fait faire sur ses dessins; s'il trouve une carrière de marne, il leur en apprend l'usage inconnu dans le pays; souvent il met lui-même la main à l'œuvre; ils sont tout étonnés de lui voir manier leurs outils plus aisément qu'ils ne font eux-mêmes, tracer des sillons plus profonds et plus droits que les leurs, semer avec plus d'agilité, diriger des ados avec plus d'intelligence. Ils ne se moquent pas de lui comme d'un beau diseur d'agriculture; ils voient qu'il la sait en effet. En un mot, il étend son zèle et ses soins à tout ce qui est d'utilité première et générale; même il ne s'y borne pas. Il visite les maisons des paysans, s'informe de leur état, de leurs familles, du nombre de leurs enfants, de la quantité de leurs terres, de la nature du produit, de leurs débouchés, de leurs facultés, de leurs charges, de leurs dettes, etc. Il donne peu d'argent, sachant que pour l'ordinaire il est mal employé; mais il en dirige l'emploi lui-même, et le leur rend utile malgré qu'ils en aient. Il leur fournit des ouvriers, et souvent leur paie leurs propres journées pour les travaux dont ils ont besoin. A l'un il fait relever ou couvrir sa chaumière à demi tombée; à l'autre il fait défricher sa terre abandonnée faute de moyens; à l'autre il fournit une vache, un cheval, du bétail de toute espèce à la place de celui qu'il a perdu : deux voisins sont près d'entrer en procès, il les gagne, il les accommode; un paysan tombe malade, il le fait soigner, il le soigne lui-même [1]; un autre est vexé par un voisin puissant, il le protége et le recommande; de pauvres jeunes gens se recherchent, il aide à les marier; une bonne femme a perdu son enfant chéri, il va la voir, il la console, il ne sort point aussitôt qu'il est entré : il ne dédaigne point les indigents, il n'est point pressé de quitter les malheureux; il prend souvent son repas chez les paysans qu'il assiste, il l'accepte aussi chez ceux qui n'ont pas besoin de lui : en devenant le bienfaiteur des uns et l'ami des autres, il ne cesse point d'être leur égal. Enfin, il fait toujours de sa personne autant de bien que de son argent.

Quelquefois il dirige ses tournées du côté de l'heureux séjour : il pourroit espérer d'apercevoir

---

[1] Soigner un paysan malade, ce n'est pas le purger, lui donner des drogues, lui envoyer un chirurgien. Ce n'est pas de tout cela qu'ont besoin ces pauvres gens dans leurs maladies; c'est de nourriture meilleure et plus abondante. Jeûnez, vous autres, quand vous avez la fièvre; mais quand vos paysans l'ont, donnez-leur de la viande et du vin; presque toutes leurs maladies viennent de misère et d'épuisement : leur meilleure tisane est dans votre cave, leur seul apothicaire doit être votre boucher.

Sophie à la dérobée, de la voir à la promenade sans en être vu. Mais Émile est toujours sans détour dans sa conduite, il ne sait et ne veut rien éluder. Il a cette aimable délicatesse qui flatte et nourrit l'amour-propre du bon témoignage de soi. Il garde à la rigueur son ban, et n'approche jamais assez pour tenir du hasard ce qu'il ne veut devoir qu'à Sophie. En revanche il erre avec plaisir dans les environs, recherchant les traces des pas de sa maîtresse, s'attendrissant sur les peines qu'elle a prises et sur les courses qu'elle a bien voulu faire par complaisance pour lui. La veille des jours qu'il doit la voir, il ira dans quelque ferme voisine ordonner une collation pour le lendemain. La promenade se dirige de ce côté sans qu'il y paroisse; on entre comme par hasard; on trouve des fruits, des gâteaux, de la crême. La friande Sophie n'est pas insensible à ces attentions, et fait volontiers honneur à notre prévoyance; car j'ai toujours ma part au compliment, n'en eussé-je eu aucune au soin qui l'attire; c'est un détour de petite fille pour être moins embarrassée en remerciant. Le père et moi mangeons des gâteaux et buvons du vin : mais Émile est de l'écot des femmes, toujours au guet pour voler quelque assiette de crême où la cuillère de Sophie ait trempée.

A propos de gâteaux, je parle à Émile de ses anciennes courses. On veut savoir ce que c'est que ces courses : je l'explique, on en rit; on lui demande s'il sait courir encore. Mieux que jamais, répond-il; je serois bien fâché de l'avoir oublié. Quelqu'un de la compagnie auroit grande envie de le voir courir, et n'ose le dire; quelque autre se charge de la proposition; il accepte : on fait rassembler deux ou trois jeunes gens des environs; on décerne un prix, et, pour mieux imiter les anciens jeux, on met un gâteau sur le but. Chacun se tient prêt, le papa donne le signal en frappant des mains. L'agile Émile fend l'air, et se trouve au bout de la carrière, qu'à peine mes trois lourdauds sont partis. Émile reçoit le prix des mains de Sophie, et, non moins généreux qu'Énée, fait des présents à tous les vaincus.

Au milieu de l'éclat du triomphe, Sophie ose défier le vainqueur, et se vante de courir aussi bien que lui. Il ne refuse point d'entrer en lice avec elle; et, tandis qu'elle s'apprête à l'entrée de la carrière, qu'elle retrousse sa robe des deux côtés, et que, plus curieuse d'étaler une jambe fine aux yeux d'Émile que de le vaincre à ce combat, elle regarde si ses jupes sont assez courtes, il dit un mot à l'oreille de la mère; elle sourit et fait un signe d'approbation. Il vient alors se placer à côté de sa concurrente; et le signal n'est pas plutôt donné, qu'on la voit partir et voler comme un oiseau.

Les femmes ne sont pas faites pour courir; quand elles fuient, c'est pour être atteintes. La course n'est pas la seule chose qu'elles fassent maladroitement, mais c'est la seule qu'elles fassent de mauvaise grâce : leurs coudes en arrière et collés contre leur corps leur donnent une attitude risible, et les hauts talons sur lesquels elles sont juchées les font paroître autant de sauterelles qui voudroient courir sans sauter.

Émile n'imaginant point que Sophie coure mieux qu'une autre femme, ne daigne pas sortir de sa place, et la voit partir avec un souris moqueur. Mais Sophie est légère et porte les talons bas ; elle n'a pas besoin d'artifice pour paroître avoir le pied petit ; elle prend les devants d'une telle rapidité, que, pour atteindre cette nouvelle Atalante, il n'a que le temps qu'il lui faut quand il l'aperçoit si loin devant lui. Il part donc à son tour, semblable à l'aigle qui fond sur sa proie ; il la poursuit, la talonne, l'atteint enfin tout essoufflée, passe doucement son bras gauche autour d'elle, l'enlève comme une plume, et, pressant sur son cœur cette douce charge, il achève ainsi la course, lui fait toucher le but la première, puis, criant *Victoire à Sophie !* met devant elle un genou en terre, et se reconnoît vaincu.

A ces occupations diverses se joint celle du métier que nous avons appris. Au moins un jour par semaine, et tous ceux où le mauvais temps ne nous permet pas de tenir la campagne, nous allons Émile et moi travailler chez un maître. Nous n'y travaillons pas pour la forme, en gens au-dessus de cet état, mais tout de bon et en vrais ouvriers. Le père de Sophie nous venant voir nous trouve une fois à l'ouvrage, et ne manque pas de rapporter avec admiration à sa femme et à sa fille ce qu'il a vu. Allez voir, dit-il, ce jeune homme à l'atelier, et vous verrez s'il méprise la condition du pauvre ! On peut imaginer si Sophie entend ce discours avec plaisir ! On en reparle, on voudroit le surprendre à l'ouvrage. On me questionne sans faire semblant de rien ; et, après s'être assurées d'un de nos jours, la mère et la fille prennent une calèche, et viennent à la ville le même jour.

En entrant dans l'atelier Sophie aperçoit à l'autre bout un jeune homme en veste, les cheveux négligemment rattachés, et si occupé de ce qu'il fait qu'il ne la voit point ; elle s'arrête et fait signe à sa mère. Émile, un ciseau d'une main et le maillet de l'autre, achève une mortaise ; puis il scie une planche et en met une pièce sous le valet pour la polir. Ce spectacle ne fait point rire Sophie ; il la touche, il est respectable. Femme, honore ton chef ; c'est lui qui travaille pour toi, qui te gagne ton pain, qui te nourrit : voilà l'homme.

Tandis qu'elles sont attentives à l'observer, je les aperçois, je tire Émile par la manche, il se retourne, les voit, jette ses outils, et s'élance avec un cri de joie. Après s'être livré à ses premiers transports, il les fait asseoir et reprend son travail. Mais Sophie ne peut rester assise; elle se lève avec vivacité, parcourt l'atelier, examine les outils, touche le poli des planches, ramasse des copeaux par terre, regarde à nos mains, et puis dit qu'elle aime ce métier, parce qu'il est propre. La folâtre essaie même d'imiter Émile. De sa blanche et débile main elle pousse un rabot sur la planche; le rabot glisse et ne mord point. Je crois voir l'Amour dans les airs rire et battre des ailes; je crois l'entendre pousser des cris d'alégresse, et dire : *Hercule est vengé.*

Cependant la mère questionne le maître. Monsieur, combien payez-vous ces garçons-là? Madame, je leur donne à chacun vingt sous par jour, et je les nourris; mais si ce jeune homme vouloit il gagneroit bien davantage, car c'est le meilleur ouvrier du pays. Vingt sous par jour, et vous les nourrissez! dit la mère en nous regardant avec attendrissement. Madame, il est ainsi, reprend le maître. A ces mots elle court à Émile, l'embrasse, le presse contre son sein en versant sur lui des larmes, et sans pouvoir dire autre chose que de répéter plusieurs fois : Mon fils! ô mon fils!

Après avoir passé quelque temps à causer avec nous, mais sans nous détourner : Allons-nous-en, dit la mère à sa fille; il se fait tard, il ne faut pas nous faire attendre. Puis s'approchant d'Émile, elle lui donne un petit coup sur la joue en lui disant : Hé bien! bon ouvrier, ne voulez-vous pas venir avec nous? Il lui répond d'un ton fort triste : Je suis engagé, demandez au maître. On demande au maître s'il veut bien se passer de nous. Il répond qu'il ne peut. J'ai, dit-il, de l'ouvrage qui presse et qu'il faut rendre après demain. Comptant sur ces messieurs, j'ai refusé des ouvriers qui se sont présentés ; si ceux-ci me manquent, je ne sais plus où en prendre d'autres, et je ne pourrai rendre l'ouvrage au jour promis. La mère ne réplique rien, elle attend qu'Émile parle. Émile baisse la tête et se tait. Monsieur, lui dit-elle un peu surprise de ce silence, n'avez-vous rien à dire à cela? Émile regarde tendrement la fille, et ne répond que ces mots : Vous voyez bien qu'il faut que je reste. Là-dessus les dames partent et nous laissent. Émile les accompagne jusqu'à la porte, les suit des yeux autant qu'il peut, soupire, et revient se mettre au travail sans parler.

En chemin, la mère, piquée, parle à sa fille de la bizarrerie de ce procédé. Quoi ! dit-elle, étoit-il si difficile de contenter le maître sans être obligé de rester ? et ce jeune homme si prodigue, qui verse l'argent sans nécessité, n'en sait-il plus trouver dans les occasions convenables ? O maman ! répond Sophie, à Dieu ne plaise qu'Émile donne tant de force à l'argent, qu'il s'en serve pour rompre un engagement personnel, pour violer impunément sa parole, et faire violer celle d'autrui ! Je sais qu'il dédommageroit aisément l'ouvrier du léger préjudice que lui causeroit son absence ; mais cependant il asserviroit son ame aux richesses, il s'accoutumeroit à les mettre à la place de ses devoirs, et à croire qu'on est dispensé de tout, pourvu qu'on paie. Émile a d'autres manières de penser, et j'espère de n'être pas cause qu'il en change. Croyez-vous qu'il ne lui en ait rien coûté de rester ? Maman, ne vous y trompez pas ; c'est pour moi qu'il reste ; je l'ai bien vu dans ses yeux.

Ce n'est pas que Sophie soit indulgente sur les vrais soins de l'amour ; au contraire elle est impérieuse, exigeante ; elle aimeroit mieux n'être point aimée que de l'être modérément. Elle a le noble orgueil du mérite qui se sent, qui s'estime, et qui veut être honoré comme il s'honore. Elle dédaigneroit un cœur qui ne sentiroit pas tout le prix du sien, qui ne l'aimeroit pas pour ses vertus autant et plus que pour ses charmes ; un cœur qui ne lui préféreroit pas son propre devoir, et qui ne la préféreroit pas à tout autre chose. Elle n'a point voulu d'amant qui ne connût de loi que la sienne : elle veut régner sur un homme qu'elle n'ait point défiguré. C'est ainsi qu'ayant avili les compagnons d'Ulysse, Circé les dédaigne, et se donne à lui seul qu'elle n'a pu changer.

Mais ce droit inviolable et sacré mis à part, jalouse à l'excès de tous les siens, Sophie épie avec quel scrupule Émile les respecte, avec quel zèle il accomplit ses volontés, avec quelle adresse il les devine, avec quelle vigilance il arrive au moment prescrit : elle ne veut ni qu'il retarde ni qu'il anticipe : elle veut qu'il soit exact. Anticiper, c'est se préférer à elle ; retarder, c'est la négliger. Négliger Sophie ! cela n'arriveroit pas deux fois. L'injuste soupçon d'une a failli tout perdre ; mais Sophie est équitable et sait bien réparer ses torts.

Un soir nous sommes attendus ; Émile a reçu l'ordre. On vient au-devant de nous ; nous n'arrivons point. Que sont-ils devenus ? quel malheur leur est arrivé ? Personne de leur part ! La soirée s'écoule à nous attendre. La pauvre Sophie nous croit morts ; elle se désole, elle se tourmente ; elle passe la nuit à pleurer. Dès le soir on a expédié un messager pour aller s'informer de nous et rapporter de nos nouvelles le lendemain matin. Le messager revient accompagné d'un autre de notre part, qui fait nos excuses de bouche et dit que nous nous portons bien. Un moment après nous paroissons nous-mêmes. Alors la scène change ; Sophie essuie ses pleurs, ou, si elle en verse, ils sont de rage. Son cœur altier n'a pas gagné à se rassurer sur notre vie : Émile vit, et s'est fait attendre inutilement.

A notre arrivée elle veut s'enfermer. On veut qu'elle reste ; il faut rester : mais, prenant à l'instant son parti, elle affecte un air tranquille et content qui en imposeroit à d'autres. Le père vient au-devant de nous, et nous dit : Vous avez tenu vos amis en peine ; il y a ici des gens qui ne vous le pardonneront pas aisément. Qui donc, mon papa ? dit Sophie avec une manière de sourire le plus gracieux qu'elle puisse affecter. Que vous importe, répond le père, pourvu que ce ne soit pas vous ? Sophie ne réplique point, et baisse les yeux sur son ouvrage. La mère nous reçoit d'un air froid et composé. Émile embarrassé n'ose aborder Sophie. Elle lui parle la première, lui demande comment il se porte, l'invite à s'asseoir, et se contrefait si bien que le pauvre jeune homme, qui n'entend rien encore au langage des passions violentes, est la dupe de ce sang-froid, et presque sur le point d'en être piqué lui-même.

Pour le désabuser je vais prendre la main de Sophie, j'y veux porter mes lèvres comme je fais quelquefois : elle la retire brusquement avec un mot de *monsieur* si singulièrement prononcé, que ce mouvement involontaire la décèle à l'instant aux yeux d'Émile.

Sophie elle-même, voyant qu'elle s'est trahie, se contraint moins. Son sang-froid apparent se change en un mépris ironique. Elle répond à tout ce qu'on lui dit par des monosyllabes prononcés d'une voix lente et mal assurée, comme craignant d'y laisser trop percer l'accent de l'indignation.

Émile, demi-mort d'effroi, la regarde avec douleur, et tâche de l'engager à jeter les yeux sur les siens pour y mieux lire ses vrais sentiments. Sophie, plus irritée de sa confiance, lui lance un regard qui lui ôte l'envie d'en solliciter un second. Émile, interdit et tremblant, n'ose plus, très-heureusement pour lui, ni lui parler ni la regarder; car, n'eût-il pas été coupable, s'il eût pu supporter sa colère, elle ne lui eût jamais pardonné.

Voyant alors que c'est mon tour, et qu'il est temps de s'expliquer, je reviens à Sophie. Je reprends sa main qu'elle ne retire plus, car elle est prête à se trouver mal. Je lui dis avec douceur : Chère Sophie, nous sommes malheureux ; mais vous êtes raisonnable et juste ; vous ne nous jugerez pas sans nous entendre : écoutez-nous. Elle ne répond rien, et je parle ainsi :

« Nous sommes partis hier à quatre heures ; il
« nous étoit prescrit d'arriver à sept, et nous pre-
« nons toujours plus de temps qu'il ne nous est
« nécessaire afin de nous reposer en approchant
« d'ici. Nous avions déjà fait les trois quarts du
« chemin quand des lamentations douloureuses
« nous frappent l'oreille ; elles partoient d'une
« gorge de la colline à quelque distance de nous.
« Nous accourons aux cris : nous trouvons un mal-
« heureux paysan qui, revenant de la ville un peu
« pris de vin sur son cheval, en étoit tombé si
« lourdement qu'il s'étoit cassé la jambe. Nous

« crions, nous appelons du secours ; personne ne
« répond : nous essayons de remettre le blessé sur
« son cheval, nous n'en pouvons venir à bout : au
« moindre mouvement le malheureux souffre des
« douleurs horribles. Nous prenons le parti d'at-
« tacher le cheval dans le bois à l'écart ; puis, fai-
« sant un brancard de nos bras, nous y posons le
« blessé, et le portons le plus doucement qu'il est
« possible, en suivant ses indications sur la route
« qu'il falloit tenir pour aller chez lui. Le trajet
« étoit long ; il fallut nous reposer plusieurs fois.
« Nous arrivons enfin, rendus de fatigue : nous
« trouvons avec une surprise amère que nous con-
« noissions déjà la maison, et que ce misérable
« que nous rapportions avec tant de peine étoit le
« même qui nous avoit si cordialement reçus le
« jour de notre première arrivée ici. Dans le trou-
« ble où nous étions tous, nous ne nous étions
« point reconnus jusqu'à ce moment.

« Il n'avoit que deux petits enfants. Prête à lui
« en donner un troisième, sa femme fut si saisie
« en le voyant arriver, qu'elle sentit des douleurs
« aiguës et accoucha peu d'heures après. Que faire
« en cet état dans une chaumière écartée où l'on
« ne pouvoit espérer aucun secours ? Émile prit le
« parti d'aller prendre le cheval que nous avions
« laissé dans le bois, de le monter, de courir à
« toute bride chercher un chirurgien à la ville. Il
« donna le cheval au chirurgien ; et, n'ayant pu

« trouver assez tôt une garde, il revint à pied avec
« un domestique, après vous avoir expédié un ex-
« près; tandis qu'embarrassé, comme vous pouvez
« croire, entre un homme ayant une jambe cassée
« et une femme en travail, je préparois dans la
« maison tout ce que je pouvois prévoir être né-
« cessaire pour le secours de tous les deux.

« Je ne vous ferai point le détail du reste ; ce
« n'est pas de cela qu'il est question. Il étoit deux
« heures après minuit avant que nous ayons eu ni
« l'un ni l'autre un moment de relâche. Enfin nous
« sommes revenus avant le jour dans notre asile
« ici proche, où nous avons attendu l'heure de
« votre réveil pour vous rendre compte de notre
« accident. »

Je me tais sans rien ajouter. Mais, avant que personne parle, Émile s'approche de sa maîtresse, élève la voix, et lui dit avec plus de fermeté que je ne m'y serois attendu : Sophie, vous êtes l'arbitre de mon sort, vous le savez bien. Vous pouvez me faire mourir de douleur ; mais n'espérez pas me faire oublier les droits de l'humanité : ils me sont plus sacrés que les vôtres, je n'y renoncerai jamais pour vous.

Sophie, à ces mots, au lieu de répondre, se lève, lui passe un bras autour du cou, lui donne un baiser sur la joue; puis, lui tendant la main avec une grâce inimitable, elle lui dit : Émile, prends cette main : elle est à toi. Sois, quand tu voudras, mon époux et mon maître; je tâcherai de mériter cet honneur.

A peine l'a-t-elle embrassé, que le père, enchanté, frappe des mains, en criant *bis, bis*, et Sophie, sans se faire presser, lui donne aussitôt deux baisers sur l'autre joue : mais, presque au même instant, effrayée de tout ce qu'elle vient de faire, elle se sauve dans les bras de sa mère, et cache dans ce sein maternel son visage enflammé de honte.

Je ne décrirai point la commune joie : tout le monde la doit sentir. Après le dîner, Sophie demande s'il y auroit trop loin pour aller voir ces pauvres malades. Sophie le désire, et c'est une bonne œuvre. On y va : on les trouve dans deux lits séparés; Émile en avoit fait apporter un : on trouve autour d'eux du monde pour les soulager : Émile y avoit pourvu. Mais au surplus tous deux sont si mal en ordre, qu'ils souffrent autant du malaise que de leur état. Sophie se fait donner un tablier de la bonne femme, et va la ranger dans son lit; elle en fait ensuite autant à l'homme; sa main douce et légère sait aller chercher tout ce qui les blesse, et faire poser plus mollement leurs membres endoloris. Ils se sentent déjà soulagés à son approche; on diroit qu'elle devine tout ce qui leur fait mal. Cette fille si délicate ne se rebute ni de la malpropreté ni de la mauvaise odeur, et sait faire disparoître l'une et l'autre sans mettre personne en œuvre, et sans que les malades soient tourmentés. Elle qu'on voit toujours si modeste et quelquefois si dédaigneuse, elle qui pour tout au monde n'auroit pas touché du bout du doigt le lit d'un homme, retourne et change le blessé sans aucun scrupule, et le met dans une situation plus commode pour y pouvoir rester long-temps. Le zèle de la charité vaut bien la modestie ; ce qu'elle fait, elle le fait si légèrement et avec tant d'adresse, qu'il se sent soulagé sans presque s'être aperçu qu'on l'ait touché. La femme et le mari bénissent de concert l'aimable fille qui les sert, qui les plaint, qui les console. C'est un ange du ciel que Dieu leur envoie ; elle en a la figure et la bonne grâce, elle en a la douceur et la bonté. Émile attendri la contemple en silence. Homme, aime ta compagne. Dieu te la donne pour te consoler dans tes peines, pour te soulager dans tes maux : voilà la femme.

On fait baptiser le nouveau-né. Les deux amants le présentent, brûlant au fond de leurs cœurs d'en donner bientôt autant à faire à d'autres. Ils aspirent au moment désiré ; ils croient y toucher : tous les scrupules de Sophie sont levés, mais les miens viennent. Ils n'en sont pas encore où ils pensent : il faut que chacun ait son tour.

Un matin qu'ils ne se sont vus depuis deux jours, j'entre dans la chambre d'Émile une lettre à la main, et je lui dis en le regardant fixement :

Que feriez-vous si l'on vous apprenoit que Sophie est morte ! Il fait un grand cri, se lève en frappant des mains, et, sans dire un seul mot, me regarde d'un œil égaré. Répondez donc, poursuis-je avec la même tranquillité. Alors, irrité de mon sang-froid, il s'approche, les yeux enflammés de colère; et, s'arrêtant dans une attitude presque menaçante : Ce que je ferois?.... je n'en sais rien ; mais ce que je sais, c'est que je ne reverrois de ma vie celui qui me l'auroit appris. Rassurez-vous, réponds-je en souriant : elle vit, elle se porte bien, elle pense à vous, et nous sommes attendus ce soir. Mais allons faire un tour de promenade, et nous causerons.

La passion dont il est préoccupé ne lui permet plus de se livrer, comme auparavant, à des entretiens purement raisonnés ; il faut l'intéresser par cette passion même à se rendre attentif à mes leçons. C'est ce que j'ai fait par ce terrible préambule; je suis bien sûr maintenant qu'il m'écoutera.

« Il faut être heureux, cher Émile; c'est la fin
« de tout être sensible ; c'est le premier désir que
« nous imprima la nature, et le seul qui ne nous
« quitte jamais. Mais où est le bonheur? qui le
« sait? Chacun le cherche, et nul ne le trouve. On
« use la vie à le poursuivre, et l'on meurt sans
« l'avoir atteint. Mon jeune ami, quant à ta nais-
« sance je te pris dans mes bras, et qu'attestant

« l'Être suprême de l'engagement que j'osai con-
« tracter je vouai mes jours au bonheur des tiens,
« savois-je moi-même à quoi je m'engageois ? Non :
« je savois seulement qu'en te rendant heureux
« j'étois sûr de l'être. En faisant pour toi cette utile
« recherche, je la rendois commune à tous deux.

« Tant que nous ignorons ce que nous devons
« faire, la sagesse consiste à rester dans l'inaction.
« C'est de toutes les maximes celle dont l'homme
« a le plus grand besoin, et celle qu'il sait le moins
« suivre. Chercher le bonheur sans savoir où il
« est, c'est s'exposer à le fuir, c'est courir autant de
« risques contraires qu'il y a de routes pour s'éga-
« rer. Mais il n'appartient pas à tout le monde de
« savoir ne point agir. Dans l'inquiétude où nous
« tient l'ardeur du bien-être, nous aimons mieux
« nous tromper à le poursuivre, que de ne rien
« faire pour le chercher; et, sortis une fois de la
« place où nous pouvons le connoître, nous n'y
« savons plus revenir.

« Avec la même ignorance j'essayai d'éviter la
« même faute. En prenant soin de toi je résolus de
« ne pas faire un pas inutile et de t'empêcher d'en
« faire. Je me tins dans la route de la nature, en
« attendant qu'elle me montrât celle du bonheur.
« Il s'est trouvé qu'elle étoit la même, et qu'en n'y
« pensant pas je l'avois suivie.

« Sois mon témoin, sois mon juge; je ne te ré-
« cuserai jamais. Tes premiers ans n'ont point été

« sacrifiés à ceux qui les devoient suivre ; tu as joui
« de tous les biens que la nature t'avoit donnés.
« Des maux auxquels elle t'assujettit, et dont j'ai
« pu te garantir, tu n'as senti que ceux qui pou-
« voient t'endurcir aux autres. Tu n'en as jamais
« souffert aucun que pour en éviter un plus grand.
« Tu n'as connu ni la haine, ni l'esclavage. Libre
« et content, tu es resté juste et bon ; car la peine
« et le vice sont inséparables, et jamais l'homme
« ne devient méchant que lorsqu'il est malheu-
« reux. Puisse le souvenir de ton enfance se pro-
« longer jusqu'à tes vieux jours ! Je ne crains pas
« que jamais ton bon cœur se la rappelle sans
« donner quelques bénédictions à la main qui la
« gouverna.

« Quand tu es entré dans l'âge de raison, je t'ai
« garanti de l'opinion des hommes ; quand ton
« cœur est devenu sensible, je t'ai préservé de
« l'empire des passions. Si j'avois pu prolonger ce
« calme intérieur jusqu'à la fin de ta vie, j'aurois
« mis mon ouvrage en sûreté, et tu serois toujours
« heureux autant qu'un homme peut l'être : mais,
« cher Émile, j'ai eu beau tremper ton ame dans
« le Styx, je n'ai pu la rendre partout invulné-
« rable ; il s'élève un nouvel ennemi que tu n'as
« pas encore appris à vaincre, et dont je n'ai pu
« te sauver. Cet ennemi, c'est toi-même. La nature
« et la fortune t'avoient laissé libre, tu pouvois
« endurer la misère ; tu pouvois supporter les

« douleurs du corps, celles de l'ame t'étoient
« inconnues; tu ne tenois à rien qu'à la condition
« humaine, et maintenant tu tiens à tous les atta-
« chemens que tu t'es donnés; en apprenant à
« désirer, tu t'es rendu l'esclave de tes désirs. Sans
« que rien change en toi, sans que rien t'offense,
« sans que rien touche à ton être, que de douleurs
« peuvent attaquer ton ame! que de maux tu peux
« sentir sans être malade! que de morts tu peux
« souffrir sans mourir! Un mensonge, une erreur,
« un doute, peut te mettre au désespoir.

« Tu voyois au théâtre les héros, livrés à des
« douleurs extrêmes, faire retentir la scène de
« leurs cris insensés, s'affliger comme des femmes,
« pleurer comme des enfants, et mériter ainsi les
« applaudissemens publics. Souviens-toi du scan-
« dale que te causoient ces lamentations, ces cris,
« ces plaintes, dans des hommes dont on ne devoit
« attendre que des actes de constance et de fer-
« meté. Quoi! disois-tu tout indigné, ce sont là
« les exemples qu'on nous donne à suivre, les mo-
« dèles qu'on nous offre à imiter! A-t-on peur
« que l'homme ne soit pas assez petit, assez mal-
« heureux, assez foible, si l'on ne vient encore
« encenser sa foiblesse sous la fausse image de la
« vertu? Mon jeune ami, sois plus indulgent dé-
« sormais pour la scène : te voilà devenu l'un de
« ses héros.

« Tu sais souffrir et mourir; tu sais endurer la

« loi de la nécessité dans les maux physiques : mais
« tu n'as point encore imposé de lois aux appétits
« de ton cœur; et c'est de nos affections, bien plus
« que de nos besoins, que naît le trouble de notre
« vie. Nos désirs sont étendus, notre force est
« presque nulle. L'homme tient par ses vœux à
« mille choses, et par lui-même il ne tient à rien,
« pas même à sa propre vie; plus il augmente
« ses attachements, plus il multiplie ses peines.
« Tout ne fait que passer sur la terre : tout ce que
« nous aimons nous échappera tôt ou tard, et nous
« y tenons comme s'il devoit durer éternellement.
« Quel effroi sur le seul soupçon de la mort de
« Sophie? As-tu donc compté qu'elle vivroit tou-
« jours? Ne meurt-il personne à son âge? Elle doit
« mourir, mon enfant, et peut-être avant toi.
« Qui sait si elle est vivante à présent même? La
« nature ne t'avoit asservi qu'à une seule mort, tu
« t'asservis à une seconde ; te voilà dans le cas de
« mourir deux fois.

« Ainsi soumis à tes passions déréglées, que tu
« vas rester à plaindre! Toujours des privations,
« toujours des pertes, toujours des alarmes; tu ne
« jouiras pas même de ce qui te sera laissé. La
« crainte de tout perdre t'empêchera de rien pos-
« séder; pour n'avoir voulu suivre que tes pas-
« sions, jamais tu ne les pourras satisfaire. Tu
« chercheras toujours le repos, il fuira toujours
« devant toi, tu seras misérable, et tu deviendras

« méchant. Et comment pourrois-tu ne pas l'être
« n'ayant de loi que tes désirs effrénés ! Si tu ne
« peux supporter des privations involontaires,
« comment t'en imposeras-tu volontairement?
« comment sauras-tu sacrifier le penchant au de-
« voir, et résister à ton cœur pour écouter ta rai-
« son ? Toi qui ne veux déjà plus voir celui qui
« t'apprendra la mort de ta maîtresse, comment
« verrois-tu celui qui voudroit te l'ôter vivante,
« celui qui t'oseroit dire, Elle est morte pour toi,
« la vertu te sépare d'elle ? S'il faut vivre avec elle
« quoi qu'il arrive, que Sophie soit mariée ou non,
« que tu sois libre ou ne le sois pas, qu'elle t'aime
« ou te haïsse, qu'on te l'accorde ou qu'on te la
« refuse, n'importe, tu la veux, il la faut posséder
« à quelque prix que ce soit. Apprends-moi donc
« à quel crime s'arrête celui qui n'a de lois que les
« vœux de son cœur, et ne sait résister à rien de
« ce qu'il désire.

« Mon enfant, il n'y a point de bonheur sans
« courage, ni de vertu sans combat. Le mot de
« *vertu* vient de *force*; la force est la base de toute
« vertu. La vertu n'appartient qu'à un être foible
« par sa nature, et fort par sa volonté; c'est en cela
« seul que consiste le mérite de l'homme juste; et
« quoique nous appelions Dieu bon, nous ne l'ap-
« pelons pas vertueux, parce qu'il n'a pas besoin
« d'efforts pour bien faire. Pour t'expliquer ce mot
« si profané, j'ai attendu que tu fusses en état de

« m'entendre. Tant que la vertu ne coûte rien à
« pratiquer, on a peu besoin de la connoître. Ce
« besoin vient quand les passions s'éveillent : il est
« déjà venu pour toi.

« En t'élevant dans toute la simplicité de la na-
« ture, au lieu de te prêcher de pénibles devoirs,
« je t'ai garanti des vices qui rendent ces devoirs
« pénibles; je t'ai moins rendu le mensonge odieux
« qu'inutile; je t'ai moins appris à rendre à chacun
« ce qui lui appartient, qu'à ne te soucier que de
« ce qui est à toi; je t'ai fait plutôt bon que ver-
« tueux. Mais celui qui n'est que bon ne demeure
« tel qu'autant qu'il a du plaisir à l'être : la bonté
« se brise et périt sous le choc des passions hu-
« maines; l'homme qui n'est que bon n'est bon que
« pour lui.

« Qu'est-ce donc que l'homme vertueux ? C'est
« celui qui sait vaincre ses affections; car alors il
« suit sa raison, sa conscience; il fait son devoir;
« il se tient dans l'ordre, et rien ne l'en peut écar-
« ter. Jusqu'ici tu n'étois libre qu'en apparence;
« tu n'avois que la liberté précaire d'un esclave à
« qui l'on n'a rien commandé. Maintenant sois libre
« en effet; apprends à devenir ton propre maître :
« commande à ton cœur, ô Émile, et tu seras ver-
« tueux.

« Voilà donc un autre apprentissage à faire, et
« cet apprentissage est plus pénible que le pre-
« mier : car la nature nous délivre des maux qu'elle

« nous impose, ou nous apprend à les supporter;
« mais elle ne nous dit rien pour ceux qui nous
« viennent de nous; elle nous abandonne à nous-
« mêmes; elle nous laisse, victimes de nos passions,
« succomber à nos vaines douleurs, et nous glo-
« rifier encore des pleurs dont nous aurions dû
« rougir.

« C'est ici ta première passion. C'est la seule
« peut-être qui soit digne de toi. Si tu la sais régir
« en homme, elle sera la dernière; tu subjugueras
« toutes les autres, et tu n'obéiras qu'à celle de la
« vertu.

« Cette passion n'est pas criminelle, je le sais
« bien; elle est aussi pure que les ames qui la res-
« sentent. L'honnêteté la forma, l'innocence l'a
« nourrie. Heureux amants! les charmes de la
« vertu ne font qu'ajouter pour vous à ceux de
« l'amour; et le doux lien qui vous attend n'est
« pas moins le prix de votre sagesse que celui de
« votre attachement. Mais dis-moi, homme sin-
« cère, cette passion si pure t'en a-t-elle moins
« subjugué? t'en es-tu moins rendu l'esclave? et
« si demain elle cessoit d'être innocente, l'étouf-
« ferois-tu dès demain? C'est à présent le moment
« d'essayer tes forces; il n'est plus temps quand il
« les faut employer. Ces dangereux essais doivent
« se faire loin du péril. On ne s'exerce point au
« combat devant l'ennemi, on s'y prépare avant
« la guerre; on s'y présente déjà tout préparé.

« C'est une erreur de distinguer les passions en
« permises et défendues, pour se livrer aux pre-
« mières et se refuser aux autres. Toutes sont
« bonnes quand on en reste le maître; toutes sont
« mauvaises quand on s'y laisse assujettir. Ce qui
« nous est défendu par la nature, c'est d'étendre
« nos attachements plus loin que nos forces; ce
« qui nous est défendu par la raison, c'est de vou-
« loir ce que nous ne pouvons obtenir; ce qui nous
« est défendu par la conscience n'est pas d'être
« tentés, mais de nous laisser vaincre aux tenta-
« tions. Il ne dépend pas de nous d'avoir ou de
« n'avoir pas des passions, mais il dépend de nous
« de régner sur elles. Tous les sentiments que nous
« dominons sont légitimes; tous ceux qui nous
« dominent sont criminels. Un homme n'est pas
« coupable d'aimer la femme d'autrui, s'il tient
« cette passion malheureuse asservie à la loi du
« devoir; il est coupable d'aimer sa propre femme
« au point d'immoler tout à cet amour.

« N'attends pas de moi de longs préceptes de
« morale, je n'en ai qu'un seul à te donner, et celui-
« là comprend tous les autres. Sois homme; retire
« ton cœur dans les bornes de ta condition. Étudie
« et connois ces bornes; quelque étroites qu'elles
« soient, on n'est point malheureux tant qu'on s'y
« renferme; on ne l'est que quand on veut les pas-
« ser; on l'est quand, dans ses désirs insensés, on
« met au rang des possibles ce qui ne l'est pas; on

« l'est quand on oublie son état d'homme pour s'en
« forger d'imaginaires, desquels on retombe tou-
« jours dans le sien. Les seuls biens dont la priva-
« tion coûte sont ceux auxquels on croit avoir
« droit. L'évidente impossibilité de les obtenir en
« détache, les souhaits sans espoir ne tourmentent
« point. Un gueux n'est point tourmenté du désir
« d'être roi; un roi ne veut être dieu que quand il
« croit n'être plus homme.

« Les illusions de l'orgueil sont la source de nos
« plus grands maux; mais la contemplation de la
« misère humaine rend le sage toujours modéré.
« Il se tient à sa place, il ne s'agite point pour en
« sortir; il n'use point inutilement ses forces pour
« jouir de ce qu'il ne peut conserver; et, les em-
« ployant toutes à bien posséder ce qu'il a, il est
« en effet plus puissant et plus riche de tout ce
« qu'il désire de moins que nous. Être mortel et
« périssable, irai-je me former des nœuds éternels
« sur cette terre, où tout change, où tout passe,
« et dont je disparoîtrai demain? O Émile! ô mon
« fils! en te perdant, que me resteroit-il de moi?
« Et pourtant il faut que j'apprenne à te perdre;
« car qui sait quand tu me seras ôté?

« Veux-tu donc vivre heureux et sage, n'attache
« ton cœur qu'à la beauté qui ne périt point : que
« ta condition borne tes désirs, que tes devoirs
« aillent avant tes penchants : étends la loi de la
« nécessité aux choses morales; apprends à perdre

« ce qui peut t'être enlevé; apprends à tout quitter
« quand la vertu l'ordonne, à te mettre au-dessus
« des événements, à détacher ton cœur sans qu'ils
« le déchirent, à être courageux dans l'adversité,
« afin de n'être jamais misérable, à être ferme dans
« ton devoir, afin de n'être jamais criminel. Alors
« tu seras heureux malgré la fortune, et sage mal-
« gré les passions. Alors tu trouveras dans la pos-
« session même des biens fragiles une volupté que
« rien ne pourra troubler; tu les posséderas sans
« qu'ils te possèdent, et tu sentiras que l'homme,
« à qui tout échappe, ne jouit que de ce qu'il sait
« perdre. Tu n'auras point, il est vrai, l'illusion
« des plaisirs imaginaires; tu n'auras point aussi
« les douleurs qui en sont le fruit. Tu gagneras
« beaucoup à cet échange, car ces douleurs sont
« fréquentes et réelles, et ces plaisirs sont rares et
« vains. Vainqueur de tant d'opinions trompeuses,
« tu le seras encore de celle qui donne un si grand
« prix à la vie. Tu passeras la tienne sans trouble
« et la termineras sans effroi; tu t'en détacheras,
« comme de toutes choses. Que d'autres, saisis
« d'horreur, pensent en la quittant cesser d'être;
« instruit de son néant, tu croiras commencer.
« La mort est la fin de la vie du méchant, et le
« commencement de celle du juste. »

Émile m'écoute avec une attention mêlée d'inquiétude. Il craint à ce préambule quelque con-
clusion sinistre. Il pressent qu'en lui montrant la

nécessité d'exercer la force de l'ame, je veux le soumettre à ce dur exercice; et, comme un blessé qui frémit en voyant approcher le chirurgien, il croit déjà sentir sur sa plaie la main douloureuse, mais salutaire, qui l'empêche de tomber en corruption.

Incertain, troublé, pressé de savoir où j'en veux venir, au lieu de répondre, il m'interroge, mais avec crainte. Que faut-il faire? me dit-il presque en tremblant et sans oser lever les yeux. Ce qu'il faut faire, réponds-je d'un ton ferme, il faut quitter Sophie. Que dites-vous? s'écrie-t-il avec emportement: quitter Sophie! la quitter, la tromper, être un traître, un fourbe, un parjure!... Quoi! reprends-je en l'interrompant, c'est de moi qu'Émile craint d'apprendre à mériter de pareils noms? Non, continue-t-il avec la même impétuosité, ni de vous ni d'un autre; je saurai, malgré vous, conserver votre ouvrage; je saurai ne les pas mériter.

Je me suis attendu à cette première furie: je la laisse passer sans m'émouvoir. Si je n'avois pas la modération que je lui prêche, j'aurois bonne grâce à la lui prêcher! Émile me connoît trop pour me croire capable d'exiger de lui rien qui soit mal, et il sait bien qu'il feroit mal de quitter Sophie, dans le sens qu'il donne à ce mot. Il attend donc enfin que je m'explique. Alors je reprends mon discours.

« Croyez-vous, cher Émile, qu'un homme, en
« quelque situation qu'il se trouve, puisse être
« plus heureux que vous l'êtes depuis trois mois?
« Si vous le croyez, détrompez-vous. Avant de
« goûter les plaisirs de la vie, vous en avez épuisé
« le bonheur. Il n'y a rien au-delà de ce que vous
« avez senti. La félicité des sens est passagère; l'état
« habituel du cœur y perd toujours. Vous avez
« plus joui par l'espérance que vous ne jouirez ja-
« mais en réalité. L'imagination qui pare ce qu'on
« désire l'abandonne dans la possession. Hors le
« seul être existant par lui-même il n'y a rien de
« beau que ce qui n'est pas. Si cet état eût pu du-
« rer toujours, vous auriez trouvé le bonheur su-
« prême. Mais tout ce qui tient à l'homme se sent
« de sa caducité; tout est fini, tout est passager
« dans la vie humaine; et quand l'état qui nous
« rend heureux dureroit sans cesse, l'habitude d'en
« jouir nous en ôteroit le goût. Si rien ne change
« au dehors, le cœur change; le bonheur nous
« quitte, ou nous le quittons.

« Le temps que vous ne mesuriez pas s'écouloit
« durant votre délire. L'été finit, l'hiver s'ap-
« proche. Quand nous pourrions continuer nos
« courses dans une saison si rude, on ne le souf-
« friroit jamais. Il faut bien, malgré nous, chan-
« ger de manière de vivre; celle-ci ne peut plus
« durer. Je vois dans vos yeux impatients que cette
« difficulté ne vous embarrasse guère : l'aveu de

« Sophie et vos propres désirs vous suggèrent un
« moyen facile d'éviter la neige et de n'avoir plus
« de voyage à faire pour l'aller voir. L'expédient
« est commode sans doute ; mais le printemps
« venu, la neige fond et le mariage reste ; il y faut
« penser pour toutes les saisons.

« Vous voulez épouser Sophie, et il n'y a pas
« cinq mois que vous la connoissez! Vous voulez
« l'épouser, non parce qu'elle vous convient, mais
« parce qu'elle vous plaît ; comme si l'amour ne
« se trompoit jamais sur les convenances, et que
« ceux qui commencent par s'aimer ne finissent
« jamais par se haïr! Elle est vertueuse, je le sais ;
« mais en est-ce assez? suffit-il d'être honnêtes
« gens pour se convenir? ce n'est pas sa vertu que
« je mets en doute, c'est son caractère. Celui d'une
« femme se montre-t-il en un jour? Savez-vous en
« combien de situations il faut l'avoir vue pour
« connoître à fond son humeur? Quatre mois d'at-
« tachement vous répondent-ils de toute la vie?
« Peut-être deux mois d'absence vous feront-ils
« oublier d'elle ; peut-être un autre n'attend-il
« que votre éloignement pour vous effacer de son
« cœur; peut-être, à votre retour, la trouverez-
« vous aussi indifférente que vous l'avez trouvée
« sensible jusqu'à présent. Les sentiments ne dé-
« pendent pas des principes ; elle peut rester fort
« honnête et cesser de vous aimer. Elle sera cons-
« tante et fidèle, je penche à le croire ; mais qui

« vous répond d'elle et qui lui répond de vous
« tant que vous ne vous êtes point mis à l'épreuve?
« Attendrez-vous pour cette épreuve qu'elle vous
« devienne inutile? Attendrez-vous, pour vous
« connoître, que vous ne puissiez plus vous sé-
« parer?

« Sophie n'a pas dix-huit ans, à peine en passez-
« vous vingt-deux; cet âge est celui de l'amour,
« mais non celui du mariage. Quel père et quelle
« mère de famille! Eh! pour savoir élever des en-
« fants, attendez au moins de cesser de l'être.
« Savez-vous à combien de jeunes personnes les
« fatigues de la grossesse supportées avant l'âge
« ont affoibli la constitution, ruiné la santé, abrégé
« la vie? Savez-vous combien d'enfants sont restés
« languissants et foibles faute d'avoir été nourris
« dans un corps assez formé? Quand la mère et
« l'enfant croissent à la fois, et que la substance
« nécessaire à l'accroissement de chacun des deux
« se partage, ni l'un ni l'autre n'a ce que lui des-
« tinoit la nature : comment se peut-il que tous
« deux n'en souffrent pas? Ou je connois fort mal
» Émile, ou il aimera mieux avoir plus tard une
« femme et des enfants robustes, que de contenter
« son impatience aux dépens de leur vie et de leur
« santé.

« Parlons de vous. En aspirant à l'état d'époux
« et de père, en avez-vous bien médité les devoirs?
« En devenant chef de famille vous allez devenir

« membre de l'état. Et qu'est-ce qu'être membre
« de l'état? le savez-vous? Vous avez étudié vos
« devoirs d'homme, mais ceux de citoyen les con-
« noissez-vous? savez-vous ce que c'est que gou-
« vernement, lois, patrie? Savez-vous à quel prix
« il vous est permis de vivre, et pour qui vous
« devez mourir? Vous croyez avoir tout appris, et
« vous ne savez rien encore. Avant de prendre une
« place dans l'ordre civil, apprenez à le connoître
« et à savoir quel rang vous y convient.

« Émile, il faut quitter Sophie : je ne dis pas
« l'abandonner ; si vous en étiez capable, elle se-
« roit trop heureuse de ne vous avoir point épousé :
« il la faut quitter pour revenir digne d'elle. Ne
« soyez pas assez vain pour croire déjà la mériter.
« O combien il vous reste à faire ! Venez remplir
« cette noble tâche ; venez apprendre à supporter
« l'absence ; venez gagner le prix de la fidélité,
« afin qu'à votre retour vous puissiez vous honorer
« de quelque chose auprès d'elle, et demander sa
« main, non comme une grâce, mais comme une
« récompense. »

Non encore exercé à lutter contre lui-même,
non encore accoutumé à désirer une chose et à
en vouloir une autre, le jeune homme ne se rend
pas ; il résiste, il dispute. Pourquoi se refuseroit-il
au bonheur qui l'attend ? Ne seroit-ce pas dédaigner la main qui lui est offerte que de tarder à
l'accepter? Qu'est-il besoin de s'éloigner d'elle

pour s'instruire de ce qu'il doit savoir ? Et quand cela seroit nécessaire, pourquoi ne lui laisseroit-il pas, dans des nœuds indissolubles, le gage assuré de son retour ? Qu'il soit son époux, et il est prêt à me suivre ; qu'ils soient unis, et il la quitte sans crainte... Vous unir pour vous quitter, cher Émile, quelle contradiction ! Il est beau qu'un amant puisse vivre sans sa maîtresse ; mais un mari ne doit jamais quitter sa femme sans nécessité. Pour guérir vos scrupules, je vois que vos délais doivent être involontaires : il faut que vous puissiez dire à Sophie que vous la quittez malgré vous. Hé bien ! soyez content, et, puisque vous n'obéissez pas à la raison, reconnoissez un autre maître. Vous n'avez pas oublié l'engagement que vous avez pris avec moi. Émile, il faut quitter Sophie ; je le veux.

A ce mot il baisse la tête, se tait, rêve un moment, et puis, me regardant avec assurance, il me dit : Quand partons-nous ? Dans huit jours, lui dis-je ; il faut préparer Sophie à ce départ. Les femmes sont plus foibles, on leur doit des ménagements ; et cette absence n'étant pas un devoir pour elle comme pour vous, il lui est permis de la supporter avec moins de courage.

Je ne suis que trop tenté de prolonger jusqu'à la séparation de mes jeunes gens le journal de leurs amours ; mais j'abuse depuis long-temps de l'indulgence des lecteurs ; abrégeons pour finir une fois. Émile osera-t-il porter aux pieds de sa maîtresse la même assurance qu'il vient de montrer à son ami? Pour moi, je le crois; c'est de la vérité même de son amour qu'il doit tirer cette assurance. Il seroit plus confus devant elle s'il lui en coûtoit moins de la quitter; il la quitteroit en coupable, et ce rôle est toujours embarrassant pour un cœur honnête : mais plus le sacrifice lui coûte, plus il s'en honore aux yeux de celle qui le lui rend pénible. Il n'a pas peur qu'elle prenne le change sur le motif qui le détermine. Il semble lui dire à chaque regard : O Sophie ! lis dans mon cœur, et sois fidèle; tu n'as pas un amant sans vertu.

La fière Sophie, de son côté, tâche de supporter avec dignité le coup imprévu qui la frappe. Elle s'efforce d'y paroître insensible; mais, comme elle n'a pas, ainsi qu'Émile, l'honneur du combat et de la victoire, sa fermeté se soutient moins. Elle pleure, elle gémit en dépit d'elle, et la frayeur d'être oubliée aigrit la douleur de la séparation. Ce n'est pas devant son amant qu'elle pleure, ce n'est pas à lui qu'elle montre ses frayeurs; elle étoufferoit plutôt que de laisser échapper un soupir en sa présence : c'est moi qui reçois ses plaintes, qui vois ses larmes, qu'elle affecte de prendre pour confident. Les femmes sont adroites et savent se déguiser : plus elle murmure en secret contre ma tyrannie, plus elle est attentive à me flatter; elle sent que son sort est dans mes mains.

Je la console, je la rassure, je lui réponds de son amant, ou plutôt de son époux : qu'elle lui garde la même fidélité qu'il aura pour elle, et dans deux ans il le sera, je le jure. Elle m'estime assez pour croire que je ne veux pas la tromper. Je suis garant de chacun des deux envers l'autre. Leurs cœurs, leur vertu, ma probité, la confiance de leurs parents, tout les rassure. Mais que sert la raison contre la foiblesse ? Ils se séparent comme s'ils ne devoient plus se voir.

C'est alors que Sophie se rappelle les regrets d'Eucharis, et se croit réellement à sa place. Ne laissons point durant l'absence réveiller ces fantasques amours. Sophie, lui dis-je un jour, faites avec Émile un échange de livres. Donnez-lui votre Télémaque, afin qu'il apprenne à lui ressembler; et qu'il vous donne le Spectateur dont vous aimez la lecture. Étudiez-y les devoirs des honnêtes femmes, et songez que dans deux ans ces devoirs seront les vôtres. Cet échange plaît à tous deux, et leur donne de la confiance. Enfin vient le triste jour, il faut se séparer.

Le digne père de Sophie, avec lequel j'ai tout concerté, m'embrasse en recevant mes adieux; puis, me prenant à part, il me dit ces mots d'un ton grave et d'un accent un peu appuyé : « J'ai « tout fait pour vous complaire; je savois que je « traitois avec un homme d'honneur : il ne me « reste qu'un mot à vous dire. Souvenez-vous que

« votre élève a signé son contrat de mariage sur la
« bouche de ma fille. »

Quelle différence dans la contenance des deux amants! Émile, impétueux, ardent, agité, hors de lui, pousse des cris, verse des torrents de pleurs sur les mains du père, de la mère, de la fille, embrasse en sanglotant tous les gens de la maison, et répète mille fois les mêmes choses avec un désordre qui feroit rire en toute autre occasion. Sophie, morne, pâle, l'œil éteint, le regard sombre, reste en repos; ne dit rien, ne pleure point, ne voit personne, pas même Émile. Il a beau lui prendre les mains, la presser dans ses bras; elle reste immobile, insensible à ses pleurs, à ses caresses, à tout ce qu'il fait; il est déjà parti pour elle. Combien cet objet est plus touchant que la plainte importune et les regrets bruyants de son amant! Il le voit, il le sent, il en est navré : je l'entraîne avec peine : si je le laisse encore un moment, il ne voudra plus partir. Je suis charmé qu'il emporte avec lui cette triste image. Si jamais il est tenté d'oublier ce qu'il doit à Sophie, en la lui rappelant telle qu'il la vit au moment de son départ il faudra qu'il ait le cœur bien aliéné si je ne le ramène pas à elle.

DES VOYAGES.

On demande s'il est bon que les jeunes gens voyagent, et l'on dispute beaucoup là-dessus. Si l'on proposoit autrement la question, et qu'on demandât s'il est bon que les hommes aient voyagé, peut-être ne disputeroit-on pas tant.

L'abus des livres tue la science. Croyant savoir ce qu'on a lu, on se croit dispensé de l'apprendre. Trop de lecture ne sert qu'à faire de présomptueux ignorants. De tous les siècles de littérature il n'y en a point eu où l'on lût tant que dans celui-ci, et point où l'on fût moins savant : de tous les pays de l'Europe il n'y en a point où l'on imprime tant d'histoires, de relations de voyages, qu'en France, et point où l'on connoisse moins le génie et les mœurs des autres nations. Tant de livres nous font négliger le livre du monde; ou, si nous y lisons encore, chacun s'en tient à son feuillet. Quand le mot *Peut-on être Persan* me seroit inconnu, je devinerois, à l'entendre dire, qu'il vient du pays où les préjugés nationaux sont le plus en règne, et du sexe qui les propage le plus.

Un Parisien croit connoître les hommes et ne connoît que les François; dans sa ville, toujours pleine d'étrangers, il regarde chaque étranger comme un phénomène extraordinaire qui n'a rien d'égal dans le reste de l'univers. Il faut avoir vu de près les bourgeois de cette grande ville, il faut avoir vécu chez eux pour croire qu'avec tant d'esprit on puisse être aussi stupide. Ce qu'il y a de bizarre est que chacun d'eux a lu dix fois peut-être la description du pays dont un habitant va si fort l'émerveiller.

C'est trop d'avoir à percer à la fois les préjugés des auteurs et les nôtres pour arriver à la vérité. J'ai passé ma vie à lire des relations de voyages, et je n'en ai jamais trouvé deux qui m'aient donné la même idée du même peuple. En comparant le peu que je pouvois observer avec ce que j'avois lu, j'ai fini par laisser là les voyageurs, et regretter le temps que j'avois donné pour m'instruire à leur lecture, bien convaincu qu'en fait d'observations de toute espèce il ne faut pas lire, il faut voir. Cela seroit vrai dans cette occasion, quand tous les voyageurs seroient sincères, qu'ils ne diroient que ce qu'ils ont vu ou ce qu'ils croient, et qu'ils ne déguiseroient la vérité que par les fausses couleurs qu'elle prend à leurs yeux. Que doit-ce être quand il la faut démêler encore à travers leurs mensonges et leur mauvaise foi !

Laissons donc la ressource des livres qu'on nous vante à ceux qui sont faits pour s'en contenter. Elle est bonne, ainsi que l'art de Raimond Lulle, pour apprendre à babiller de ce qu'on ne sait point. Elle est bonne pour dresser des Platons de quinze ans à philosopher dans des cercles, et à instruire une compagnie des usages de l'Égypte et des Indes sur la foi de Paul Lucas ou de Tavernier.

Je tiens pour maxime incontestable que quiconque n'a vu qu'un peuple, au lieu de connoître les hommes, ne connoît que les gens avec lesquels il a vécu. Voici donc encore une autre manière de poser la même question des voyages : Suffit-il qu'un homme bien élevé ne connoisse que ses compatriotes, ou s'il lui importe de connoître les hommes en général ? il ne reste plus ici ni dispute ni doute. Voyez combien la solution d'une question difficile dépend quelquefois de la manière de la poser.

Mais, pour étudier les hommes, faut-il parcourir la terre entière ? Faut-il aller au Japon observer les Européens ? Pour connoître l'espèce faut-il connoître tous les individus ? non il y a des hommes qui se ressemblent si fort, que ce n'est pas la peine de les étudier séparément. Qui a vu dix François les a tous vus. Quoiqu'on n'en puisse pas dire autant des Anglois et de quelques autres peuples, il est pourtant certain que chaque nation a son caractère propre et spécifique, qui se tire par induction, non de l'observation d'un seul de ses membres, mais de plusieurs. Celui qui a comparé dix peuples connoît les hommes comme celui qui a vu dix François connoît les François.

Il ne suffit pas pour s'instruire de courir les pays ; il faut savoir voyager. Pour observer il faut avoir des yeux, et les tourner vers l'objet qu'on veut connoître. Il y a beaucoup de gens que les voyages instruisent encore moins que les livres, parce qu'ils ignorent l'art de penser ; que, dans la lecture, leur esprit est au moins guidé par l'auteur, et que, dans leurs voyages, ils ne savent rien voir d'eux-mêmes. D'autres ne s'instruisent point, parce qu'ils ne veulent pas s'instruire. Leur objet est si différent que celui-là ne les frappe guère ; c'est grand hasard si l'on voit exactement ce qu'on ne se soucie point de regarder. De tous les peuples du monde le François est celui qui voyage le plus ; mais, plein de ses usages, il confond tout ce qui n'y ressemble pas. Il y a des François dans tous les coins du monde. Il n'y a point de pays où l'on trouve plus de gens qui aient voyagé qu'on en trouve en France. Avec cela pourtant, de tous les peuples de l'Europe, celui qui en voit le plus les connoît les moins. L'Anglois voyage aussi, mais d'une autre manière ; il faut que ces deux peuples soient contraires en tout. La noblesse angloise voyage, la noblesse françoise ne voyage point ; le peuple françois voyage, le peuple anglois ne voyage point. Cette différence me paroît honorable au dernier. Les François ont presque toujours quelques vues d'intérêt dans leurs voyages : mais les Anglois ne vont point chercher fortune chez les autres nations, si ce n'est par le commerce et les mains pleines ; quand ils y voyagent, c'est pour y verser leur argent, non pour vivre d'industrie ; ils sont trop fiers pour aller ramper hors de chez eux. Cela fait aussi qu'ils s'instruisent mieux chez l'étranger que ne font les François, qui ont un tout autre objet en tête. Les Anglois ont pourtant aussi leurs préjugés nationaux, ils en ont même plus que personne ; mais ces préjugés tiennent moins à l'ignorance qu'à la passion. L'Anglois a les préjugés de l'orgueil, et les François ceux de la vanité.

Comme les peuples les moins cultivés sont généralement les plus sages, ceux qui voyagent le moins voyagent le mieux ; parce qu'étant moins avancés que nous dans nos recherches frivoles, et moins occupés des objets de notre vaine curiosité, ils donnent toute leur attention à ce qui est véritablement utile. Je ne connois guère que les Espagnols qui voyagent de cette manière. Tandis qu'un Français court chez les artistes d'un pays, qu'un Anglois en fait dessiner quelque antique, et qu'un Allemand porte son *album* chez tous les savants, l'Espagnol étudie en silence le gouvernement, les mœurs, la police, et il est le seul des quatre qui, de retour chez lui, rapporte de ce qu'il a vu quelque remarque utile à son pays.

Les anciens voyageoient peu, lisoient peu, faisoient peu de livres ; et pourtant on voit, dans ceux qui nous restent d'eux, qu'ils s'observoient mieux les uns les autres que nous n'observons nos contemporains. Sans remonter aux écrits d'Homère, le seul poëte qui nous transporte dans les pays qu'il décrit, on ne peut refuser à Hérodote l'honneur d'avoir peint les mœurs dans son histoire, quoiqu'elle soit plus en narrations qu'en réflexions, mieux que ne font tous nos historiens en chargeant leurs livres de portraits et de caractères. Tacite a mieux décrit les Germains de son temps qu'aucun écrivain n'a décrit les Allemands d'aujourd'hui. Incontestablement ceux qui sont versés dans l'histoire ancienne connoissent mieux les Grecs, les Carthaginois, les Romains, les Gaulois, les Perses, qu'aucun peuple de nos jours ne connoît ses voisins.

Il faut avouer aussi que les caractères originaux des peuples, s'effaçant de jour en jour, deviennent en même raison plus difficiles à saisir. A mesure que les races se mêlent, et que les peuples se confondent, on voit peu à peu disparoître ces différences nationales qui frappoient jadis au premier coup d'œil. Autrefois chaque nation restoit plus renfermée en elle-même; il y avoit moins de communications, moins de voyages, moins d'intérêts communs ou contraires, moins de liaisons politiques et civiles de peuple à peuple, point tant de ces tracasseries royales appelées négociations, point d'ambassadeurs ordinaires ou résidant continuellement; les grandes navigations étoient rares; il y avoit peu de commerce éloigné; et le peu qu'il y en avoit étoit fait ou par le prince même, qui s'y servoit d'étrangers, ou par des gens méprisés, qui ne donnoient le ton à personne et ne rapprochoient point les nations. Il y a cent fois plus de liaisons maintenant entre l'Europe et l'Asie qu'il n'y en avoit jadis entre la Gaule et l'Espagne : l'Europe seule étoit plus éparse que la terre entière ne l'est aujourd'hui.

Ajoutez à cela que les anciens peuples, se regardant la plupart comme autochtones ou originaires de leur propre pays, l'occupoient depuis assez long-temps pour avoir perdu la mémoire des siècles reculés où leurs ancêtres s'y étoient établis, et pour avoir laissé le temps au climat de faire sur eux des impressions durables; au lieu que, parmi nous, après les invasions des Romains, les récentes émigrations des barbares ont tout mêlé, tout confondu. Les Français d'aujourd'hui ne sont plus ces grands corps blonds et blancs d'autrefois; les Grecs ne sont plus ces beaux hommes faits pour servir de modèle à l'art; la figure des Romains eux-mêmes a changé de caractère, ainsi que leur naturel; les Persans, originaires de Tartarie, perdent chaque jour de leur laideur primitive par le mélange du sang circasssien; les Européens ne sont plus Gaulois, Germains, Ibériens, Allobroges; ils ne sont tous que des Scythes diversement dégénérés quant à la figure, et encore plus quant aux mœurs.

Voilà pourquoi les antiques distinctions des races, les qualités de l'air et du terroir, marquoient plus fortement de peuple à peuple les tempéraments, les figures, les mœurs, les caractères, que tout cela ne peut se marquer de nos jours, où l'inconstance européenne ne laisse à nulle cause naturelle le temps de faire ses impressions, et où les forêts abattues, les marais desséchés, la terre plus uniformément, quoique plus mal cultivée, ne laissent plus, même au physique, la même différence de terre à terre et de pays à pays.

Peut-être, avec de semblables réflexions, se presseroit-on moins de tourner en ridicule Hérodote, Ctésias, Pline, pour avoir représenté les habitants de divers pays avec des traits originaux et des différences marquées que nous ne leur voyons plus. Il faudroit retrouver les mêmes hommes pour reconnoître en eux les mêmes figures; il faudroit que rien ne les eût changés pour qu'ils fussent restés les mêmes. Si nous pouvions considérer à la fois tous les hommes qui ont été, peut-on douter que nous ne les trouvassions plus variés de siècle à siècle, qu'on ne les trouve aujourd'hui de nation à nation ?

En même temps que les observations deviennent plus difficiles, elles se font plus négligemment et plus mal : c'est une autre raison du peu de succès de nos recherches dans l'histoire naturelle du genre humain. L'instruction qu'on retire des voyages se rapporte à l'objet qui les fait entreprendre. Quand cet objet est un système de philosophie, le voyageur ne voit jamais que ce qu'il veut voir : quand cet objet est l'intérêt, il absorbe toute l'attention de ceux qui s'y livrent. Le commerce et les arts, qui mêlent et confondent les peuples, les empêchent aussi de s'étudier. Quand ils savent le profit qu'ils peuvent faire l'un avec l'autre, qu'ont-ils de plus à savoir ?

Il est utile à l'homme de connoître tous les lieux où l'on peut vivre, afin de choisir ensuite ceux où l'on peut vivre le plus commodément. Si chacun se suffisoit à lui-même, il ne lui importeroit de connoître que l'étendue du pays qui peut le nourrir. Le sauvage, qui n'a besoin de personne et ne convoite rien au monde, ne connoît et ne cherche à connoître d'autre pays que le sien. S'il est forcé de s'étendre pour subsister, il fuit les lieux habités par les hommes; il n'en veut qu'aux bêtes, et n'a besoin que d'elles pour se nourrir. Mais pour nous, à qui la vie civile est nécessaire, et qui ne pouvons plus nous passer de manger des hommes, l'intérêt de chacun de nous est de fréquenter les pays où l'on en trouve le plus à dévorer. Voilà pourquoi tout afflue à Rome, à Paris, à Londres. C'est toujours dans les capitales que le sang humain se vend à meilleur marché. Ainsi l'on ne connoît que les grands peuples, et les grands peuples se ressemblent tous.

Nous avons, dit-on, des savants qui voyagent pour s'instruire, c'est une erreur; les savants voyagent par intérêt comme les autres. Les Platon, les Pythagore, ne se trouvent plus, ou, s'il y en a, c'est bien loin de nous. Nos savants ne voyagent que par ordre de la cour : on les dépêche, on les défraie, on les paie pour voir tel ou tel objet, qui très-sûrement n'est pas un objet moral. Ils doivent tout leur temps à cet objet unique; ils sont trop honnêtes gens pour voler leur argent. Si, dans quelque pays que ce puisse être, des curieux voyagent à leurs dépens, ce n'est jamais pour étudier les hommes, c'est pour les instruire. Ce n'est pas de science qu'ils ont besoin, mais d'ostentation. Comment apprendroient-ils dans leurs voyages à secouer le joug de l'opinion? ils ne les font que pour elle.

Il y a bien de la différence entre voyager pour voir du pays ou pour voir des peuples. Le premier objet est toujours celui des curieux, l'autre n'est pour eux qu'accessoire. Ce doit être tout le contraire pour celui qui veut philosopher. L'enfant observe les choses en attendant qu'il puisse observer les hommes. L'homme doit commencer par observer ses semblables, et puis il observe les choses s'il en a le temps.

C'est donc mal raisonner que de conclure que les voyages sont inutiles, de ce que nous voyageons mal. Mais, l'utilité des voyages reconnue, s'ensuivra-t-il qu'ils conviennent à tout le monde? Tant s'en faut; ils ne conviennent au contraire qu'à très-peu de gens; ils ne conviennent qu'aux hommes assez fermes sur eux-mêmes pour écouter les leçons de l'erreur sans se laisser séduire, et pour voir l'exemple du vice sans se laisser entraîner. Les voyages poussent le naturel vers sa pente, et achèvent de rendre l'homme bon ou mauvais. Quiconque revient de courir le monde est à son retour ce qu'il sera toute sa vie : il en revient plus de méchants que de bons, parce qu'il en part plus d'enclins au mal qu'au bien. Les jeunes gens mal élevés et mal conduits contractent dans leurs voyages tous les vices des peuples qu'ils fréquentent, et pas une des vertus dont ces vices sont mêlés : mais ceux qui sont heureusement nés, ceux dont on a bien cultivé le bon naturel, et qui voyagent dans le vrai dessein de s'instruire, reviennent tous meilleurs et plus sages qu'ils n'étoient partis. Ainsi voyagera mon Émile : ainsi avoit voyagé ce jeune homme, digne d'un meilleur siècle, dont l'Europe étonnée admira le mérite, qui mourut pour son pays à la fleur de ses ans, mais qui méritoit de vivre, et dont la tombe, ornée de ses seules vertus, attendoit pour être honorée qu'une main étrangère y semât des fleurs[1].

Tout ce qui se fait par raison doit avoir ses

---

[1] * Le jeune homme dont il est question ici ne peut être autre que le comte de Gisors, dont il a été parlé ci-devant au livre II.

règles. Les voyages, pris comme une partie de l'éducation, doivent avoir les leurs. Voyager pour voyager, c'est errer, être vagabond; voyager pour s'instruire est encore un objet trop vague : l'instruction qui n'a pas un but déterminé n'est rien. Je voudrois donner au jeune homme un intérêt sensible à s'instruire, et cet intérêt bien choisi fixeroit encore la nature de l'instruction. C'est toujours la suite de la méthode que j'ai tâché de pratiquer.

Or, après s'être considéré par ses rapports physiques avec les autres êtres, par ses rapports moraux avec les autres hommes, il lui reste à se considérer par ses rapports civils avec ses concitoyens. Il faut pour cela qu'il commence par étudier la nature du gouvernement en général, les diverses formes de gouvernement, et enfin le gouvernement particulier sous lequel il est né, pour savoir s'il lui convient d'y vivre; car, par un droit que rien ne peut abroger, chaque homme, en devenant majeur et maître de lui-même, devient maître aussi de renoncer au contrat par lequel il tient à la communauté, en quittant le pays dans lequel elle est établie. Ce n'est que par le séjour qu'il y fait après l'âge de raison qu'il est censé confirmer tacitement l'engagement qu'ont pris ses ancêtres. Il acquiert le droit de renoncer à sa patrie comme à la succession de son père : encore le lieu de la naissance étant un don de la nature, cède-t-on du sien en y renonçant. Par le droit rigoureux, chaque homme reste libre à ses risques en quelque lieu qu'il naisse, à moins qu'il ne se soumette volontairement aux lois pour acquérir le droit d'en être protégé.

Je lui dirois donc, par exemple : Jusqu'ici vous avez vécu sous ma direction, vous étiez hors d'état de vous gouverner vous-même. Mais vous approchez de l'âge où les lois, vous laissant la disposition de votre bien, vous rendent maître de votre personne. Vous allez vous trouver seul dans la société, dépendant de tout, même de votre patrimoine. Vous avez en vue un établissement; cette vue est louable, elle est un des devoirs de l'homme; mais, avant de vous marier, il faut savoir quel homme vous voulez être, à quoi vous voulez passer votre vie, quelles mesures vous voulez prendre pour assurer du pain à vous et à votre famille; car, bien qu'il ne faille pas faire d'un tel soin sa principale affaire, il y faut pourtant songer une fois. Voulez-vous vous engager dans la dépendance des hommes que vous méprisez? Voulez-vous établir votre fortune et fixer votre état par des relations civiles qui vous mettront sans cesse à la discrétion d'autrui, et vous forceront, pour échapper aux fripons, de devenir fripon vous-même?

Là-dessus je lui décrirai tous les moyens possibles de faire valoir son bien, soit dans le commerce, soit dans les charges, soit dans la finance ; et je lui montrerai qu'il n'y en a pas un qui ne lui laisse des risques à courir, qui ne le mette dans un état précaire et dépendant, et ne le force de régler ses mœurs, ses sentiments, sa conduite, sur l'exemple et les préjugés d'autrui.

Il y a, lui dirai-je, un autre moyen d'employer son temps et sa personne, c'est de se mettre au service, c'est-à-dire de se louer à très-bon compte pour aller tuer des gens qui ne nous ont point fait de mal. Ce métier est en grande estime parmi les hommes, et ils font un cas extraordinaire de ceux qui ne sont bons qu'à cela. Au surplus, loin de vous dispenser des autres ressources, il ne vous les rend que plus nécessaires ; car il entre aussi dans l'honneur de cet état de ruiner ceux qui s'y dévouent. Il est vrai qu'ils ne s'y ruinent pas tous ; la mode vient même insensiblement de s'y enrichir comme dans les autres : mais je doute qu'en vous expliquant comment s'y prennent pour cela ceux qui réussissent, je vous rende curieux de les imiter.

Vous saurez encore que, dans ce métier même, il ne s'agit plus de courage ni de valeur, si ce n'est peut-être auprès des femmes ; qu'au contraire le plus rampant, le plus bas, le plus servile, est toujours le plus honoré ; que si vous vous avisez de vouloir faire tout de bon votre métier, vous serez méprisé, haï, chassé peut-être, tout au moins accablé de passe-droits et supplanté par tous vos camarades, pour avoir fait votre service à la tranchée, tandis qu'ils faisoient le leur à la toilette.

On se doute bien que tous ces emplois divers ne seront pas fort du goût d'Émile. Eh quoi! me dira-t-il, ai-je oublié les jeux de mon enfance? ai-je perdu mes bras? ma force est-elle épuisée? ne sais-je plus travailler? Que m'importent tous vos beaux emplois et toutes les sottes opinions des hommes? Je ne connois point d'autre gloire que d'être bienfaisant et juste : je ne connois point d'autre bonheur que de vivre indépendant avec ce qu'on aime, en gagnant tous les jours de l'appétit et de la santé par son travail. Tous ces embarras dont vous me parlez ne me touchent guère. Je ne veux pour tout bien qu'une petite métairie dans quelque coin du monde. Je mettrai toute mon avarice à la faire valoir, et je vivrai sans inquiétude. Sophie et mon champ, et je serai riche.

Oui, mon ami, c'est assez pour le bonheur du sage d'une femme et d'un champ qui soient à lui; mais ces trésors, bien que modestes, ne sont pas si communs que vous pensez. Le plus rare est trouvé pour vous; parlons de l'autre.

Un champ qui soit à vous, cher Émile! et dans quel lieu le choisirez-vous? en quel coin de la terre pourrez-vous dire : Je suis ici mon maître et celui du terrain qui m'appartient? On sait en quels lieux il est aisé de se faire riche; mais qui sait où l'on peut se passer de l'être? Qui sait où l'on peut vivre indépendant et libre sans avoir besoin de faire du mal à personne et sans crainte d'en recevoir? Croyez-vous que le pays où il est toujours permis d'être honnête homme soit si facile à trouver? S'il est quelque moyen légitime et sûr de subsister sans intrigue, sans affaire, sans dépendance, c'est, j'en conviens, de vivre du travail de ses mains, en cultivant sa propre terre: mais où est l'état où l'on peut se dire: La terre que je foule est à moi? Avant de choisir cette heureuse terre, assurez-vous bien d'y trouver la paix que vous cherchez; gardez qu'un gouvernement violent, qu'une religion persécutante, que des mœurs perverses ne vous y viennent troubler. Mettez-vous à l'abri des impôts sans mesure qui dévoreroient le fruit de vos peines, des procès sans fin qui consumeroient votre fonds. Faites en sorte qu'en vivant justement vous n'ayez point à faire votre cour à des intendants, à leurs substituts, à des juges, à des prêtres, à de puissants voisins, à des fripons de toute espèce, toujours prêts à vous tourmenter si vous les négligez. Mettez-vous surtout à l'abri des vexations des grands et des riches; songez que partout leurs terres peuvent confiner à la vigne de Naboth [1]. Si votre malheur veut qu'un homme en place achète ou bâtisse une maison près de votre chaumière, répondez-vous qu'il ne trouvera pas le moyen, sous

---

[1] * Rois, liv. III, chap. xxi.

quelque prétexte, d'envahir votre héritage pour s'arrondir, ou que vous ne verrez pas, dès demain peut-être, absorber toutes vos ressources dans un large grand chemin ? Que si vous vous conservez du crédit pour parer à tous ces inconvénients, autant vaut conserver aussi vos richesses, car elles ne vous coûteront pas plus à garder. La richesse et le crédit s'étaient mutuellement ; l'un se soutient toujours mal sans l'autre.

J'ai plus d'expérience que vous, cher Émile; je vois mieux la difficulté de votre projet. Il est beau pourtant, il est honnête, il vous rendroit heureux en effet : efforçons-nous de l'exécuter. J'ai une proposition à vous faire : consacrons les deux ans que nous avons pris jusqu'à votre retour à choisir un asile en Europe où vous puissiez vivre heureux avec votre famille, à l'abri de tous les dangers dont je viens de vous parler. Si nous réussissons, vous aurez trouvé le vrai bonheur vainement cherché par tant d'autres, et vous n'aurez pas regret à votre temps. Si nous ne réussissons pas, vous serez guéri d'une chimère ; vous vous consolerez d'un malheur inévitable, et vous vous soumettrez à la loi de la nécessité.

Je ne sais si tous mes lecteurs apercevront jusqu'où va nous mener cette recherche ainsi proposée ; mais je sais bien que si, au retour de ses voyages, commencés et continués dans cette vue, Émile n'en revient pas versé dans toutes les matières de gouvernement, de mœurs publiques et de maximes d'état de toute espèce; il faut que lui ou moi soyons bien dépourvus, l'un d'intelligence et l'autre de jugement.

Le droit politique est encore à naître, et il est à présumer qu'il ne naîtra jamais. Grotius, le maître de tous nos savants en cette partie, n'est qu'un enfant, et, qui pis est, un enfant de mauvaise foi. Quand j'entends élever Grotius jusqu'aux nues et couvrir Hobbes d'exécration, je vois combien d'hommes sensés lisent ou comprennent ces deux auteurs. La vérité est que leurs principes sont exactement semblables, ils ne diffèrent que par les expressions. Ils diffèrent aussi par la méthode. Hobbes s'appuie sur des sophismes, et Grotius sur des poëtes; tout le reste leur est commun.

Le seul moderne en état de créer cette grande et inutile science eût été l'illustre Montesquieu. Mais il n'eut garde de traiter des principes du droit politique; il se contenta de traiter du droit positif des gouvernements établis; et rien au monde n'est plus différent que ces deux études.

Celui pourtant qui veut juger sainement des gouvernements tels qu'ils existent, est obligé de les réunir toutes deux : il faut savoir ce qui doit être pour bien juger de ce qui est. La plus grande difficulté pour éclaircir ces importantes matières, est d'intéresser un particulier à les discuter, de répondre à ces deux questions, Que m'importe?

et, Qu'y puis-je faire? Nous avons mis notre Émile en état de se répondre à toutes deux.

La deuxième difficulté vient des préjugés de l'enfance, des maximes dans lesquelles on a été nourri, surtout de la partialité des auteurs, qui, parlant toujours de la vérité dont ils ne se soucient guère, ne songent qu'à leur intérêt dont ils ne parlent point. Or, le peuple ne donne ni chaires, ni pensions, ni places d'académies : qu'on juge comment ses droits doivent être établis par ces gens-là! J'ai fait en sorte que cette difficulté fût encore nulle pour Émile. A peine sait-il ce que c'est que gouvernement; la seule chose qui lui importe est de trouver le meilleur : son objet n'est point de faire des livres; et si jamais il en fait, ce ne sera point pour faire sa cour aux puissances, mais pour établir les droits de l'humanité.

Il reste une troisième difficulté plus spécieuse que solide, et que je ne veux ni résoudre ni proposer : il me suffit qu'elle n'effraie point mon zèle; bien sûr qu'en des recherches de cette espèce, de grands talents sont moins nécessaires qu'un sincère amour de la justice et un vrai respect pour la vérité. Si donc les matières de gouvernement peuvent être équitablement traitées, en voici, selon moi, le cas, ou jamais.

Avant d'observer il faut se faire des règles pour ses observations : il faut se faire une échelle pour y rapporter les mesures qu'on prend. Nos principes de droit politique sont cette échelle. Nos mesures sont les lois politiques de chaque pays.

Nos éléments sont clairs, simples, pris immédiatement dans la nature des choses. Ils se formeront des questions discutées entre nous, et que nous ne convertirons en principes que quand elles seront suffisamment résolues.

Par exemple, remontant d'abord à l'état de nature, nous examinerons si les hommes naissent esclaves ou libres, associés ou indépendants; s'ils se réunissent volontairement ou par force; si jamais la force qui les réunit peut former un droit permanent, par lequel cette force antérieure oblige, même quand elle est surmontée par une autre, en sorte que, depuis la force du roi Nembrod, qui, dit-on, lui soumit les premiers peuples, toutes les autres forces qui ont détruit celle-là soient devenues iniques et usurpatoires, et qu'il n'y ait plus de légitimes rois que les descendants de Nembrod ou ses ayants-cause; ou bien si cette première force venant à cesser, la force qui lui succède oblige à son tour, et détruit l'obligation de l'autre, en sorte qu'on ne soit obligé d'obéir qu'autant qu'on peut faire résistance : droit qui, ce semble, n'ajouteroit pas grand'chose à la force, et ne seroit guère qu'un jeu de mots.

Nous examinerons si l'on ne peut pas dire que toute maladie vient de Dieu, et s'il s'ensuit pour cela que ce soit un crime d'appeler le médecin.

Nous examinerons encore si l'on est obligé en conscience de donner sa bourse à un bandit qui nous la demande sur le grand chemin, quand même on pourroit la lui cacher, car enfin le pistolet qu'il tient est aussi une puissance :

Si ce mot de puissance en cette occasion veut dire autre chose qu'une puissance légitime, et par conséquent soumise aux lois dont elle tient son être.

Supposé qu'on rejette ce droit de force, et qu'on admette celui de la nature ou l'autorité paternelle comme principe des sociétés, nous rechercherons la mesure de cette autorité, comment elle est fondée dans la nature, et si elle a d'autre raison que l'utilité de l'enfant, sa foiblesse et l'amour naturel que le père a pour lui : si donc la foiblesse de l'enfant venant à cesser, et sa raison à mûrir, il ne devient pas seul juge naturel de ce qui convient à sa conservation, par conséquent son propre maître, et indépendant de tout autre homme, même de son père ; car il est encore plus sûr que le fils s'aime lui-même, qu'il n'est sûr que le père aime le fils :

Si, le père mort, les enfants sont tenus d'obéir à leur aîné, ou à quelque autre qui n'aura pas pour eux l'attachement naturel d'un père ; et si, de race en race, il y aura toujours un chef unique, auquel toute la famille soit tenue d'obéir. Auquel cas on chercheroit comment l'autorité pourroit jamais être partagée, et de quel droit il y auroit sur la terre entière plus d'un chef qui gouvernât le genre humain.

Supposé que les peuples se fussent formés par choix, nous distinguerons alors le droit du fait; et nous demanderons si, s'étant ainsi soumis à leurs frères, oncles ou parents, non qu'ils y fussent obligés, mais parce qu'ils l'ont bien voulu, cette sorte de société ne rentre pas toujours dans l'association libre et volontaire.

Passant ensuite au droit d'esclavage, nous examinerons si un homme peut légitimement s'aliéner à un autre, sans restriction, sans réserve, sans aucune espèce de condition; c'est-à-dire s'il peut renoncer à sa personne, à sa vie, à sa raison, à *son moi,* à toute moralité dans ses actions, et cesser en un mot d'exister avant sa mort, malgré la nature qui le charge immédiatement de sa propre conservation, et malgré sa conscience et sa raison qui lui prescrivent ce qu'il doit faire et ce dont il doit s'abstenir.

Que s'il y a quelque réserve, quelque restriction dans l'acte d'esclavage, nous discuterons si cet acte ne devient pas alors un vrai contrat, dans lequel chacun des deux contractants, n'ayant point en cette qualité de supérieur commun [1], res-

---

[1] S'ils en avoient un, ce supérieur commun ne seroit autre que le souverain, et alors le droit d'esclavage, fondé sur le droit de souveraineté, n'en seroit pas le principe.

tent leurs propres juges quant aux conditions du contrat, par conséquent libres chacun dans cette partie, et maîtres de le rompre sitôt qu'ils s'estiment lésés.

Que si donc un esclave ne peut s'aliéner sans réserve à son maître, comment un peuple peut-il s'aliéner sans réserve à son chef? et si l'esclave reste juge de l'observation du contrat par son maître, comment le peuple ne restera-t-il pas juge de l'observation du contrat par son chef?

Forcés de revenir ainsi sur nos pas, et considérant le sens de ce mot collectif de peuple, nous chercherons si pour l'établir il ne faut pas un contrat, au moins tacite, antérieur à celui que nous supposons.

Puisque avant de s'élire un roi le peuple est un peuple, qu'est-ce qui l'a fait tel sinon le contrat social? Le contrat social est donc la base de toute société civile, et c'est dans la nature de cet acte qu'il faut chercher celle de la société qu'il forme.

Nous rechercherons quelle est la teneur de ce contrat, et si l'on ne peut pas à peu près l'énoncer par cette formule : « Chacun de nous met en com-
« mun ses biens, sa personne, sa vie et toute sa
« puissance, sous la suprême direction de la vo-
« lonté générale, et nous recevons en corps cha-
« que membre comme partie indivisible du tout. »

Ceci supposé, pour définir les termes dont nous

avons besoin, nous remarquerons qu'au lieu de la personne particulière de chaque contractant, cet acte d'association produit un corps moral et collectif, composé d'autant de membres que l'assemblée a de voix. Cette personne publique prend en général le nom de *corps politique*, lequel est appelé par ses membres, *état* quand il est passif, *souverain* quand il est actif, *puissance* en le comparant à ses semblables. A l'égard des membres eux-mêmes, ils prennent le nom de *peuple* collectivement, et s'appellent en particulier *citoyens*, comme membres de la *cité* ou participants à l'autorité souveraine, et *sujets*, comme soumis à la même autorité.

Nous remarquerons que cet acte d'association renferme un engagement réciproque du public et des particuliers, et que chaque individu, contractant pour ainsi dire avec lui-même, se trouve engagé sous un double rapport, savoir, comme membre du souverain envers les particuliers, et comme membre de l'état envers le souverain.

Nous remarquerons encore que nul n'étant tenu aux engagements qu'on n'a pris qu'avec soi, la délibération publique qui peut obliger tous les sujets envers le souverain à cause des deux différents rapports sous lesquels chacun d'eux est envisagé, ne peut obliger l'état envers lui-même. Par où l'on voit qu'il n'y a ni ne peut y avoir d'autre loi fondamentale proprement dite que le seul pacte social. Ce qui ne signifie pas que le corps politique ne puisse, à certains égards, s'engager avec autrui; car, par rapport à l'étranger, il devient alors un être simple, un individu.

Les deux parties contractantes, savoir chaque particulier et le public n'ayant aucun supérieur commun qui puisse juger leurs différents, nous examinerons si chacun des deux reste le maître de rompre le contrat quand il lui plaît, c'est-à-dire d'y renoncer pour sa part sitôt qu'il se croit lésé.

Pour éclaircir cette question, nous observerons que, selon le pacte social, le souverain ne pouvant agir que par des volontés communes et générales, ses actes ne doivent de même avoir que des objets généraux et communs; d'où il suit qu'un particulier ne sauroit être lésé directement par le souverain qu'ils ne le soient tous, ce qui ne se peut, puisque ce seroit vouloir se faire du mal à soi-même. Ainsi le contrat social n'a jamais besoin d'autre garant que la force publique, parce que la lésion ne peut jamais venir que des particuliers; et alors ils ne sont pas pour cela libres de leur engagement, mais punis de l'avoir violé.

Pour bien décider toutes les questions semblables, nous aurons soin de nous rappeler toujours que le pacte social est d'une nature particulière, et propre à lui seul, en ce que le peuple ne contracte qu'avec lui-même, c'est-à-dire le peuple en corps comme souverain, avec les particuliers comme sujets : condition qui fait tout l'artifice et le jeu de la machine politique, et qui seule rend légitimes, raisonnables et sans danger, des engagemens qui sans cela seroient absurdes, tyranniques, et sujets aux plus énormes abus.

Les particuliers ne s'étant soumis qu'au souverain, et l'autorité souveraine n'étant autre chose que la volonté générale, nous verrons comment chaque homme obéissant au souverain, n'obéit qu'à lui-même, et comment on est plus libre dans le pacte social que dans l'état de nature.

Après avoir fait la comparaison de la liberté naturelle avec la liberté civile quant aux personnes, nous ferons, quant aux biens, celle du droit de propriété avec le droit de souveraineté, du domaine particulier avec le domaine éminent. Si c'est sur le droit de propriété qu'est fondée l'autorité souveraine, ce droit est celui qu'elle doit le plus respecter; il est inviolable et sacré pour elle tant qu'il demeure un droit particulier et individuel : sitôt qu'il est considéré comme commun à tous les citoyens, il est soumis à la volonté générale, et cette volonté peut l'anéantir. Ainsi le souverain n'a nul droit de toucher au bien d'un particulier, ni de plusieurs; mais il peut légitimement s'emparer du bien de tous, comme cela se fit à Sparte au temps de Lycurgue; au lieu que l'abolition des dettes par Solon fut un acte illégitime.

Puisque rien n'oblige les sujets que la volonté générale, nous rechercherons comment se manifeste cette volonté, à quels signes on est sûr de la reconnoître, ce que c'est qu'une loi, et quels sont les vrais caractères de la loi. Ce sujet est tout neuf : la définition de la loi est encore à faire.

A l'instant que le peuple considère en particulier un ou plusieurs de ses membres, le peuple se divise. Il se forme entre le tout et sa partie une relation qui en fait deux êtres séparés, dont la partie est l'un, et le tout, moins cette partie, est l'autre. Mais le tout moins une partie n'est pas le tout ; tant que ce rapport subsiste, il n'y a donc plus de tout, mais deux parties inégales.

Au contraire, quand tout le peuple statue sur tout le peuple, il ne considère que lui-même ; et s'il se forme un rapport, c'est de l'objet entier sous un point de vue, à l'objet entier sous un autre point de vue, sans aucune division du tout. Alors l'objet sur lequel on statue est général, et la volonté qui statue est aussi générale. Nous examinerons s'il y a quelque autre espèce d'acte qui puisse porter le nom de loi.

Si le souverain ne peut parler que par des lois, et si la loi ne peut jamais avoir qu'un objet général et relatif également à tous les membres de l'état, il s'ensuit que le souverain n'a jamais le pouvoir de rien statuer sur un objet particulier ; et, comme il importe cependant à la conservation de l'état qu'il soit aussi décidé des choses particulières, nous rechercherons comment cela se peut faire.

Les actes du souverain ne peuvent être que des actes de volonté générale, des lois; il faut ensuite des actes déterminants, des actes de force ou de gouvernement, pour l'exécution de ces mêmes lois; et ceux-ci, au contraire, ne peuvent avoir que des objets particuliers. Ainsi l'acte par lequel le souverain statue qu'on élira un chef est une loi; et l'acte par lequel on élit ce chef en exécution de la loi n'est qu'un acte de gouvernement.

Voici donc un troisième rapport sous lequel le peuple assemblé peut être considéré, savoir, comme magistrat ou exécuteur de la loi qu'il a portée comme souverain [1].

Nous examinerons s'il est possible que le peuple se dépouille de son droit de souveraineté pour en revêtir un homme ou plusieurs; car l'acte d'élection n'étant pas une loi, et dans cet acte le peuple n'étant pas souverain lui-même, on ne voit point com-

---

[1] Ces questions et propositions sont la plupart extraites du *traité du Contrat social*, extrait lui-même d'un plus grand ouvrage, entrepris sans consulter mes forces, et abandonné depuis long-temps. Le petit traité que j'en ai détaché, et dont c'est ici le sommaire, sera publié à part [*].

[*] On pourroit croire, d'après cette note, que l'*Émile* parut avant le *Contrat social*. Mais on seroit dans l'erreur : le dernier ouvrage fut publié deux mois avant le premier. *Émile* éprouva des difficultés qui causèrent des retards. On commença par exiger des changements; ensuite on laissa tout passer parce qu'il en auroit fallu un trop grand nombre, et l'on se réserva la faculté de censurer l'ouvrage et de dénoncer l'auteur ; ce qu'on fit avec soin. Pendant ces difficultés, l'impression du *Contrat social* avançoit. Il précéda *Émile* qu'il auroit dû suivre d'après les intentions de Rousseau. M. M. P.

ment alors il peut transférer un droit qu'il n'a pas.

L'essence de la souveraineté consistant dans la volonté générale, on ne voit point non plus comment on peut s'assurer qu'une volonté particulière sera toujours d'accord avec cette volonté générale. On doit bien plutôt présumer qu'elle y sera souvent contraire; car l'intérêt privé tend toujours aux préférences, et l'intérêt public à l'égalité, et quand cet accord seroit possible, il suffiroit qu'il ne fût pas nécessaire et indestructible pour que le droit souverain n'en pût résulter.

Nous rechercherons si, sans violer le pacte social, les chefs du peuple, sous quelque nom qu'ils soient élus, peuvent jamais être autre chose que les officiers du peuple, auxquels il ordonne de faire exécuter les lois; si ces chefs ne lui doivent pas compte de leur administration, et ne sont pas soumis eux-mêmes aux lois qu'ils sont chargés de faire observer.

Si le peuple ne peut aliéner son droit suprême, peut-il le confier pour un temps? s'il ne peut se donner un maître, peut-il se donner des représentants? Cette question est importante et mérite discussion.

Si le peuple ne peut avoir ni souverain ni représentants, nous examinerons comment il peut porter ses lois lui-même; s'il doit avoir beaucoup de lois; s'il doit les changer souvent; s'il est aisé qu'un grand peuple soit son propre législateur;

Si le peuple romain n'étoit pas un grand peuple;
S'il est bon qu'il y ait de grands peuples.

Il suit des considérations précédentes qu'il y a dans l'état un corps intermédiaire entre les sujets et le souverain; et ce corps intermédiaire, formé d'un ou de plusieurs membres, est chargé de l'administration publique, de l'exécution des lois, et du maintien de la liberté civile et politique.

Les membres de ce corps s'appellent *magistrats* ou *rois*, c'est-à-dire gouverneurs. Le corps entier, considéré par les hommes qui le composent, s'appelle *prince*; et, considéré par son action, il s'appelle *gouvernement*.

Si nous considérons l'action du corps entier agissant sur lui-même, c'est-à-dire le rapport du tout au tout, ou du souverain à l'état, nous pouvons comparer ce rapport à celui des extrêmes d'une proportion continue dont le gouvernement donne le moyen terme. Le magistrat reçoit du souverain les ordres qu'il donne au peuple; et tout compensé, son produit ou sa puissance est au même degré que le produit ou la puissance des citoyens, qui sont sujets d'un côté et souverains de l'autre. On ne sauroit altérer aucun des trois termes sans rompre à l'instant la proportion. Si le souverain veut gouverner, ou si le prince veut donner des lois, ou si le sujet refuse d'obéir, le désordre succède à la règle, et l'état dissous tombe dans le despotisme ou dans l'anarchie.

Supposons que l'état soit composé de dix mille citoyens. Le souverain ne peut être considéré que collectivement et en corps; mais chaque particulier a, comme sujet, une existence individuelle et indépendante. Ainsi le souverain est au sujet comme dix mille à un; c'est-à-dire que chaque membre de l'état n'a pour sa part que la dix-millième partie de l'autorité souveraine, quoiqu'il lui soit soumis tout entier. Que le peuple soit composé de cent mille hommes, l'état des sujets ne change pas, et chacun porte toujours tout l'empire des lois, tandis que son suffrage, réduit à un cent-millième, a dix fois moins d'influence dans leur rédaction. Ainsi, le sujet restant toujours un, le rapport du souverain augmente en raison du nombre des citoyens. D'où il suit que plus l'état s'agrandit, plus la liberté diminue.

Or, moins les volontés particulières se rapportent à la volonté générale, c'est-à-dire les mœurs aux lois, plus la force réprimante doit augmenter. D'un autre côté, la grandeur de l'état donnant aux dépositaires de l'autorité publique plus de tentations et de moyens d'en abuser, plus le gouvernement a de force pour contenir le peuple, plus le souverain doit en avoir à son tour pour contenir le gouvernement.

Il suit de ce double rapport que la proportion continue entre le souverain, le prince et le peuple, n'est point une idée arbitraire, mais une conséquence de la nature de l'état. Il suit encore que l'un des extrêmes, savoir le peuple, étant fixe, toutes les fois que la raison doublée augmente ou diminue, la raison simple augmente ou diminue à son tour; ce qui ne peut se faire sans que le moyen terme change autant de fois. D'où nous pouvons tirer cette conséquence, qu'il n'y a pas une constitution de gouvernement unique et absolue, mais qu'il doit y avoir autant de gouvernements différents en nature qu'il y a d'états différents en grandeur.

Si plus le peuple est nombreux moins les mœurs se rapportent aux lois, nous examinerons si, par une analogie assez évidente, on ne peut pas dire aussi que, plus les magistrats sont nombreux, plus le gouvernement est foible.

Pour éclaircir cette maxime nous distinguerons dans la personne de chaque magistrat trois volontés essentiellement différentes : premièrement, la volonté propre de l'individu, qui ne tend qu'à son avantage particulier ; secondement, la volonté commune des magistrats, qui se rapporte uniquement au profit du prince; volonté qu'on peut appeler volonté de corps, laquelle est générale par rapport au gouvernement, et particulière par rapport à l'état dont le gouvernement fait partie; en troisième lieu, la volonté du peuple ou la volonté souveraine, laquelle est générale, tant par rapport à l'état considéré comme le tout, que par rapport au gouvernement considéré comme partie du tout. Dans une législation parfaite la volonté particulière et individuelle doit être presque nulle; la volonté de corps propre au gouvernement très-subordonnée ; et par conséquent la volonté générale et souveraine est la règle de toutes les autres. Au contraire, selon l'ordre naturel, ces différentes volontés deviennent plus actives à mesure qu'elles se concentrent; la volonté générale est toujours la plus foible, la volonté de corps a le second rang, et la volonté particulière est préférée à tout; en sorte que chacun est premièrement soi-même, et puis magistrat, et puis citoyen : gradation directement opposée à celle qu'exige l'ordre social.

Cela posé, nous supposerons le gouvernement entre les mains d'un seul homme. Voilà la volonté particulière et la volonté de corps parfaitement réunies, et par conséquent celle-ci au plus haut degré d'intensité qu'elle puisse avoir. Or, comme c'est de ce degré que dépend l'usage de la force, et que la force absolue du gouvernement étant toujours celle du peuple ne varie point, il s'ensuit que le plus actif des gouvernements est celui d'un seul.

Au contraire, unissons le gouvernement à l'autorité suprême, faisons le prince du souverain, et des citoyens autant de magistrats : alors la volonté de corps, parfaitement confondue avec la volonté générale, n'aura pas plus d'activité qu'elle, et laissera la volonté particulière dans toute sa force. Ainsi le gouvernement, toujours avec la même force absolue, sera dans son *minimum* d'activité.

Ces règles sont incontestables, et d'autres considérations servent à les confirmer. On voit, par exemple, que les magistrats sont plus actifs dans leur corps que le citoyen n'est dans le sien, et que par conséquent la volonté particulière y a beaucoup plus d'influence. Car chaque magistrat est presque toujours chargé de quelque fonction particulière du gouvernement; au lieu que chaque citoyen, pris à part, n'a aucune fonction de la souveraineté. D'ailleurs, plus l'état s'étend, plus sa force réelle augmente, quoiqu'elle n'augmente pas en raison de son étendue; mais, l'état restant le même, les magistrats ont beau se multiplier, le gouvernement n'en acquiert pas une plus grande force réelle, parce qu'il est dépositaire de celle de l'état, que nous supposons toujours égale. Ainsi, par cette pluralité, l'activité du gouvernement diminue sans que sa force puisse augmenter.

Après avoir trouvé que le gouvernement se relâche à mesure que les magistrats se multiplient, et que, plus le peuple est nombreux, plus la force réprimante du gouvernement doit augmenter, nous conclurons que le rapport des magistrats au gouvernement doit être inverse de celui des sujets au souverain; c'est-à-dire que plus l'état s'agrandit, plus le gouvernement doit se resserrer, tellement que le nombre des chefs diminue en raison de l'augmentation du peuple.

Pour fixer ensuite cette diversité de formes sous des dénominations plus précises, nous remarquerons en premier lieu que le souverain peut commettre le dépôt du gouvernement à tout le peuple ou à la plus grande partie du peuple, en sorte qu'il y ait plus de citoyens magistrats que de citoyens simples particuliers. On donne le nom de *démocratie* à cette forme de gouvernement.

Ou bien il peut resserrer le gouvernement entre les mains d'un moindre nombre, en sorte qu'il y ait plus de simples citoyens que de magistrats; et cette forme porte le nom d'*aristocratie*.

Enfin il peut concentrer tout le gouvernement entre les mains d'un magistrat unique. Cette troisième forme est la plus commune, et s'appelle *monarchie* ou gouvernement royal.

Nous remarquerons que toutes ces formes, ou du moins les deux premières, sont susceptibles de plus et de moins, et ont même une assez grande latitude. Car la démocratie peut embrasser tout le peuple ou se resserrer jusqu'à la moitié. L'aristocratie, à son tour, peut de la moitié du peuple se resserrer indéterminément jusqu'aux plus petits nombres. La royauté même admet quelquefois un partage, soit entre le père et le fils, soit entre deux frères, soit autrement. Il y avoit toujours deux rois à Sparte, et l'on a vu dans l'empire romain jusqu'à huit empereurs à la fois, sans qu'on pût dire que l'empire fût divisé. Il y a un point où chaque forme de gouvernement se confond avec la suivante; et, sous trois dénominations spécifiques, le gouvernement est réellement susceptible d'autant de formes que l'état a de citoyens.

Il y a plus : chacun de ces gouvernements pouvant à certains égards se subdiviser en diverses parties, l'une administrée d'une manière et l'autre d'une autre, il peut résulter de ces trois formes combinées une multitude de formes mixtes dont chacune est multipliable par toutes les formes simples.

On a de tout temps beaucoup disputé sur la meilleure forme de gouvernement, sans considérer que chacune est la meilleure en certains cas, et la pire en d'autres. Pour nous, si dans les différents états le nombre des magistrats [1] doit être inverse de celui des citoyens, nous conclurons qu'en général le gouvernement démocratique convient aux petits états, l'aristocratique aux médiocres, et le monarchique aux grands.

C'est par le fil de ces recherches que nous parviendrons à savoir quels sont les devoirs et les droits des citoyens, et si l'on peut séparer les uns des autres; ce que c'est que la patrie en quoi pré-

[1] On se souviendra que je n'entends parler ici que de magistrats suprêmes ou chefs de la nation, les autres n'étant que leurs substituts en telle ou telle partie.

cisément elle consiste, et à quoi chacun peut connoître s'il a une patrie ou s'il n'en a point.

Après avoir ainsi considéré chaque espèce de société civile en elle-même, nous les comparerons pour en observer les divers rapports : les unes grandes, les autres petites; les unes fortes, les autres foibles; s'attaquant, s'offensant, s'entre-détruisant; et dans cette action et réaction continuelle, faisant plus de misérables et coûtant la vie à plus d'hommes que s'ils avoient tous gardé leur première liberté. Nous examinerons si l'on n'en a pas fait trop ou trop peu dans l'institution sociale; si les individus soumis aux lois et aux hommes, tandis que les sociétés gardent entre elles l'indépendance de la nature, ne restent pas exposés aux maux des deux états, sans en avoir les avantages, et s'il ne vaudroit pas mieux qu'il n'y eût point de société civile au monde que d'y en avoir plusieurs. N'est-ce pas cet état mixte qui participe à tous les deux et n'assure ni l'un ni l'autre, *per quem neutrum licet, nec tanquàm in bello paratum esse, nec tanquàm in pace securum*[1]? N'est-ce pas cette association partielle et imparfaite qui produit la tyrannie et la guerre? et la tyrannie et la guerre ne sont-elles pas les plus grands fléaux de l'humanité?

Nous examinerons enfin l'espèce de remèdes qu'on a cherchés à ces inconvénients par les ligues

---

[1] SENEC., *de Tranq. anim.*, cap. 1.

et confédérations, qui, laissant chaque état son maître au dedans, l'arment au dehors contre tout agresseur injuste. Nous rechercherons comment on peut établir une bonne association fédérative, ce qui peut la rendre durable; et jusqu'à quel point on peut étendre la souveraineté.

L'abbé de Saint-Pierre avoit proposé une association de tous les états de l'Europe pour maintenir entre eux une paix perpétuelle. Cette association étoit-elle praticable? et, supposant qu'elle eût été établie, étoit-il à présumer qu'elle eût duré [1]? Ces recherches nous mènent directement à toutes les questions de droit public qui peuvent achever d'éclaircir celles du droit politique.

Enfin nous poserons les vrais principes du droit de la guerre, et nous examinerons pourquoi Grotius et les autres n'en ont donné que de faux.

Je ne serois pas étonné qu'au milieu de tous nos raisonnements, mon jeune homme, qui a du bon sens, me dît en m'interrompant : On diroit que nous bâtissons notre édifice avec du bois, et non pas avec des hommes, tant nous alignons exactement chaque pièce à la règle! il est vrai, mon ami; mais songez que le droit ne se plie point aux passions des hommes, et qu'il s'agissoit entre nous

[1] Depuis que j'écrivois ceci, les raisons *pour* ont été exposées dans l'extrait de ce projet; les raisons *contre*, du moins celles qui m'ont paru solides, se trouveront dans le recueil de mes écrits, à la suite de ce même extrait.

d'établir d'abord les vrais principes du droit politique. A présent que nos fondements sont posés, venez examiner ce que les hommes ont bâti dessus, et vous verrez de belles choses!

Alors je lui fais lire Télémaque et poursuivre sa route; nous cherchons l'heureuse Salente et le bon Idoménée rendu sage à force de malheurs. Chemin faisant, nous trouvons beaucoup de Protésilas, et point de Philoclès. Adraste, roi des Dauniens, n'est point non plus introuvable [1]. Mais laissons les lecteurs imaginer nos voyages, ou les faire à notre place un Télémaque à la main; et ne leur suggérons point des applications affligeantes que l'auteur même écarte ou fait malgré lui.

Au reste, Émile n'étant pas roi, ni moi Dieu, nous ne nous tourmentons point de ne pouvoir imiter Télémaque et Mentor dans le bien qu'ils faisoient aux hommes : personne ne sait mieux que nous se tenir à sa place, et ne désire moins d'en sortir. Nous savons que la même tâche est donnée à tous; que quiconque aime le bien de tout son cœur, et le fait de tout son pouvoir, l'a

---

[1] Dans l'intention de brouiller Jean-Jacques avec milord Maréchal et de lui ôter la protection de Frédéric, on avertit le premier que le second étoit désigné dans Émile sous le nom d'Adraste. Rousseau, loin de nier l'allusion, en convint. « Jugeant, dit-il, « qu'une vile et facile vengeance ne balanceroit pas, dans Frédéric, « un moment l'amour de la gloire, j'allai m'établir dans ses états « avec une confiance dont je le crus digne de sentir le prix. » *V. Confessions*, l. XII.

remplie. Nous savons que Télémaque et Mentor sont des chimères. Émile ne travaille pas en homme oisif, et fait plus de bien que s'il étoit prince. Si nous étions rois, nous ne serions plus bienfaisants. Si nous étions rois et bienfaisants, nous ferions sans le savoir mille maux réels pour un bien apparent que nous croirions faire. Si nous étions rois et sages, le premier bien que nous voudrions faire à nous-mêmes et aux autres seroit d'abdiquer la royauté et de redevenir ce que nous sommes.

J'ai dit ce qui rend les voyages infructueux à tout le monde. Ce qui les rend encore plus infructueux à la jeunesse, c'est la manière dont on les lui fait faire. Les gouverneurs, plus curieux de leur amusement que de son instruction, là mènent de ville en ville, de palais en palais, de cercle en cercle; ou, s'ils sont savants et gens de lettres, ils lui font passer son temps à courir des bibliothèques, à visiter des antiquaires, à fouiller de vieux monuments, à transcrire de vieilles inscriptions. Dans chaque pays ils s'occupent d'un autre siècle; c'est comme s'ils s'occupoient d'un autre pays; en sorte qu'après avoir à grands frais parcouru l'Europe, livrés aux frivolités ou à l'ennui, ils reviennent sans avoir rien vu de ce qui peut les intéresser, ni rien appris de ce qui peut leur être utile.

Toutes les capitales se ressemblent, tous les peuples s'y mêlent, toutes les mœurs s'y confondent; ce n'est pas là qu'il faut aller étudier les nations. Paris et Londres ne sont à mes yeux que la même ville. Leurs habitants ont quelques préjugés différents, mais ils n'en ont pas moins les uns que les autres, et toutes leurs maximes pratiques sont les mêmes. On sait quelles espèces d'hommes doivent se rassembler dans les cours. On sait quelles mœurs l'entassement du peuple et l'inégalité des fortunes doit partout produire. Sitôt qu'on me parle d'une ville composée de deux cent mille ames, je sais d'avance comment on y vit. Ce que je saurois de plus sur les lieux ne vaut pas la peine d'aller l'apprendre.

C'est dans les provinces reculées, où il y a moins de mouvement, de commerce, où les étrangers voyagent moins, dont les habitants se déplacent moins, changent moins de fortune et d'état, qu'il faut aller étudier le génie et les mœurs d'une nation. Voyez en passant la capitale, mais allez observer au loin le pays. Les Français ne sont pas à Paris, ils sont en Touraine ; les Anglais sont plus anglais en Murcie qu'à Londres, et les Espagnols plus espagnols en Galice qu'à Madrid. C'est à ces grandes distances qu'un peuple se caractérise et se montre tel qu'il est sans mélange ; c'est là que les bons et les mauvais effets du gouvernement se font mieux sentir, comme au bout d'un plus grand rayon la mesure des arcs est plus exacte.

Les rapports nécessaires des mœurs au gouvernement ont été si bien exposés dans le livre de *l'Esprit des Lois*, qu'on ne peut mieux faire que de recourir à cet ouvrage pour étudier ces rapports. Mais, en général, il y a deux règles faciles et simples pour juger de la bonté relative des gouvernements. L'une est la population. Dans tout pays qui se dépeuple l'état tend à sa ruine ; et le pays qui peuple le plus, fût-il le plus pauvre, est infailliblement le mieux gouverné [1].

Mais il faut pour cela que cette population soit un effet naturel du gouvernement et des mœurs ; car si elle se faisoit par des colonies ou par d'autres voies accidentelles et passagères, alors elles prouveroient le mal par le remède. Quand Auguste porta des lois contre le célibat, ces lois montroient déjà le déclin de l'empire romain. Il faut que la bonté du gouvernement porte les citoyens à se marier, et non pas que la loi les y contraigne : il ne faut pas examiner ce qui se fait par force, car la loi qui combat la constitution s'élude et devient vaine, mais ce qui se fait par l'influence des mœurs et par la pente naturelle du gouvernement, car ces moyens ont seuls un effet constant. C'étoit la politique du bon abbé de Saint-Pierre de chercher toujours un petit remède à chaque mal particulier, au lieu de remonter à leur source commune,

---

[1] Je ne sache qu'une seule exception à cette règle, c'est la Chine *.

* Cette note, prise dans le manuscrit autographe, a été imprimée pour la première fois dans l'édition de 1801.

et de voir qu'on ne les pouvoit guérir que tous à la fois. Il ne s'agit pas de traiter séparément chaque ulcère qui vient sur le corps d'un malade, mais d'épurer la masse du sang qui les produit tous. On dit qu'il y a des prix en Angleterre pour l'agriculture ; je n'en veux pas davantage : cela seul me prouve qu'elle n'y brillera pas long-temps.

La seconde marque de la bonté relative du gouvernement et des lois se tire aussi de la population, mais d'une autre manière, c'est-à-dire de sa distribution, et non pas de sa quantité. Deux états égaux en grandeur et en nombre d'hommes peuvent être fort inégaux en force ; et le plus puissant des deux est toujours celui dont les habitants sont le plus également répandus sur le territoire : celui qui n'a pas de si grandes villes, et qui par conséquent brille le moins, battra toujours l'autre. Ce sont les grandes villes qui épuisent un état et font sa foiblesse : la richesse qu'elles produisent est une richesse apparente et illusoire ; c'est beaucoup d'argent et peu d'effet. On dit que la ville de Paris vaut une province au roi de France ; moi je crois qu'elle lui en coûte plusieurs ; que c'est à plus d'un égard que Paris est nourri par les provinces, et que la plupart de leurs revenus se versent dans cette ville et y restent, sans jamais retourner au peuple ni au roi. Il est inconcevable que, dans ce siècle de calculateurs, il n'y en ait pas un qui sache voir que la France seroit beaucoup plus puissante si Paris étoit anéanti. Non seulement le peuple mal distribué n'est pas avantageux à l'état, mais il est plus ruineux que la dépopulation même, en ce que la dépopulation ne donne qu'un produit nul, et que la consommation mal entendue donne un produit négatif. Quand j'entends un François et un Anglois, tout fiers de la grandeur de leurs capitales, disputer entre eux lequel de Paris ou de Londres contient le plus d'habitants, c'est pour moi comme s'ils disputoient ensemble lequel des deux peuples a l'honneur d'être le plus mal gouverné.

Étudiez un peuple hors de ses villes, ce n'est qu'ainsi que vous le connoîtrez. Ce n'est rien de voir la forme apparente d'un gouvernement, fardée par l'appareil de l'administration et par le jargon des administrateurs, si l'on n'en étudie aussi la nature par les effets qu'il produit sur le peuple, et dans tous les degrés de l'administration. La différence de la forme au fond se trouvant partagée entre tous ces degrés, ce n'est qu'en les embrassant tous qu'on connoît cette différence. Dans tel pays c'est par les manœuvres des subdélégués qu'on commence à sentir l'esprit du ministère ; dans tel autre il faut voir élire les membres du parlement pour juger s'il est vrai que la nation soit libre : dans quelque pays que ce soit il est impossible que qui n'a vu que les villes connoisse le gouvernement, attendu que l'esprit n'en est jamais le même pour la ville et pour la campagne. Or, c'est la campagne qui fait le pays, et c'est le peuple de la campagne qui fait la nation.

Cette étude des divers peuples dans leurs provinces reculées, et dans la simplicité de leur génie originel, donne une observation générale bien favorable à mon épigraphe, et bien consolante pour le cœur humain; c'est que toutes les nations, ainsi observées, paroissent en valoir beaucoup mieux; plus elles se rapprochent de la nature, plus la bonté domine dans leur caractère : ce n'est qu'en se renfermant dans les villes, ce n'est qu'en s'altérant à force de culture, qu'elles se dépravent, et qu'elles changent en vices agréables et pernicieux quelques défauts plus grossiers que malfaisants.

De cette observation résulte un nouvel avantage dans la manière de voyager que je propose, en ce que les jeunes gens, séjournant peu dans les grandes villes où règne une horrible corruption, sont moins exposés à la contracter, et conservent parmi des hommes plus simples, et dans des sociétés moins nombreuses, un jugement plus sûr, un goût plus sain, des mœurs plus honnêtes. Mais, au reste, cette contagion n'est guère à craindre pour mon Émile; il a tout ce qu'il faut pour s'en garantir. Parmi toutes les précautions que j'ai prises pour cela, je compte pour beaucoup l'attachement qu'il a dans le cœur.

On ne sait plus ce que peut le véritable amour sur les inclinations des jeunes gens, parce que, ne le connoissant pas mieux qu'eux, ceux qui les gouvernent les en détournent. Il faut pourtant qu'un jeune homme aime ou qu'il soit débauché. Il est aisé d'en imposer par les apparences. On me citera mille jeunes gens qui, dit-on, vivent fort chastement sans amour; mais qu'on me cite un homme fait, un véritable homme qui dise avoir ainsi passé sa jeunesse, et qui soit de bonne foi. Dans toutes les vertus, dans tous les devoirs, on ne cherche que l'apparence; moi, je cherche la réalité, et je suis trompé s'il y a, pour y parvenir, d'autres moyens que ceux que je donne.

L'idée de rendre Émile amoureux avant de le faire voyager n'est pas de mon invention. Voici le trait qui me l'a suggérée.

J'étois à Venise en visite chez le gouverneur d'un jeune Anglois. C'étoit en hiver, nous étions autour du feu. Le gouverneur reçoit ses lettres de la poste. Il les lit, et puis en relit une tout haut à son élève. Elle étoit en anglois : je n'y compris rien; mais, durant la lecture, je vis le jeune homme déchirer de très-belles manchettes de point qu'il portoit, et les jeter au feu l'une après l'autre, le plus doucement qu'il put, afin qu'on ne s'en aperçût pas. Surpris de ce caprice, je le regarde au visage, et crois y voir de l'émotion; mais les signes extérieurs des passions, quoique assez semblables chez tous les hommes, ont des différences nationales sur lesquelles il est facile de se tromper. Les peuples ont divers langages sur le visage, aussi bien que dans la bouche. J'attends la fin de la lecture, et puis montrant au gouverneur les poignets nus de son élève, qu'il cachoit pourtant de son mieux, je lui dis : Peut-on savoir ce que cela signifie?

Le gouverneur, voyant ce qui s'étoit passé, se mit à rire, embrassa son élève d'un air de satisfaction; et, après avoir obtenu son consentement, il me donna l'explication que je souhaitois.

Les manchettes, me dit-il que M. John vient de déchirer sont un présent qu'une dame de cette ville lui a fait il n'y a pas long-temps. Or, vous saurez que M. John est promis dans son pays à une jeune demoiselle pour laquelle il a beaucoup d'amour, et qui en mérite encore davantage. Cette lettre est de la mère de sa maîtresse, et je vais vous en traduire l'endroit qui a causé le dégât dont vous avez été le témoin.

« Lucy ne quitte point les manchettes de lord
« John. Miss Betty Roldham vint hier passer
« l'après-midi avec elle, et voulut à toute force
« travailler à son ouvrage. Sachant que Lucy s'é-
« toit levée aujourd'hui plus tôt qu'à l'ordinaire,
« j'ai voulu voir ce qu'elle faisoit, et je l'ai trouvée
« occupée à défaire tout ce qu'avoit fait hier miss
« Betty. Elle ne veut pas qu'il y ait dans son pré-

« sent un seul point d'une autre main que la
« sienne. »

M. John sortit un moment après pour prendre d'autres manchettes, et je dis à son gouverneur : Vous avez un élève d'un excellent naturel ; mais parlez-moi vrai, la lettre de la mère de miss Lucy n'est-elle point arrangée ? N'est-ce point un expédient de votre façon contre la dame aux manchettes ? Non, me dit-il, la chose est réelle ; je n'ai pas mis tant d'art à mes soins ; j'y ai mis de la simplicité, du zèle, et Dieu a béni mon travail.

Le trait de ce jeune homme n'est point sorti de ma mémoire ; il n'étoit pas propre à ne rien produire dans la tête d'un rêveur comme moi.

Il est temps de finir. Ramenons lord John à miss Lucy, c'est-à-dire Émile à Sophie. Il lui rapporte avec un cœur non moins tendre qu'avant son départ un esprit plus éclairé, et il rapporte dans son pays l'avantage d'avoir connu les gouvernements par tous leurs vices, et les peuples par toutes leurs vertus. J'ai même pris soin qu'il se liât dans chaque nation avec quelque homme de mérite par un traité d'hospitalité à la manière des anciens, et je ne serai pas fâché qu'il cultive ces connoissances par un commerce de lettres. Outre qu'il peut être utile et qu'il est toujours agréable d'avoir des correspondances dans les pays éloignés, c'est une excellente précaution contre l'empire des préjugés nationaux, qui, nous attaquant toute la vie, ont tôt ou tard quelque prise sur nous. Rien n'est plus propre à leur ôter cette prise que le commerce désintéressé de gens sensés qu'on estime, lesquels, n'ayant point ces préjugés et les combattant par les leurs, nous donnent les moyens d'opposer sans cesse les uns aux autres, et de nous garantir ainsi de tous. Ce n'est point la même chose de commercer avec les étrangers chez nous ou chez eux. Dans le premier cas, ils ont toujours pour le pays où ils vivent un ménagement qui leur fait déguiser ce qu'ils en pensent, ou qui leur en fait penser favorablement tandis qu'ils y sont : de retour chez eux ils en rabattent, et ne sont que justes. Je serois bien aise que l'étranger que je consulte eût vu mon pays, mais je ne lui en demanderai son avis que dans le sien.

Après avoir presque employé deux ans à parcourir quelques uns des grands états de l'Europe et beaucoup plus des petits; après en avoir appris les deux ou trois principales langues; après y avoir vu ce qu'il y a de vraiment curieux, soit en histoire naturelle, soit en gouvernement, soit en arts, soit en hommes, Émile, dévoré d'impatience, m'avertit que notre terme approche. Alors je lui dis : Hé bien ! mon ami, vous vous souvenez du principal objet de nos voyages; vous avez vu, vous avez observé : quel est enfin le résultat de vos observations ? à quoi vous fixez-vous ? Où je me suis trompé dans ma méthode, ou il doit me répondre à peu près ainsi :

« A quoi je me fixe ? à rester tel que vous m'avez
« fait être, et à n'ajouter volontairement aucune
« autre chaîne à celle dont me chargent la nature
« et les lois. Plus j'examine l'ouvrage des hommes
« dans leurs institutions, plus je vois qu'à force de
« vouloir être indépendants ils se font esclaves, et
« qu'ils usent leur liberté même en vains efforts
« pour l'assurer. Pour ne pas céder au torrent des
« choses, ils se font mille attachements; puis,
« sitôt qu'ils veulent faire un pas, ils ne peuvent,
« et sont étonnés de tenir à tout. Il me semble que
« pour se rendre libre on n'a rien à faire; il suffit
« de ne pas vouloir cesser de l'être. C'est vous, ô
« mon maître ! qui m'avez fait libre en m'appre-
« nant à céder à la nécessité. Qu'elle vienne quand
« il lui plaît, je m'y laisse entraîner sans con-
« trainte; et comme je ne veux pas la combattre,
« je ne m'attache à rien pour me retenir. J'ai cher-
« ché dans nos voyages si je trouverois quelque
« coin de terre où je pusse être absolument mien :
« mais en quel lieu parmi les hommes ne dépend-on
« plus de leurs passions ? Tout bien examiné, j'ai
« trouvé que mon souhait même étoit contradic-
« toire; car, dussé-je ne tenir à nulle autre chose,
« je tiendrois au moins à la terre où je me serois
« fixé; ma vie seroit attachée à cette terre comme
« celle des dryades l'étoit à leurs arbres; j'ai trouvé

« qu'empire et liberté étant deux mots incompa-
« tibles, je ne pouvois être maître d'une chau-
« mière qu'en cessant de l'être de moi. »

Hoc erat in votis, modus agris non ita magnus.
Horat., lib. II, sat. vi, v. 1.

« Je me souviens que mes biens furent la cause
« de nos recherches. Vous prouviez très-solide-
« ment que je ne pouvois garder à la fois ma ri-
« chesse et ma liberté : mais quand vous vouliez
« que je fusse à la fois libre et sans besoins, vous
« vouliez deux choses incompatibles ; car je ne
« saurois me tirer de la dépendance des hommes
« qu'en rentrant sous celle de la nature. Que fe-
« rai-je donc avec la fortune que mes parents m'ont
« laissée ? Je commencerai par n'en point dépen-
« dre ; je relâcherai tous les liens qui m'y atta-
« chent : si on me la laisse, elle me restera ; si on
« me l'ôte, on ne m'entraînera point avec elle. Je
« ne me tourmenterai point pour la retenir, mais
« je resterai ferme à ma place. Riche ou pauvre, je
« serai libre. Je ne le serai point seulement en tel
« pays, en telle contrée ; je le serai par toute la
« terre. Pour moi toutes les chaînes de l'opinion
« sont brisées, je ne connois que celles de la né-
« cessité. J'appris à les porter dès ma naissance, et
« je les porterai jusqu'à la mort, car je suis homme ;
« et pourquoi ne saurois-je pas les porter étant
« libre, puisque étant esclave il les faudroit bien

« porter encore, et celle de l'esclavage pour sur-
« croît ?

« Que m'importe ma condition sur la terre? que
« m'importe où que je sois? Partout où il y a des
« hommes, je suis chez mes frères; partout où il
« n'y en a pas, je suis chez moi. Tant que je pour-
« rai rester indépendant et riche, j'ai du bien pour
« vivre, et je vivrai. Quand mon bien m'assujet-
« tira, je l'abandonnerai sans peine; j'ai des bras
« pour travailler, et je vivrai. Quand mes bras me
« manqueront, je vivrai si l'on me nourrit, je
« mourrai si l'on m'abandonne : je mourrai bien
« aussi quoiqu'on ne m'abandonne pas; car la
« mort n'est pas une peine de la pauvreté, mais
« une loi de la nature. Dans quelque temps que
« la mort vienne, je la défie, elle ne me surprendra
« jamais faisant des préparatifs pour vivre; elle ne
« m'empêchera jmais d'avoir vécu.

« Voilà, mon père, à quoi je me fixe. Si j'étois
« sans passions, je serois, dans mon état d'homme,
« indépendant comme Dieu même, puisque, ne
« voulant que ce qui est, je n'aurois jamais à lutter
« contre la destinée. Au moins, je n'ai qu'une
« chaîne, c'est la seule que je porterai jamais, et
« je puis m'en glorifier. Venez donc, donnez-moi
« Sophie, et je suis libre. »

« Cher Émile, je suis bien aise d'entendre sortir
« de ta bouche des discours d'homme, et d'en voir
« les sentiments dans ton cœur. Ce désintéresse-

« ment outré ne me déplaît pas à ton âge. Il dimi-
« nuera quand tu auras des enfants, et tu seras
« alors précisément ce que doit être un bon père
« de famille et un homme sage. Avant tes voyages
« je savois quel en seroit l'effet; je savois qu'en re-
« gardant de près nos institutions tu serois bien
« éloigné d'y prendre la confiance qu'elles ne mé-
« ritent pas. C'est en vain qu'on aspire à la liberté
« sous la sauvegarde des lois. Des lois! où est-ce
« qu'il y en a? et où est-ce qu'elles sont respectées?
« Partout tu n'as vu régner sous ce nom que l'in-
« térêt particulier et les passions des hommes.
« Mais les lois éternelles de la nature et de l'ordre
« existent. Elles tiennent lieu de loi positive au
« sage; elles sont écrites au fond de son cœur par
« la conscience et par la raison; c'est à celles-là
« qu'il doit s'asservir pour être libre; et il n'y a
« d'esclave que celui qui fait mal, car il le fait
« toujours malgré lui. La liberté n'est dans aucune
« forme de gouvernement, elle est dans le cœur
« de l'homme libre, il la porte partout avec lui.
« L'homme vil porte partout la servitude. L'un
« seroit esclave à Genève, et l'autre libre à Paris.

« Si je te parlois des devoirs du citoyen, tu me
« demanderois peut-être où est la patrie, et tu croi-
« rois m'avoir confondu. Tu te tromperois pour-
« tant, cher Émile; car qui n'a pas une patrie a
« du moins un pays? Il y a toujours un gouver-
« nement et des simulacres de lois sous lesquels

« il a vécu tranquille. Que le contrat social n'ait
« point été observé, qu'importe si l'intérêt parti-
« culier l'a protégé comme auroit fait la volonté
« générale, si la violence publique l'a garanti des
« violences particulières, si le mal qu'il a vu faire
« lui a fait aimer ce qui étoit bien, et si nos institu-
« tions mêmes lui ont fait connoître et haïr leurs
« propres iniquités. O Émile ! où est l'homme de
« bien qui ne doit rien à son pays ? Quel qu'il soit,
« il lui doit ce qu'il y a de plus précieux pour
« l'homme, la moralité de ses actions et l'amour
« de la vertu. Né dans le fond d'un bois, il eût
« vécu plus heureux et plus libre ; mais n'ayant
« rien à combattre pour suivre ses penchants, il
« eût été bon sans mérite, il n'eût point été ver-
« tueux, et maintenant il sait l'être malgré ses
« passions. La seule apparence de l'ordre le porte
« à le connoître, à l'aimer. Le bien public, qui ne
« sert que de prétexte aux autres, est pour lui seul
« un motif réel. Il apprend à se combattre, à se
« vaincre, à sacrifier son intérêt à l'intérêt com-
« mun. Il n'est pas vrai qu'il ne tire aucun profit
« des lois ; elles lui donnent le courage d'être juste,
« même parmi les méchants. Il n'est pas vrai
« qu'elles ne l'ont pas rendu libre, elles lui ont
« appris à régner sur lui.

« Ne dis donc pas : Que m'importe où que je
« sois ? Il t'importe d'être où tu peux remplir tous
« tes devoirs ; et l'un de ces devoirs est l'attache-

« ment pour le lieu de ta naissance. Tes compa-
« triotes te protégèrent enfant, tu dois les aimer
« étant homme. Tu dois vivre au milieu d'eux, ou
« du moins en lieu d'où tu puisses leur être utile
« autant que tu peux l'être, et où ils sachent où
« te prendre si jamais ils ont besoin de toi. Il y a
« telle circonstance où un homme peut être plus
« utile à ses concitoyens hors de sa patrie que s'il
« vivoit dans son sein. Alors il doit n'écouter que
« son zèle et supporter son exil sans murmure; cet
« exil même est un de ses devoirs. Mais toi, bon
« Émile, à qui rien n'impose ces douloureux sa-
« crifices, toi qui n'as pas pris le triste emploi de
« dire la vérité aux hommes, va vivre au milieu
« d'eux, cultive leur amitié dans un doux com-
« merce, sois leur bienfaiteur, leur modèle : ton
« exemple leur servira plus que tous nos livres, et
« le bien qu'ils te verront faire les touchera plus
« que tous nos vains discours.

« Je ne t'exhorte pas pour cela d'aller vivre
« dans les grandes villes ; au contraire, un des
« exemples que les bons doivent donner aux au-
« tres est celui de la vie patriarcale et champêtre,
« la première vie de l'homme, la plus paisible, la
« plus naturelle et la plus douce à qui n'a pas le
« cœur corrompu. Heureux, mon jeune ami, le
« pays où l'on n'a pas besoin d'aller chercher la
« paix dans un désert! Mais où est ce pays? Un
« homme bienfaisant satisfait mal son penchant au

« milieu des villes, où il ne trouve presque à exer-
« cer son zèle que pour des intrigants ou pour des
« fripons. L'accueil qu'on y fait aux fainéants qui
« viennent y chercher fortune ne fait qu'achever
« de dévaster le pays, qu'au contraire il faudroit
« repeupler aux dépens des villes. Tous les hommes
« qui se retirent de la grande société sont utiles
« précisément parce qu'ils s'en retirent, puisque
« tous ses vices lui viennent d'être trop nombreuse.
« Ils sont encore utiles lorsqu'ils peuvent ramener
« dans les lieux déserts la vie, la culture et l'amour
« de leur premier état. Je m'attendris en songeant
« combien, de leur simple retraite, Émile et Sophie
« peuvent répandre de bienfaits autour d'eux, com-
« bien ils peuvent vivifier la campagne et ranimer
« le zèle éteint de l'infortuné villageois. Je crois
« voir le peuple se multiplier, les champs se fer-
« tiliser, la terre prendre une nouvelle parure, la
« multitude et l'abondance transformer les travaux
« en fêtes, les cris de joie et les bénédictions s'éle-
« ver du milieu des jeux rustiques autour du cou-
« ple aimable qui les a ranimés. On traite l'âge
« d'or de chimère, et c'en sera toujours une pour
« quiconque a le cœur et le goût gâtés. Il n'est pas
« même vrai qu'on le regrette, puisque ces regrets
« sont toujours vains. Que faudroit-il donc pour
« le faire renaître? une seule chose, mais impos-
« sible, ce seroit de l'aimer.

« Il semble déjà renaître autour de l'habitation

« de Sophie ; vous ne ferez qu'achever ensemble ce
« que ses dignes parents ont commencé. Mais,
« cher Émile, qu'une vie si douce ne te dégoûte
« pas des devoirs pénibles, si jamais ils te sont im-
« posés : souviens-toi que les Romains passoient de
« la charrue au consulat. Si le prince ou l'état
« t'appelle au service de la patrie, quitte tout pour
« aller remplir, dans le poste qu'on t'assigne, l'ho-
« norable fonction de citoyen. Si cette fonction
« t'est onéreuse, il est un moyen honnête et sûr
« de t'en affranchir, c'est de la remplir avec assez
« d'intégrité pour qu'elle ne te soit pas long-temps
« laissée. Au reste, crains peu l'embarras d'une
« pareille charge ; tant qu'il y aura des hommes de
« ce siècle, ce n'est pas toi qu'on viendra chercher
« pour servir l'état. »

Que ne m'est-il permis de peindre le retour
d'Émile auprès de Sophie, et la fin de leurs amours,
ou plutôt le commencement de l'amour conjugal
qui les unit ! amour fondé sur l'estime qui dure
autant que la vie, sur les vertus qui ne s'effacent
point avec la beauté, sur les convenances des
caractères qui rendent le commerce aimable, et
prolongent dans la vieillesse le charme de la première union. Mais tous ces détails pourroient plaire
sans être utiles ; et jusqu'ici je ne me suis permis de
détails agréables que ceux dont j'ai cru voir l'utilité.
Quitterois-je cette règle à la fin de ma tâche ? Non ;
je sens aussi bien que ma plume est lassée. Trop

foible pour des travaux de si longue haleine, j'abandonnerois celui-ci s'il étoit moins avancé : pour ne pas le laisser imparfait, il est temps que j'achève.

Enfin je vois naître le plus charmant des jours d'Émile, et le plus heureux des miens ; je vois couronner mes soins, et je commence d'en goûter le fruit. Le digne couple s'unit d'une chaîne indissoluble, leur bouche prononce et leur cœur confirme des serments qui ne seront point vains ; ils sont époux. En revenant du temple ils se laissent conduire ; ils ne savent où ils sont, où ils vont, ce qu'on fait autour d'eux. Ils n'entendent point, ils ne répondent que des mots confus, leurs yeux troublés ne voient plus rien. O délire ! ô foiblesse humaine ! le sentiment du bonheur écrase l'homme, il n'est pas assez fort pour le supporter.

Il y a bien peu de gens qui sachent, un jour de mariage, prendre un ton convenable avec les nouveaux époux. La morne décence des uns et le propos léger des autres me semblent également déplacés. J'aimerois mieux qu'on laissât ces jeunes cœurs se replier sur eux-mêmes, et se livrer à une agitation qui n'est pas sans charme, que de les en distraire si cruellement pour les attrister par une fausse bienséance, ou pour les embarrasser par de mauvaises plaisanteries, qui, dussent-elles leur plaire en tout autre temps, leur sont très-sûrement importunes un pareil jour.

Je vois mes deux jeunes gens, dans la douce

langueur qui les trouble, n'écouter aucun des discours qu'on leur tient. Moi, qui veux qu'on jouisse de tous les jours de la vie, leur en laisserai-je perdre un si précieux? Non, je veux qu'ils le goûtent, qu'ils le savourent, qu'il ait pour eux ses voluptés. Je les arrache à la foule indiscrète qui les accable, et, les menant promener à l'écart, je les rappelle à eux-mêmes en leur parlant d'eux. Ce n'est pas seulement à leurs oreilles que je veux parler, c'est à leurs cœurs; et je n'ignore pas quel est le sujet unique dont ils peuvent s'occuper ce jour-là.

Mes enfants, leur dis-je en les prenant tous deux par la main, il y a trois ans que j'ai vu naître cette flamme vive et pure qui fait votre bonheur aujourd'hui. Elle n'a fait qu'augmenter sans cesse; je vois dans vos yeux qu'elle est à son dernier degré de véhémence: elle ne peut plus que s'affoiblir. Lecteurs, ne voyez-vous pas les transports, les emportements, les serments d'Émile, l'air dédaigneux dont Sophie dégage sa main de la mienne, et les tendres protestations que leurs yeux se font mutuellement de s'adorer jusqu'au dernier soupir? Je les laisse faire, et puis je reprends.

J'ai souvent pensé que si l'on pouvoit prolonger le bonheur de l'amour dans le mariage, on auroit le paradis sur la terre. Cela ne s'est jamais vu jusqu'ici. Mais si la chose n'est pas tout-à-fait impossible, vous êtes bien dignes l'un et l'autre de donner un exemple que vous n'aurez reçu de personne, et que peu d'époux sauront imiter. Voulez-vous, mes enfants, que je vous dise un moyen que j'imagine pour cela, et que je crois être le seul possible?

Ils se regardent en souriant et se moquant de ma simplicité. Émile me remercie nettement de ma recette, en disant qu'il croit que Sophie en a une meilleure, et que quant à lui celle-là lui suffit. Sophie approuve, et paroît tout aussi confiante. Cependant à travers son air de raillerie je crois démêler un peu de curiosité. J'examine Émile; ses yeux ardents dévorent les charmes de son épouse; c'est la seule chose dont il soit curieux, et tous mes propos ne l'embarrassent guère. Je souris à mon tour en disant en moi-même, Je saurai bientôt te rendre attentif.

La différence presque imperceptible de ces mouvements secrets en marque une bien caractéristique dans les deux sexes, et bien contraire aux préjugés reçus; c'est que généralement les hommes sont moins constants que les femmes, et se rebutent plus tôt qu'elles de l'amour heureux. La femme pressent de loin l'inconstance de l'homme, et s'en inquiète[1]; c'est ce qui la rend aussi plus

---

[1] En France les femmes se détachent les premières; et cela doit être, parce qu'ayant peu de tempérament, et ne voulant que des hommages, quand un mari n'en rend plus, on se soucie peu de sa personne. Dans les autres pays, au contraire, c'est le mari qui se détache le premier; cela doit être encore, parce que les fem-

jalouse. Quand il commence à s'attiédir, forcée à lui rendre pour le garder tous les soins qu'il prit autrefois pour lui plaire, elle pleure, elle s'humilie à son tour, et rarement avec le même succès. L'attachement et les soins gagnent les cœurs, mais ils ne les recouvrent guère. Je reviens à ma recette contre le refroidissement de l'amour dans le mariage.

Elle est simple et facile, reprends-je ; c'est de continuer d'être amants quand on est époux. En effet, dit Émile en riant du secret, elle ne nous sera pas pénible.

Plus pénible à vous qui parlez que vous ne pensez peut-être. Laissez-moi, je vous prie, le temps de m'expliquer.

Les nœuds qu'on veut trop serrer rompent. Voilà ce qui arrive à celui du mariage quand on veut lui donner plus de force qu'il n'en doit avoir. La fidélité qu'il impose aux deux époux est le plus saint de tous les droits; mais le pouvoir qu'il donne à chacun des deux sur l'autre est de trop. La contrainte et l'amour vont mal ensemble, et le plaisir ne se commande pas. Ne rougissez point, ô Sophie ! et ne songez pas à fuir. A Dieu ne plaise que je veuille offenser votre modestie ! mais il s'agit du

---

mes, fidèles, mais indiscrètes, en les importunant de leurs désirs, les dégoûtent d'elles. Ces vérités générales peuvent souffrir beaucoup d'exceptions; *mais* je crois maintenant que ce sont des vérités générales.

destin de vos jours. Pour un si grand objet souffrez, entre un époux et un père, des discours que vous ne supporteriez pas ailleurs.

Ce n'est pas tant la possession que l'assujettissement qui rassasie, et l'on garde pour une fille entretenue un bien plus long attachement que pour une femme. Comment a-t-on pu faire un devoir des plus tendres caresses, et un droit des plus doux témoignages de l'amour? C'est le désir mutuel qui fait le droit, la nature n'en connoît point d'autre. La loi peut restreindre ce droit, mais elle ne sauroit l'étendre. La volupté est si douce par elle-même! doit-elle recevoir de la triste gêne la force qu'elle n'aura pu tirer de ses propres attraits? Non, mes enfants, dans le mariage les cœurs sont liés, mais les corps ne sont point asservis. Vous vous devez la fidélité, non la complaisance. Chacun des deux ne peut être qu'à l'autre, mais nul des deux ne doit être à l'autre qu'autant qu'il lui plaît.

S'il est donc vrai, cher Émile, que vous vouliez être l'amant de votre femme, qu'elle soit toujours votre maîtresse et la sienne; soyez amant heureux, mais respectueux; obtenez tout de l'amour sans rien exiger du devoir, et que les moindres faveurs ne soient jamais pour vous des droits, mais des grâces. Je sais que la pudeur fuit les aveux formels et demande d'être vaincue; mais, avec de la délicatesse et du véritable amour, l'amant se trompe-t-il sur la volonté secrète? Ignore-t-il quand le cœur et les yeux accordent ce que la bouche feint de refuser? Que chacun des deux, toujours maître de sa personne et de ses caresses, ait droit de ne les dispenser à l'autre qu'à sa propre volonté. Souvenez-vous toujours que, même dans le mariage, le plaisir n'est légitime que quand le désir est partagé. Ne craignez pas, mes enfants, que cette loi vous tienne éloignés; au contraire, elle vous rendra tous deux plus attentifs à vous plaire, et préviendra la satiété. Bornés uniquement l'un à l'autre, la nature et l'amour vous rapprocheront assez.

A ces propos et d'autres semblables, Émile se fâche, se récrie; Sophie, honteuse, tient son éventail sur ses yeux, et ne dit rien. Le plus mécontent des deux, peut-être, n'est pas celui qui se plaint le plus. J'insiste impitoyablement : je fais rougir Émile de son peu de délicatesse; je me rends caution pour Sophie qu'elle accepte pour sa part le traité. Je la provoque à parler, on se doute bien qu'elle n'ose me démentir. Émile, inquiet, consulte les yeux de sa jeune épouse; il les voit, à travers leur embarras, pleins d'un trouble voluptueux qui le rassure contre le risque de la confiance. Il se jette à ses pieds, baise avec transport la main qu'elle lui tend, et jure que, hors la fidélité promise, il renonce à tout autre droit sur elle. Sois, lui dit-il, chère épouse, l'arbitre de mes

plaisirs comme tu l'es de mes jours et de ma destinée. Dût ta cruauté me coûter la vie, je te rends mes droits les plus chers. Je ne veux rien devoir à ta complaisance, je veux tout tenir de ton cœur.

Bon Émile, rassure-toi : Sophie est trop généreuse elle-même pour te laisser mourir victime de ta générosité.

Le soir, prêt à les quitter, je leur dis du ton le plus grave qu'il m'est possible : Souvenez-vous tous deux que vous êtes libres, et qu'il n'est pas ici question des devoirs d'époux ; croyez-moi, point de fausse déférence. Émile, veux-tu venir, Sophie le permet. Émile, en fureur, voudra me battre. Et vous, Sophie, qu'en dites-vous? faut-il que je l'emmène? La menteuse, en rougissant, dira qu'oui. Charmant et doux mensonge, qui vaut mieux que la vérité !

Le lendemain... L'image de la félicité ne flatte plus les hommes ; la corruption du vice n'a pas moins dépravé leur goût que leurs cœurs. Ils ne savent plus sentir ce qui est touchant ni voir ce qui est aimable. Vous qui, pour peindre la volupté, n'imaginez jamais que d'heureux amants nageant dans le sein des délices, que vos tableaux sont encore imparfaits ! vous n'en avez que la moitié la plus grossière; les plus doux attraits de la volupté n'y sont point. O qui de vous n'a jamais vu deux jeunes époux, unis sous d'heureux auspices, sortant du lit nuptial, et portant à la fois dans leurs regards languissants et chastes l'ivresse des doux plaisirs qu'ils viennent de goûter, l'aimable sécurité de l'innocence, et la certitude alors si charmante de couler ensemble le reste de leurs jours? Voilà l'objet le plus ravissant qui puisse être offert au cœur de l'homme; voilà le vrai tableau de la volupté : vous l'avez vu cent fois sans le reconnoître; vos cœurs endurcis ne sont plus faits pour l'aimer. Sophie, heureuse et paisible, passe le jour dans les bras de sa tendre mère; c'est un repos bien doux à prendre après avoir passé la nuit dans ceux d'un époux.

Le surlendemain j'aperçois déjà quelque changement de scène. Émile veut paroître un peu mécontent : mais, à travers cette affectation, je remarque un empressement si tendre, et même tant de soumission que je n'en augure rien de bien fâcheux. Pour Sophie, elle est plus gaie que la veille, je vois briller dans ses yeux un air satisfait; elle est charmante avec Émile; elle lui fait presque des agaceries dont il n'est que plus dépité.

Ces changements sont peu sensibles; mais ils ne m'échappent pas : je m'en inquiète, j'interroge Émile en particulier; j'apprends qu'à son grand regret, et malgré toutes ses instances, il a fallu faire lit à part la nuit précédente. L'impérieuse s'est hâtée d'user de son droit. On a un éclaircissement : Émile se plaint amèrement, Sophie plaisante ; mais enfin, le voyant prêt à se fâcher tout de bon, elle lui jette un regard plein de douceur et d'amour, et, me serrant la main, ne prononce que ce seul mot, mais d'un ton qui va chercher l'ame, *L'ingrat!* Émile est si bête qu'il n'entend rien à cela. Moi je l'entends; j'écarte Émile, et je prends à son tour Sophie en particulier.

Je vois, lui dis-je, la raison de ce caprice. On ne sauroit avoir plus de délicatesse ni l'employer plus mal à propos. Chère Sophie, rassurez-vous, c'est un homme que je vous ai donné, ne craignez pas de le prendre pour tel : vous avez eu les prémices de sa jeunesse; il ne l'a prodiguée à personne, il la conservera long-temps pour vous.

« Il faut, ma chère enfant, que je vous explique
« mes vues dans la conversation que nous eûmes
« tous trois avant-hier. Vous n'y avez peut-être
« aperçu qu'un art de ménager vos plaisirs pour
« les rendre durables. O Sophie! elle eut un autre
« objet plus digne de mes soins. En devenant
« votre époux, Émile est devenu votre chef; c'est
« à vous d'obéir, ainsi l'a voulu la nature. Quand
« la femme ressemble à Sophie, il est pourtant
« bon que l'homme soit conduit par elle ; c'est
« encore une loi de la nature; et c'est pour vous
« rendre autant d'autorité sur son cœur que son
« sexe lui en donne sur votre personne, que je
« vous ai faite l'arbitre de ses plaisirs. Il vous en
« coûtera des privations pénibles; mais vous ré-

« gnerez sur lui si vous savez régner sur vous; et
« ce qui s'est déjà passé me montre que cet art
« difficile n'est pas au-dessus de votre courage.
« Vous régnerez long-temps par l'amour, si vous
« rendez vos faveurs rares et précieuses, si vous
« savez les faire valoir. Voulez-vous voir votre
« mari sans cesse à vos pieds, tenez-le toujours à
« quelque distance de votre personne. Mais, dans
« votre sévérité, mettez de la modestie, et non
« du caprice; qu'il vous voie réservée, et non pas
« fantasque : gardez qu'en ménageant son amour
« vous ne le fassiez douter du vôtre. Faites-vous
« chérir par vos faveurs et respecter par vos refus;
« qu'il honore la chasteté de sa femme sans avoir à
« se plaindre de sa froideur.

« C'est ainsi, mon enfant, qu'il vous donnera sa
« confiance, qu'il écoutera vos avis, qu'il vous
« consultera dans ses affaires, et ne résoudra rien
« sans en délibérer avec vous. C'est ainsi que vous
« pouvez le rappeler à la sagesse quand il s'égare,
« le ramener par une douce persuasion, vous ren-
« dre aimable pour vous rendre utile, employer la
« coquetterie aux intérêts de la vertu, et l'amour
« au profit de la raison.

« Ne croyez pas avec tout cela que cet art même
« puisse vous servir toujours. Quelque précaution
« qu'on puisse prendre, la jouissance use les plai-
« sirs, et l'amour avant tous les autres. Mais,
« quand l'amour a duré long-temps, une douce

« habitude en remplit le vide, et l'attrait de la con-
« fiance succède aux transports de la passion. Les
« enfants forment entre ceux qui leur ont donné
« l'être une liaison non moins douce et souvent
« plus forte que l'amour même. Quand vous ces-
« serez d'être la maîtresse d'Émile, vous serez sa
« femme et son amie ; vous serez la mère de ses
« enfants. Alors, au lieu de votre première réserve,
« établissez entre vous la plus grande intimité :
« plus de lit à part, plus de refus, plus de caprice.
« Devenez tellement sa moitié, qu'il ne puisse plus
« se passer de vous, et que, sitôt qu'il vous quitte,
« il se sente loin de lui-même. Vous qui fîtes si
« bien régner les charmes de la vie domestique
« dans la maison paternelle, faites-les régner ainsi
« dans la vôtre. Tout homme qui se plaît dans sa
« maison aime sa femme. Souvenez-vous que si
« votre époux vit heureux chez lui, vous serez une
« femme heureuse.

« Quant à présent, ne soyez pas si sévère à
« votre amant ; il a mérité plus de complaisance ;
« il s'offenseroit de vos alarmes ; ne ménagez plus
« si fort sa santé aux dépens de son bonheur, et
« jouissez du vôtre. Il ne faut point attendre le
« dégoût ni rebuter le désir; il ne faut point re-
« fuser pour refuser, mais pour faire valoir ce
« qu'on accorde. »

Ensuite, les réunissant, je dis devant elle à son
jeune époux : Il faut bien supporter le joug qu'on

s'est imposé. Méritez qu'il vous soit rendu léger. Surtout sacrifiez aux grâces, et n'imaginez pas vous rendre plus aimable en boudant. La paix n'est pas difficile à faire, et chacun se doute aisément des conditions. Le traité se signe par un baiser; après quoi je dis à mon élève: Cher Émile, un homme a besoin toute sa vie de conseil et de guide. J'ai fait de mon mieux pour remplir jusqu'à présent ce devoir envers vous; ici finit ma longue tâche et commence celle d'un autre. J'abdique aujourd'hui l'autorité que vous m'avez confiée, et voici désormais votre gouverneur.

Peu à peu le premier délire se calme, et leur laisse goûter en paix les charmes de leur nouvel état. Heureux amants! dignes époux! pour honorer leur vertu, pour peindre leur félicité, il faudroit faire l'histoire de leur vie. Combien de fois, contemplant en eux mon ouvrage, je me sens saisi d'un ravissement qui fait palpiter mon cœur! Combien de fois je joins leurs mains dans les miennes en bénissant la Providence et poussant d'ardents soupirs! Que de baisers j'applique sur ces deux mains qui se serrent! de combien de larmes de joie ils me les sentent arroser! Ils s'attendrissent à leur tour en partageant mes transports. Leurs respectables parents jouissent encore une fois de leur jeunesse dans celle de leurs enfants; ils recommencent pour ainsi dire de vivre en eux, ou plutôt ils connoissent pour la première fois le

LIVRE V.

prix de la vie : ils maudissent leurs anciennes richesses qui les empêchèrent au même âge de goûter un sort si charmant. S'il y a du bonheur sur la terre, c'est dans l'asile où nous vivons qu'il faut le chercher.

Au bout de quelques mois, Émile entre un matin dans ma chambre, et me dit en m'embrassant : Mon maître, félicitez votre enfant; il espère avoir bientôt l'honneur d'être père. O quels soins vont être imposés à notre zèle, et que nous allons avoir besoin de vous! A Dieu ne plaise que je vous laisse encore élever le fils après avoir élevé le père! A Dieu ne plaise qu'un devoir si saint et si doux soit jamais rempli par un autre que moi, dussé-je aussi bien choisir pour lui qu'on a choisi pour moi-même! Mais restez le maître des jeunes maîtres. Conseillez-nous, gouvernez-nous, nous serons dociles : tant que je vivrai j'aurai besoin de vous. J'en ai plus besoin que jamais, maintenant que mes fonctions d'homme commencent. Vous avez rempli les vôtres; guidez-moi pour vous imiter; et reposez-vous, il en est temps.

FIN D'ÉMILE.

ÉMILE ET SOPHIE

ou

LES SOLITAIRES.

LETTRE I.

J'étois libre, j'étois heureux, ô mon maître! vous m'aviez fait un cœur propre à goûter le bonheur, et vous m'aviez donné Sophie; aux délices de l'amour, aux épanchements de l'amitié, une famille naissante ajoutoit les charmes de la tendresse paternelle; tout m'annonçoit une vie agréable; tout me promettoit une douce vieillesse, et une mort paisible dans les bras de mes enfants. Hélas! qu'est devenu ce temps heureux de jouissance et d'espérance, où l'avenir embellissoit le présent, où mon cœur, ivre de sa joie, s'abreuvoit chaque jour d'un siècle de félicité? Tout s'est évanoui comme un songe; jeune encore, j'ai tout perdu, femme, enfants, amis, tout enfin, jusqu'au commerce de mes semblables. Mon cœur a été déchiré par tous ses attachements; il ne tient plus qu'au moindre de tous, au tiède amour d'une vie sans plaisirs, mais exempte de remords. Si je survis long-temps à mes pertes, mon sort est de vieillir et mourir seul, sans jamais revoir un visage d'homme, et la seule Providence me fermera les yeux.

En cet état, qui peut m'engager encore à prendre soin de cette triste vie que j'ai si peu de raison d'aimer? Des souvenirs, et la consolation d'être dans l'ordre en ce monde en m'y soumettant sans murmure aux décrets éternels. Je suis mort dans tout ce qui m'étoit cher; j'attends sans impatience et sans crainte que ce qui reste de moi rejoigne ce que j'ai perdu.

Mais vous, mon cher maître, vivez-vous? êtes-vous mortel encore? êtes-vous encore sur cette terre d'exil avec votre Émile, ou si déjà vous habitez avec Sophie la patrie des ames justes? Hélas! où que vous soyez, vous êtes mort pour moi, mes yeux ne vous verront plus, mais mon cœur s'occupera de vous sans cesse. Jamais je n'ai mieux connu le prix de vos soins qu'après que la dure nécessité m'a si cruellement fait sentir ses coups et m'a tout ôté excepté moi. Je suis seul, j'ai tout perdu; mais je me reste, et le désespoir ne m'a point anéanti. Ces papiers ne vous parviendront pas, je ne puis l'espérer; sans doute ils périront sans avoir été vus d'aucun homme : mais n'importe, ils sont écrits, je les rassemble, je les lie, je les continue, et c'est à vous que je les adresse : c'est à vous que je veux tracer ces précieux souvenirs qui nourrissent et

LETTRE I.

navrent mon cœur; c'est à vous que je veux rendre compte de moi, de mes sentiments, de ma conduite, de ce cœur que vous m'avez donné. Je dirai tout, le bien, le mal, mes douleurs, mes plaisirs, mes fautes; mais je crois n'avoir rien à dire qui puisse déshonorer votre ouvrage.

Mon bonheur a été précoce; il commença dès ma naissance, il devoit finir avant ma mort. Tous les jours de mon enfance ont été des jours fortunés, passés dans la liberté, dans la joie ainsi que dans l'innocence; je n'appris jamais à distinguer mes instructions de mes plaisirs. Tous les hommes se rappellent avec attendrissement les jeux de leur enfance; mais je suis le seul peut-être qui ne mêle point à ces doux souvenirs ceux des pleurs qu'on lui fit verser. Hélas! si je fusse mort enfant, j'aurois déjà joui de la vie, et n'en aurois pas connu les regrets!

Je devins jeune homme, et ne cessai point d'être heureux. Dans l'âge des passions je formois ma raison par mes sens; ce qui sert à tromper les autres fut pour moi le chemin de la vérité. J'appris à juger sainement des choses qui m'environnoient et de l'intérêt que j'y devois prendre; j'en jugeois sur des principes vrais et simples; l'autorité, l'opinion, n'altéroient point mes jugements. Pour découvrir les rapports des choses entre elles, j'étudiois les rapports de chacune d'elles à moi: par deux termes connus j'apprenois à trouver le troisième : pour connoître l'univers par tout ce qui pouvoit m'intéresser, il me suffit de me connoître ; ma place assignée, tout fut trouvé.

J'appris ainsi que la première sagesse est de vouloir ce qui est, et de régler son cœur sur sa destinée. Voilà tout ce qui dépend de nous, me disiez-vous ; tout le reste est de nécessité. Celui qui lutte le plus contre son sort est le moins sage et toujours le plus malheureux ; ce qu'il peut changer à sa situation le soulage moins que le trouble intérieur qu'il se donne pour cela ne le tourmente. Il réussit rarement, et ne gagne rien à réussir. Mais quel être sensible peut vivre toujours sans passions, sans attachements ? Ce n'est pas un homme : c'est une brute, ou c'est un dieu. Ne pouvant donc me garantir de toutes les affections qui nous lient aux choses, vous m'apprîtes du moins à les choisir, à n'ouvrir mon ame qu'aux plus nobles, à ne l'attacher qu'aux plus dignes objets, qui sont mes semblables, à étendre pour ainsi dire le moi humain sur toute l'humanité, et à me préserver ainsi des viles passions qui le concentrent.

Quand mes sens éveillés par l'âge me demandèrent une compagne, vous épurâtes leurs feux par les sentiments ; c'est par l'imagination qui les anime que j'appris à les subjuguer. J'aimois Sophie avant même que de la connoître ; cet amour préservoit mon cœur des piéges du vice ; il y portoit le goût des choses belles et honnêtes ; il y gravoit

LETTRE I.

en traits ineffaçables les saintes lois de la vertu. Quand je vis enfin ce digne objet de mon culte, quand je sentis l'empire de ses charmes, tout ce qui peut entrer de doux, de ravissant dans une ame, pénétra la mienne d'un sentiment exquis que rien ne peut exprimer. Jours chéris de mes premières amours, jours délicieux, que ne pouvez-vous recommencer sans cesse, et remplir désormais tout mon être ! je ne voudrois point d'autre éternité.

Vains regrets ! souhaits inutiles ! tout est disparu, tout est disparu sans retour..... Après tant d'ardents soupirs j'en obtins le prix ; tous mes vœux furent comblés. Époux et toujours amant, je trouvai dans la tranquille possession un bonheur d'une autre espèce, mais non moins vrai que dans le délire des désirs. Mon maître, vous croyez avoir connu cette fille enchanteresse. O combien vous vous trompez ! Vous avez connu ma maîtresse, ma femme ; mais vous n'avez pas connu Sophie. Ses charmes de toute espèce étoient inépuisables, chaque instant sembloit les renouveler, et le dernier jour de sa vie m'en montra que je n'avois pas connus.

Déjà père de deux enfants, je partageois mon temps entre une épouse adorée et les chers fruits de sa tendresse ; vous m'aidiez à préparer à mon fils une éducation semblable à la mienne ; et ma fille, sous les yeux de sa mère, eût appris à lui ressembler. Toutes mes affaires se bornoient au soin du patrimoine de Sophie : j'avois oublié ma fortune pour jouir de ma félicité. Trompeuse félicité ! trois fois j'ai senti ton inconstance. Ton terme n'est qu'un point, et lorsqu'on est au comble il faut bientôt décliner. Étoit-ce par vous, père cruel, que devoit commencer ce déclin ? Par quelle fatalité pûtes-vous quitter cette vie paisible que nous menions ensemble ? comment mes empressements vous rebutèrent-ils de moi ? Vous vous complaisiez dans votre ouvrage, je le voyois, je le sentois, j'en étois sûr. Vous paroissiez heureux de mon bonheur; les tendres caresses de Sophie sembloient flatter votre cœur paternel; vous nous aimiez, vous vous plaisiez avec nous, et vous nous quittâtes ! Sans votre retraite je serois heureux encore; mon fils vivroit peut-être, ou d'autres mains n'auroient point fermé ses yeux. Sa mère, vertueuse et chérie, vivroit elle-même dans les bras de son époux. Retraite funeste qui m'a livré sans retour aux horreurs de mon sort ! Non, jamais sous vos yeux le crime et ses peines n'eussent approché de ma famille ; en l'abandonnant vous m'avez fait plus de maux que vous ne m'aviez fait de biens en toute ma vie.

Bientôt le ciel cessa de bénir une maison que vous n'habitiez plus. Les maux, les afflictions se succédoient sans relâche. En peu de mois nous perdîmes le père, la mère de Sophie, et enfin sa fille, sa charmante fille qu'elle avoit tant désirée, qu'elle idolâtroit, qu'elle vouloit suivre. A ce dernier coup sa constance ébranlée acheva de l'abandonner. Jusqu'à ce temps, contente et paisible dans sa solitude, elle avoit ignoré les amertumes de la vie, elle n'avoit point armé contre les coups du sort cette ame sensible et facile à s'affecter. Elle sentit ces pertes comme on sent ses premiers malheurs : aussi ne furent-elles que les commencements des nôtres. Rien ne pouvoit tarir ses pleurs : la mort de sa fille lui fit sentir plus vivement celle de sa mère; elle appeloit sans cesse l'une ou l'autre en gémissant; elle faisoit retentir de leurs noms et de ses regrets tous les lieux où jadis elle avoit reçu leurs innocentes caresses; tous les objets qui les lui rappeloient aigrissoient ses douleurs. Je résolus de l'éloigner de ces tristes lieux. J'avois dans la capitale ce qu'on appelle des affaires, et qui n'en avoient jamais été pour moi jusqu'alors : je lui proposai d'y suivre une amie qu'elle s'étoit faite au voisinage, et qui étoit obligée de s'y rendre avec son mari. Elle y consentit, pour ne point se séparer de moi, ne pénétrant pas mon motif. Son affliction lui étoit trop chère pour chercher à la calmer. Partager ses regrets, pleurer avec elle, étoit la seule consolation qu'on pût lui donner.

En approchant de la capitale, je me sentis frappé d'une impression funeste que je n'avois jamais éprouvée auparavant. Les plus tristes pressentiments s'élevoient dans mon sein : tout ce que j'avois vu, tout ce que vous m'aviez dit des grandes villes, me faisoit trembler sur le séjour de celle-ci. Je m'effrayois d'exposer une union si pure à tant de dangers qui pouvoient l'altérer. Je frémissois, en regardant la triste Sophie, de songer que j'entraînois moi-même tant de vertus et de charmes dans ce gouffre de préjugés et de vices où vont se perdre de toutes parts l'innocence et le bonheur.

Cependant, sûr d'elle et de moi, je méprisois cet avis de la prudence, que je prenois pour un vain pressentiment; en m'en laissant tourmenter je le traitois de chimère. Hélas! je n'imaginois pas le voir sitôt et si cruellement justifié. Je ne songeois guère que je n'allois pas chercher le péril dans la capitale, mais qu'il m'y suivoit.

Comment vous parler des deux ans que nous passâmes dans cette fatale ville, et de l'effet cruel que fit sur mon ame et sur mon sort ce séjour empoisonné? Vous avez trop su ces tristes catastrophes, dont le souvenir effacé dans des jours plus heureux, vient aujourd'hui redoubler mes regrets en me ramenant à leur source. Quel changement produisit en moi ma complaisance pour des liaisons trop aimables que l'habitude commençoit à tourner en amitié! Comment l'exemple et l'imitation, contre lesquels vous aviez si bien armé mon cœur, l'amenèrent-ils insensiblement à ces goûts frivoles que, plus jeune, j'avois su dédaigner? Qu'il est différent de voir les choses distrait par d'autres objets, ou seulement occupé de ceux qui nous frappent! Ce n'étoit plus le temps où mon imagination échauffée ne cherchoit que Sophie et rebutoit tout ce qui n'étoit pas elle. Je ne la cherchois plus, je la possédois, et son charme embellissoit alors autant les objets qu'il les avoit défigurés dans ma première jeunesse. Mais bientôt ces mêmes objets affoiblirent mes goûts en les partageant. Usé peu à peu sur tous ces amusements frivoles, mon cœur perdoit insensiblement son premier ressort et devenoit incapable de chaleur et de force : j'errois avec inquiétude d'un plaisir à l'autre ; je recherchois tout, et je m'ennuyois de tout ; je ne me plaisois qu'où je n'étois pas, et m'étourdissois pour m'amuser. Je sentois une révolution dont je ne voulois point me convaincre ; je ne me laissois pas le temps de rentrer en moi, crainte de ne m'y plus retrouver. Tous mes attachements s'étoient relâchés, toutes mes affections s'étoient attiédies : j'avois mis un jargon de sentiment et de morale à la place de la réalité. J'étois un homme galant sans tendresse, un stoïcien sans vertus, un sage occupé de folies; je n'avois plus de votre Émile que le nom et quelques discours. Ma franchise, ma liberté, mes plaisirs, mes devoirs, vous, mon fils, Sophie elle-même, tout ce qui jadis animoit, élevoit mon esprit et faisoit la plénitude de mon existence, en se détachant peu à peu de moi, sembloit m'en détacher moi-même, et ne laissoit plus dans mon ame affaissée qu'un sentiment importun de vide et d'anéantissement. Enfin je n'aimois plus, ou croyois ne plus aimer. Ce feu terrible, qui paroissoit presque éteint, couvoit sous la cendre pour éclater bientôt avec plus de fureur que jamais.

Changement cent fois plus inconcevable! Comment celle qui faisoit la gloire et le bonheur de ma vie en fit-elle la honte et le désespoir? Comment décrirois-je un si déplorable égarement? Non, jamais ce détail affreux ne sortira de ma plume ni de ma bouche; il est trop injurieux à la mémoire de la plus digne des femmes, trop accablant, trop horrible à mon souvenir, trop décourageant pour la vertu; j'en mourrois cent fois avant qu'il fût achevé. Morale du monde, piége du vice et de l'exemple, trahison d'une fausse amitié, inconstance et foiblesse humaine, qui de nous est à votre épreuve? Ah! si Sophie a souillé sa vertu, quelle femme osera compter sur la sienne? Mais de quelle trempe unique dut être une ame qui put revenir de si loin à tout ce qu'elle fut auparavant.

C'est de vos enfants régénérés que j'ai à vous parler. Tous leurs égarements vous ont été connus : je n'en dirai que ce qui tient à leur retour à eux-mêmes et sert à lier les événements.

Sophie consolée, ou plutôt distraite par son

LETTRE I.

amie et par les sociétés où elle l'entraînoit, n'avoit plus ce goût décidé pour la vie privée et pour la retraite : elle avoit oublié ses pertes et presque ce qui lui étoit resté. Son fils, en grandissant, alloit devenir moins dépendant d'elle, et déjà la mère apprenoit à s'en passer. Moi-même je n'étois plus son Émile, je n'étois que son mari ; et le mari d'une honnête femme, dans les grandes villes, est un homme avec qui l'on garde en public toutes sortes de bonnes manières, mais qu'on ne voit point en particulier. Long-temps nos coteries furent les mêmes. Elles changèrent insensiblement. Chacun des deux pensoit se mettre à son aise loin de la personne qui avoit droit d'inspection sur lui. Nous n'étions plus un, nous étions deux : le ton du monde nous avoit divisés, et nos cœurs ne se rapprochoient plus ; il n'y avoit que nos voisins de campagne et amis de ville qui nous réunissent quelquefois. La femme, après m'avoir fait souvent des agaceries auxquelles je ne résistois pas toujours sans peine, se rebuta, et s'attachant tout-à-fait à Sophie en devint inséparable. Le mari vivoit fort lié avec son épouse, et par conséquent avec la mienne. Leur conduite extérieure étoit régulière et décente ; mais leurs maximes auroient dû m'effrayer. Leur bonne intelligence venoit moins d'un véritable attachement que d'une indifférence commune sur les devoirs de leur état. Peu jaloux des droits qu'ils avoient l'un sur l'autre, ils prétendoient s'aimer beaucoup plus en se passant tous leurs goûts sans contrainte, et ne s'offensant point de n'en être pas l'objet. Que mon mari vive heureux sur toute chose, disoit la femme; que j'aie ma femme pour amie, je suis content, disoit le mari. Nos sentiments, poursuivoient-ils, ne dépendent pas de nous, mais nos procédés en dépendent : chacun met du sien tout ce qu'il peut au bonheur de l'autre. Peut-on mieux aimer ce qui nous est cher que de vouloir tout ce qu'il désire! On évite la cruelle nécessité de se fuir.

Ce système ainsi mis à découvert tout d'un coup nous eût fait horreur. Mais on ne sait pas combien les épanchements de l'amitié font passer de choses qui révolteroient sans elle; on ne sait pas combien une philosophie si bien adaptée aux vices du cœur humain; une philosophie qui n'offre, au lieu des sentiments qu'on n'est plus maître d'avoir, au lieu du devoir caché qui tourmente et qui ne profite à personne, que soins, procédés, bienséances, attentions, que franchise, liberté, sincérité, confiance, on ne sait pas, dis-je, combien tout ce qui maintient l'union entre les personnes, quand les cœurs ne sont plus unis, a d'attrait pour les meilleurs naturels, et devient séduisant sous le masque de la sagesse : la raison même auroit peine à se défendre si la conscience ne venoit au secours. C'étoit là ce qui maintenoit entre Sophie et moi la honte de nous montrer un empressement que nous n'avions plus. Le couple qui nous avoit subjugués s'outrageoit sans contrainte, et croyoit s'aimer : mais un ancien respect l'un pour l'autre, que nous ne pouvions vaincre, nous forçoit à nous fuir pour nous outrager. En paroissant nous être mutuellement à charge, nous étions plus près de nous réunir qu'eux qui ne se quittoient point. Cesser de s'éviter quand on s'offense, c'est être sûr de ne se rapprocher jamais.

Mais, au moment où l'éloignement entre nous étoit le plus marqué, tout changea de la manière la plus bizarre. Tout à coup Sophie devint aussi sédentaire et retirée qu'elle avoit été dissipée jusqu'alors. Son humeur, qui n'étoit pas toujours égale, devint constamment triste et sombre. Enfermée depuis le matin jusqu'au soir dans sa chambre, sans parler, sans pleurer, sans se soucier de personne, elle ne pouvoit souffrir qu'on l'interrompît. Son amie elle-même lui devint insupportable ; elle le lui dit, et la reçut mal sans la rebuter : elle me pria plus d'une fois de la délivrer d'elle. Je lui fis la guerre de ce caprice dont j'accusois un peu de jalousie ; je le lui dis même un jour en plaisantant. Non, monsieur, je ne suis point jalouse, me dit-elle d'un air froid et résolu ; mais j'ai cette femme en horreur : je ne vous demande qu'une grâce, c'est que je ne la revoie jamais. Frappé de ces mots, je voulus savoir la raison de sa haine : elle refusa de répondre. Elle avoit déjà fermé sa porte au mari, je fus obligé de la fermer à la femme, et nous ne les vîmes plus.

Cependant sa tristesse continuoit et devenoit inquiétante. Je commençai de m'en alarmer; mais comment en savoir la cause qu'elle s'obstinoit à taire? Ce n'étoit pas à cette ame fière qu'on en pouvoit imposer par l'autorité. Nous avions cessé depuis si long-temps d'être les confidents l'un de l'autre, que je fus peu surpris qu'elle dédaignât de m'ouvrir son cœur : il falloit mériter cette confiance; et, soit que sa touchante mélancolie eût réchauffé le mien, soit qu'il fût moins guéri qu'il n'avoit cru l'être, je sentis qu'il m'en coûtoit peu pour lui rendre des soins avec lesquels j'espérois vaincre enfin son silence.

Je ne la quittois plus : mais j'eus beau revenir à elle et marquer ce retour par les plus tendres empressements, je vis avec douleur que je n'avançois rien. Je voulus rétablir les droits d'époux trop négligés depuis long-temps; j'éprouvai la plus invincible résistance. Ce n'étoient plus ces refus agaçants, faits pour donner un nouveau prix à ce qu'on accorde; ce n'étoient pas non plus ces refus tendres, modestes, mais absolus qui m'enivroient d'amour et qu'il falloit pourtant respecter : c'étoient les refus sérieux d'une volonté décidée qui s'indigne qu'on puisse douter d'elle. Elle me rappeloit avec force les engagements pris jadis en votre présence. Quoi qu'il en soit de moi, disoit-elle, vous devez vous estimer vous-même et respecter à jamais la parole d'Émile. Mes torts ne vous autorisent point à violer vos promesses. Vous pouvez me punir, mais vous ne pouvez me contraindre, et soyez sûr que je ne le souffrirai jamais. Que répondre? que faire, sinon tâcher de la fléchir, de la toucher, de vaincre son obstination à force de persévérance? Ces vains efforts irritoient à la fois mon amour et mon amour-propre. Les difficultés enflammoient mon cœur, et je me faisois un point d'honneur de les surmonter. Jamais peut-être, après dix ans de mariage, après un si long refroidissement, la passion d'un époux ne se ralluma si brûlante et si vive ; jamais, durant mes premières amours, je n'avois tant versé de pleurs à ses pieds : tout fut inutile, elle demeura inébranlable.

J'étois aussi surpris qu'affligé, sachant bien que cette dureté de cœur n'étoit pas dans son caractère. Je ne me rebutai pas ; et si je ne vainquis pas son opiniâtreté, j'y crus voir enfin moins de sécheresse. Quelques signes de regret et de pitié tempéroient l'aigreur de ses refus : je jugeois quelquefois qu'ils lui coûtoient ; ses yeux éteints laissoient tomber sur moi quelques regards non moins tristes, mais moins farouches, et qui sembloient portés à l'attendrissement. Je pensai que la honte d'un caprice aussi outré l'empêchoit d'en revenir;

qu'elle le soutenoit faute de pouvoir l'excuser, et qu'elle n'attendoit peut-être qu'un peu de contrainte pour paroître céder à la force ce qu'elle n'osoit plus accorder de bon gré. Frappé d'une idée qui flattoit mes désirs, je m'y livre avec complaisance : c'est encore un égard que je veux avoir pour elle, de lui sauver l'embarras de se rendre après avoir si long-temps résisté.

Un jour qu'entraîné par mes transports je joignois aux plus tendres supplications les plus ardentes caresses, je la vis émue; je voulus achever ma victoire. Oppressée et palpitante, elle étoit prête à succomber, quand tout à coup, changeant de ton, de maintien, de visage, elle me repousse avec une promptitude, avec une violence incroyable, et me regardant d'un œil que la fureur et le désespoir rendoient effrayant : Arrêtez, Émile, me dit-elle, et sachez que je ne vous suis plus rien : un autre a souillé votre lit, je suis enceinte ; vous ne me toucherez de ma vie. Et sur-le-champ elle s'élance avec impétuosité dans son cabinet, dont elle ferme la porte sur elle.

Je demeure écrasé...

Mon maître, ce n'est pas ici l'histoire des événements de ma vie; ils valent peu la peine d'être écrits : c'est l'histoire de mes passions, de mes sentiments, de mes idées. Je dois m'étendre sur la plus terrible révolution que mon cœur éprouva jamais.

Les grandes plaies du corps et de l'ame ne saignent pas à l'instant qu'elles sont faites, elles n'impriment pas sitôt leurs plus vives douleurs; la nature se recueille pour en soutenir toute la violence, et souvent le coup mortel est porté long-temps avant que la blessure se fasse sentir. A cette scène inattendue, à ces mots que mon oreille sembloit repousser, je reste immobile, anéanti, mes yeux se ferment, un froid mortel court dans mes veines; sans être évanoui je sens tous mes sens arrêtés, toutes mes fonctions suspendues; mon ame bouleversée est dans un trouble universel, semblable au chaos de la scène au moment qu'elle change, au moment que tout fuit et va reprendre un nouvel aspect.

J'ignore combien de temps je demeurai dans cet état, à genoux comme j'étois, et sans oser presque remuer, de peur de m'assurer que ce qui se passoit n'étoit point un songe. J'aurois voulu que cet étourdissement eût duré toujours. Mais enfin réveillé malgré moi, la première impression que je sentis fut un saisissement d'horreur pour tout ce qui m'environnoit. Tout à coup je me lève, je m'élance hors de la chambre, je franchis l'escalier sans rien voir, sans rien dire à personne; je sors, je marche à grands pas, je m'éloigne avec la rapidité d'un cerf qui croit fuir par sa vitesse le trait qu'il porte enfoncé dans son flanc.

Je cours ainsi sans m'arrêter, sans ralentir mon pas, jusque dans un jardin public. L'aspect du jour et du ciel m'étoit à charge, je cherchois l'obscurité sous les arbres; enfin, me trouvant hors d'haleine, je me laissai tomber demi-mort sur un gazon..... Où suis-je? que suis-je devenu? qu'ai-je entendu? quelle catastrophe? insensé, quelle chimère as-tu poursuivie! Amour, honneur, foi, vertus, où êtes-vous? La sublime, la noble Sophie n'est qu'une infâme! Cette exclamation que mon transport fit éclater fut suivie d'un tel déchirement de cœur, qu'oppressé par les sanglots, je ne pouvois ni respirer ni gémir : sans la rage et l'emportement qui succédèrent, ce saisissement m'eût sans doute étouffé. O qui pourroit démêler, exprimer cette confusion de sentiments divers que la honte, l'amour, la fureur, les regrets, l'attendrissement, la jalousie, l'affreux désespoir, me firent éprouver à la fois? Non, cette situation, ce tumulte ne peut se décrire. L'épanouissement de l'extrême joie, qui d'un mouvement uniforme semble étendre et raréfier tout notre être, se conçoit, s'imagine aisément. Mais quand l'excessive douleur rassemble dans le sein d'un misérable toutes les furies des enfers; quand mille tiraillements opposés le déchirent sans qu'il puisse en distinguer un seul; quand il se sent mettre en pièces par cent forces diverses qui l'entraînent en sens contraire, il n'est plus un, il est tout entier à chaque point de douleur, il semble se multiplier pour souffrir. Tel étoit mon état, tel il fut durant plusieurs heures. Comment en faire le tableau? Je ne dirois pas en des volumes ce que je sentois à chaque instant. Hommes heureux, qui, dans une ame étroite et dans un cœur tiède, ne connoissez de revers que ceux de la fortune, ni de passions qu'un vil intérêt, puissiez-vous traiter toujours cet horrible état de chimère, et n'éprouver jamais les tourments cruels que donnent de plus dignes attachements quand ils se rompent, aux cœurs faits pour les sentir!

Nos forces sont bornées, et tous les transports violents ont des intervalles. Dans un de ces moments d'épuisement où la nature reprend haleine pour souffrir, je vins tout à coup à penser à ma jeunesse, à vous, mon maître, à mes leçons; je vins à penser que j'étois homme, et je me demande aussitôt, Quel mal ai-je reçu dans ma personne? quel crime ai-je commis? qu'ai-je perdu de moi? Si, dans cet instant, tel que je suis, je tombois des nues pour commencer d'exister, serois-je un être malheureux? Cette réflexion, plus prompte qu'un éclair, jeta dans mon ame un instant de lueur que je reperdis bientôt, mais qui me suffit pour me reconnoître. Je me vis clairement à ma place; et l'usage de ce moment de raison fut de m'apprendre que j'étois incapable de raisonner. L'horrible agitation qui régnoit dans mon ame n'y laissoit à nul objet le temps de se faire apercevoir : j'étois hors d'état de rien voir, de rien comparer, de délibérer, de résoudre, de juger de rien. C'étoit donc me tourmenter vainement que de vouloir rêver à ce que j'avois à faire, c'étoit sans fruit aigrir mes peines; et mon seul soin devoit être de gagner du temps pour raffermir mes sens et rasseoir mon imagination. Je crois que c'est le seul parti que vous auriez pu prendre vous-même, si vous eussiez été là pour me guider.

Résolu de laisser exhaler la fougue des transports que je ne pouvois vaincre, je m'y livre avec une furie empreinte de je ne sais quelle volupté, comme ayant mis ma douleur à son aise. Je me lève avec précipitation; je me mets à marcher comme auparavant, sans suivre de route déterminée : je cours, j'erre de part et d'autre, j'abandonne mon corps à toute l'agitation de mon cœur; j'en suis les impressions sans contrainte; je me mets hors d'haleine; et mêlant mes soupirs tranchants à ma respiration gênée, je me sentois quelquefois prêt à suffoquer.

Les secousses de cette marche précipitée sembloient m'étourdir et me soulager. L'instinct dans les passions violentes dicte des cris, des mouvements, des gestes, qui donnent un cours aux esprits, et font diversion à la passion : tant qu'on s'agite on n'est qu'emporté; le morne repos est plus à craindre, il est voisin du désespoir. Le même soir je fis de cette différence une épreuve presque risible, si tout ce qui montre la folie et la misère humaine devoit jamais exciter à rire quiconque y peut être assujetti.

Après mille tours et retours faits sans m'en être aperçu, je me trouve au milieu de la ville, entouré de carrosses, à l'heure des spectacles et dans une rue où il y en avoit un. J'allois être écrasé dans l'embarras, si quelqu'un, me tirant par le bras, ne m'eût averti du danger. Je me jette dans une porte ouverte; c'étoit un café; j'y suis accosté par des gens de ma connoissance; on me parle, on m'entraîne je ne sais où. Frappé d'un bruit d'instruments, et d'un éclat de lumières, je reviens à moi, j'ouvre les yeux, je regarde : je me trouve dans la salle du spectacle un jour de première représentation, pressé par la foule, et dans l'impuissance de sortir.

Je frémis; mais je pris mon parti. Je ne dis rien, je me tins tranquille, quelque cher que me coûtât cette apparente tranquillité. On fit beaucoup de bruit, on parloit beaucoup, on me parloit : n'entendant rien, que pouvois-je répondre? mais un de ceux qui m'avoient amené ayant par hasard nommé ma femme, à ce nom funeste je fis un cri perçant qui fut ouï de toute l'assemblée et causa quelque rumeur. Je me remis promptement, et tout s'apaisa. Cependant, ayant attiré par ce cri l'attention de ceux qui m'environnoient, je cherchai le moment de m'évader, et m'approchant peu à peu de la porte, je sortis enfin avant qu'on eût achevé.

En entrant dans la rue et retirant machinalement ma main que j'avois tenue dans mon sein durant toute la représentation, je vis mes doigts pleins de sang, et j'en crus sentir couler sur ma poitrine. J'ouvre mon sein, je regarde, je le trouve sanglant et déchiré comme le cœur qu'il enfermoit. On peut penser qu'un spectateur tranquille à ce prix n'étoit pas fort bon juge de la pièce qu'il venoit d'entendre.

Je me hâtai de fuir, tremblant d'être encore rencontré. La nuit favorisant mes courses, je me remis à parcourir les rues, comme pour me dédommager de la contrainte que je venois d'éprouver : je marchai plusieurs heures sans me reposer un moment; enfin, ne pouvant presque plus me soutenir, et me trouvant près de mon quartier, je rentre chez moi, non sans un affreux battement de cœur : je demande ce que fait mon fils; on me dit qu'il dort : je me tais et soupire : mes gens veulent me parler; je leur impose silence; je me jette sur un lit, ordonnant qu'on s'aille coucher. Après quelques heures d'un repos pire que l'agitation de la veille, je me lève avant le jour; et, traversant sans bruit les appartements, j'approche de la chambre de Sophie; là, sans pouvoir me retenir, je vais avec la plus détestable lâcheté couvrir de cent baisers et baigner d'un torrent de pleurs le seuil de sa porte; puis m'échappant avec la crainte et les précautions d'un coupable, je sors doucement du logis, résolu de n'y rentrer de mes jours.

Ici finit ma vive mais courte folie, et je rentrai dans mon bon sens. Je crois même avoir fait ce que j'avois dû faire en cédant d'abord à la passion que je ne pouvois vaincre, pour pouvoir la gouverner ensuite après lui avoir laissé quelque essor. Le mouvement que je venois de suivre m'ayant disposé à l'attendrissement, la rage qui m'avoit transporté jusqu'alors fit place à la tristesse, et je commençai à lire assez au fond de mon cœur pour y voir gravée en traits ineffaçables la plus profonde affliction. Je marchois cependant; je m'éloignois du lieu redoutable moins rapidement que la veille, mais aussi sans faire aucun détour. Je sortis de la ville; et prenant le premier grand chemin, je me mis à le suivre d'une marche lente et mal assurée qui marquoit la défaillance et l'abattement. A mesure que le jour croissant éclairoit les objets, je croyois voir un autre ciel, une autre terre, un autre univers; tout étoit changé pour moi. Je n'étois plus le même que la veille, ou plutôt je n'étois plus; c'étoit ma propre mort que j'avois à pleurer. O combien de délicieux souvenirs vinrent assiéger mon cœur serré de détresse, et le forcer de s'ouvrir à leurs douces images pour le noyer de vains regrets! Toutes mes jouissances passées venoient aigrir le sentiment de mes pertes, et me rendoient plus de tourments qu'elles ne m'avoient donné de voluptés. Ah! qui est-ce qui connoît le contraste affreux de sauter tout d'un coup de l'excès du bonheur à l'excès de la misère, et de franchir cet immense intervalle sans avoir un moment pour s'y préparer? Hier, hier même, aux pieds d'une épouse adorée j'étois le plus heureux des êtres; c'étoit l'amour qui m'asservissoit à ses lois, qui me tenoit dans sa dépendance; son tyrannique pouvoir étoit l'ouvrage de ma tendresse, et je jouissois même de ses rigueurs. Que ne m'étoit-il donné de passer le cours des siècles dans cet état trop aimable, à l'estimer, la respecter, la chérir, à gémir de sa tyrannie, à vouloir la fléchir sans y parvenir jamais, à demander, implorer, supplier, désirer sans cesse, et jamais ne rien obtenir? Ces temps, ces temps charmants de retour attendu, d'espérance trompeuse, valoient ceux mêmes où je la possédois. Et maintenant haï, trahi, déshonoré, sans espoir, sans ressource, je n'ai pas même la consolation d'oser former des souhaits..... Je m'arrêtois, effrayé d'horreur, à l'objet qu'il falloit substituer à celui qui m'occupoit avec tant de charmes. Contempler Sophie avilie et méprisable! quels yeux pouvoient souffrir cette profanation? Mon plus cruel tourment n'étoit pas de m'occuper de ma misère, c'étoit d'y mêler la honte de celle qui l'avoit causée. Ce tableau désolant étoit le seul que je ne pouvois supporter.

La veille, ma douleur stupide et forcenée m'avoit garanti de cette affreuse idée; je ne songeois à rien qu'à souffrir. Mais, à mesure que le sentiment de mes maux s'arrangeoit pour ainsi dire au fond de mon cœur, forcé de remonter à leur source, je me retraçois malgré moi ce fatal objet. Les mouvements qui m'étoient échappés en sortant ne marquoient que trop l'indigne penchant qui m'y ramenoit. La haine que je lui devois me coûtoit moins que le dédain qu'il y falloit joindre; et ce qui me déchiroit le plus cruellement n'étoit pas tant de renoncer à elle que d'être forcé de la mépriser.

Mes premières réflexions sur elle furent amères. Si l'infidélité d'une femme ordinaire est un crime, quel nom falloit-il donner à la sienne? Les âmes viles ne s'abaissent point en faisant des bassesses, elles restent dans leur état; il n'y a point pour elles d'ignominie, parce qu'il n'y a point d'élévation. Les adultères des femmes du monde ne sont que des galanteries; mais Sophie adultère est le plus odieux de tous les monstres: la distance de ce qu'elle est à ce qu'elle fut est immense; non, il n'y a point d'abaissement, point de crime pareil au sien.

Mais moi, reprenois-je, moi qui l'accuse, et qui n'en ai que trop le droit, puisque c'est moi qu'elle offense, puisque c'est à moi que l'ingrate a donné la mort, de quel droit osé-je la juger si sévèrement avant de m'être jugé moi-même, avant de savoir ce que je dois me reprocher de ses torts? Tu l'accuses de n'être plus la même! O Émile! et toi, n'as-tu point changé? Combien je t'ai vu dans cette grande ville différent près d'elle de ce que tu fus jadis! Ah! son inconstance est l'ouvrage de la tienne. Elle avoit juré de t'être fidèle; et toi, n'avois-tu pas juré de l'adorer toujours? Tu l'abandonnes, et tu veux qu'elle te reste! tu la méprises, et tu veux en être toujours honoré! C'est ton refroidissement, ton oubli, ton indifférence, qui t'ont arraché de son cœur. Il ne faut point cesser d'être aimable quand on veut être toujours aimé. Elle n'a violé ses serments qu'à ton exemple; il falloit ne la point négliger, et jamais elle ne t'eût trahi.

Quels sujets de plainte t'a-t-elle donnés dans la retraite où tu l'as trouvée, et où tu devois toujours la laisser? Quel attiédissement as-tu remarqué dans sa tendresse? Est-ce elle qui t'a prié de la tirer de ce lieu fortuné! Tu le sais, elle l'a quitté avec le plus mortel regret. Les pleurs qu'elle y versoit lui étoient plus doux que les folâtres jeux de la ville. Elle y passoit son innocente vie à faire le bonheur de la tienne : mais elle t'aimoit mieux que sa propre tranquillité. Après t'avoir voulu retenir, elle quitta tout pour te suivre. C'est toi qui du sein de la paix et de la vertu l'entraînas dans l'abîme de vices et de misères où tu t'es toi-même précipité. Hélas! il n'a tenu qu'à toi seul qu'elle ne fût toujours sage, et qu'elle ne te rendît toujours heureux.

O Émile! tu l'as perdue; tu dois te haïr et la plaindre, mais quel droit as-tu de la mépriser? Es-tu resté toi-même irréprochable? Le monde n'a-t-il rien pris sur tes mœurs? Tu n'as point partagé son infidélité, mais ne l'as-tu pas excusée en cessant d'honorer sa vertu? Ne l'as-tu pas excitée en vivant dans des lieux où tout ce qui est honnête est en dérision, où les femmes rougiroient d'être chastes, où le seul prix des vertus de leur sexe est la raillerie et l'incrédulité? La foi que tu n'as point violée a-t-elle été exposée aux mêmes risques? As-tu reçu comme elle ce tempérament de feu qui fait les grandes foiblesses ainsi que les grandes vertus? As-tu ce corps trop formé par l'amour, trop exposé aux périls par ses charmes, et aux tentations par ses sens? O que le sort d'une telle femme est à plaindre! Quels combats n'a-t-elle point à rendre, sans relâche, sans cesse, contre autrui, contre elle-même! Quel courage invincible, quelle opiniâtre résistance, quelle héroïque fermeté lui sont nécessaires! Que de dangereuses victoires n'a-t-elle pas à remporter tous les jours, sans autre témoin de ses triomphes que le ciel et son propre cœur! Et, après tant de belles années ainsi passées à souffrir, combattre et vaincre incessamment, un instant de foiblesse, un seul instant de relâche et d'oubli, souille à jamais cette vie irréprochable, et déshonore tant de vertus! Femme infortunée! hélas! un moment d'égarement fait tous tes malheurs et les miens. Oui, son cœur est resté pur, tout me l'assure; il m'est trop connu pour pouvoir m'abuser. Eh! qui sait dans quels piéges adroits les perfides ruses d'une femme vicieuse et jalouse de ses vertus ont pu surprendre son innocente simplicité? N'ai-je pas vu ses regrets, son repentir dans ses yeux? n'est-ce pas sa tristesse qui m'a ramené moi-même à ses pieds? N'est-ce pas sa touchante douleur qui m'a rendu toute ma tendresse? Ah! ce n'est pas là la conduite artificieuse d'une infidèle qui trompe son mari et qui se complaît dans sa trahison.

Puis, venant ensuite à réfléchir plus en détail sur sa conduite et sur son étonnante déclaration, que ne sentois-je point en voyant cette femme timide et modeste vaincre la honte par la franchise, rejeter une estime démentie par son cœur, dédaigner de conserver ma confiance et sa réputation en cachant une faute que rien ne la forçoit d'avouer, en la couvrant des caresses qu'elle a rejetées, et craindre d'usurper ma tendresse de père pour un enfant qui n'étoit pas de mon sang! Quelle force n'admirois-je pas dans cette invincible hauteur de courage, qui, même au prix de l'honneur et de la vie ne pouvoit s'abaisser à la fausseté, et portoit jusque dans le crime l'intrépide audace de la vertu! Oui, me disois-je avec un applaudissement secret, au sein même de l'ignominie cette ame forte conserve encore tout son ressort; elle est coupable sans être vile; elle a pu commettre un crime, mais non pas une lâcheté.

C'est ainsi que peu à peu le penchant de mon cœur me ramenoit en sa faveur à des jugements plus doux et plus supportables. Sans la justifier je l'excusois; sans pardonner ses outrages j'approuvois ses bons procédés. Je me complaisois dans ces sentiments. Je ne pouvois me défaire de tout mon amour; il eût été trop cruel de le conserver sans estime. Sitôt que je crus lui en devoir encore, je sentis un soulagement inespéré. L'homme est trop foible pour pouvoir conserver long-temps des mouvements extrêmes. Dans l'excès même du désespoir la Providence nous ménage des consolations. Malgré l'horreur de mon sort je sentois une sorte de joie à me représenter Sophie estimable et malheureuse; j'aimois à fonder ainsi l'intérêt que je ne pouvois cesser de prendre à elle. Au lieu de la sèche douleur qui me consumoit auparavant, j'avois la douceur de m'attendrir jusqu'aux larmes. Elle est perdue à jamais pour moi, je le sais, me disois-je; mais du moins j'oserai penser encore à elle, j'oserai la regretter, j'oserai quelquefois encore gémir et soupirer sans rougir.

Cependant j'avois poursuivi ma route, et, distrait par ces idées, j'avois marché tout le jour sans m'en apercevoir, jusqu'à ce qu'enfin, revenant à moi et n'étant plus soutenu par l'animosité de la veille, je me sentis d'une lassitude et d'un épuisement qui demandoient de la nourriture et du repos. Grâces aux exercices de ma jeunesse, j'étois robuste et fort; je ne craignois ni la faim ni la fatigue; mais mon esprit malade avoit tourmenté mon corps, et vous m'aviez bien plus garanti des passions violentes qu'appris à les supporter. J'eus peine à gagner un village qui étoit encore à une lieue de moi. Comme il y avoit près de trente-six heures que je n'avois pris aucun aliment, je soupai, et même avec appétit; je me couchai, délivré des fureurs qui m'avoient tant tourmenté, content d'oser penser à Sophie, et presque joyeux de l'imaginer moins défigurée et plus digne de mes regrets que je n'avois espéré.

Je dormis paisiblement jusqu'au matin. La tristesse et l'infortune respectent le sommeil et laissent du relâche à l'ame; il n'y a que les remords qui n'en laissent point. En me levant je me sentis l'esprit assez calme et en état de délibérer sur ce que j'avois à faire. Mais c'étoit ici la plus mémorable ainsi que la plus cruelle époque de ma vie. Tous mes attachements étoient rompus ou altérés, tous mes devoirs étoient changés; je ne tenois plus à rien de la même manière qu'auparavant, je devenois pour ainsi dire un nouvel être.

Il étoit important de peser mûrement le parti que j'avois à prendre. J'en pris un provisionnel pour me donner le loisir d'y réfléchir. J'achevai le chemin qui me restoit à faire jusqu'à la ville la plus prochaine ; j'entrai chez un maître et je me mis à travailler de mon métier, en attendant que la fermentation de mes esprits fût tout-à-fait apaisée, et que je pusse voir les objets tels qu'ils étoient.

Je n'ai jamais mieux senti la force de l'éducation que dans cette cruelle circonstance. Né avec une ame foible, tendre à toutes les impressions, facile à troubler, timide à me résoudre, après les premiers moments cédés à la nature, je me trouvai maître de moi-même, et capable de considérer ma situation avec autant de sang-froid que celle d'un autre. Soumis à la loi de la nécessité, je cessai mes vains murmures, je pliai ma volonté sous l'inévitable joug; je regardai le passé comme étranger à moi; je me supposai commencer de naître ; et, tirant de mon état présent les règles de ma conduite, en attendant que j'en fusse assez instruit, je me mis paisiblement à l'ouvrage comme si j'eusse été le plus content des hommes.

Je n'ai rien tant appris de vous dès mon enfance qu'à être toujours tout entier où je suis, à ne jamais faire une chose et rêver à une autre, ce qui proprement est ne rien faire et n'être tout entier nulle part. Je n'étois donc attentif qu'à mon travail durant la journée : le soir je reprenois mes réflexions; et, relayant ainsi l'esprit et le corps l'un par l'autre, j'en tirai le meilleur parti qu'il m'étoit possible sans jamais fatiguer aucun des deux.

Dès le premier soir, suivant le fil de mes idées de la veille, j'examinai si peut-être je ne prenois point trop à cœur le crime d'une femme, et si ce qui me paroissoit une catastrophe de ma vie n'étoit point un événement trop commun pour devoir être pris si gravement. Il est certain, me disois-je, que partout où les mœurs sont en estime les infidélités des femmes déshonorent les maris; mais il est sûr aussi que dans toutes les grandes villes, et partout où les hommes, plus corrompus, se croient plus éclairés, on tient cette opinion pour ridicule et peu sensée. L'honneur d'un homme, disent-ils, dépend-il de sa femme? son malheur doit-il faire sa honte? et peut-il être déshonoré des vices d'autrui? l'autre morale a beau être sévère, celle-ci paroît plus conforme à la raison.

D'ailleurs, quelque jugement qu'on portât de mes procédés, n'étois-je pas, par mes principes, au-dessus de l'opinion publique? Que m'importoit ce qu'on penseroit de moi, pourvu que dans mon propre cœur je ne cessasse point d'être bon, juste, honnête? Étoit-ce un crime d'être miséricordieux? étoit-ce une lâcheté de pardonner une offense? Sur quels devoirs allois-je donc me régler? Avois-je si long-temps dédaigné le préjugé des hommes pour lui sacrifier enfin mon bonheur?

Mais quand ce préjugé seroit fondé, quelle influence peut-il avoir dans un cas si différent des autres? Quel rapport d'une infortunée au désespoir, à qui le remords seul arrache l'aveu de son crime, à ces perfides qui couvrent le leur du mensonge et de la fraude, ou qui mettent l'effronterie à la place de la franchise, et se vantent de leur déshonneur? Toute femme vicieuse, toute femme qui méprise encore plus son devoir qu'elle ne l'offense, est indigne de ménagement; c'est partager son infamie que la tolérer. Mais celle à qui l'on reproche plutôt une faute qu'un vice, et qui l'expie par ses regrets, est plus digne de pitié que de haine; on peut la plaindre et lui pardonner sans honte; le malheur même qu'on lui reproche est garant d'elle pour l'avenir. Sophie, restée estimable jusque dans le crime, sera respectable dans son repentir; elle sera d'autant plus fidèle, que son cœur, fait pour la vertu, a senti ce qu'il en coûte à l'offenser; elle aura tout à la fois la fermeté qui la conserve et la modestie qui la rend aimable; l'humiliation du remords adoucira cette ame orgueilleuse, et rendra moins tyrannique l'empire que l'amour lui donna sur moi; elle en sera plus soigneuse et moins fière; elle n'aura commis une faute que pour se guérir d'un défaut.

Quand les passions ne peuvent nous vaincre à

visage découvert, elles prennent le masque de la sagesse pour nous surprendre, et c'est en imitant le langage de la raison qu'elles nous y font renoncer. Tous ces sophismes ne m'en imposoient que parce qu'ils flattoient mon penchant. J'aurois voulu pouvoir revenir à Sophie infidèle, et j'écoutois avec complaisance tout ce qui sembloit autoriser ma lâcheté. Mais j'eus beau faire, ma raison, moins traitable que mon cœur, ne put adopter ces folies. Je ne pus me dissimuler que je raisonnois pour m'abuser, non pour m'éclairer. Je me disois avec douleur, mais avec force, que les maximes du monde ne font point loi pour qui veut vivre pour soi-même, et que, préjugés pour préjugés, ceux des bonnes mœurs en ont un de plus qui les favorise; que c'est avec raison qu'on impute à un mari le désordre de sa femme, soit pour l'avoir mal choisie, soit pour la mal gouverner; que j'étois moi-même un exemple de la justice de cette imputation; et que, si Émile eût été toujours sage, Sophie n'eût jamais failli; qu'on a droit de présumer que celle qui ne se respecte pas elle-même respecte au moins son mari, s'il en est digne, et s'il sait conserver son autorité; que le tort de ne pas prévenir le dérèglement d'une femme est aggravé par l'infamie de le souffrir; que les conséquences de l'impunité sont effrayantes, et qu'en pareil cas cette impunité marque dans l'offensé une indifférence pour les mœurs honnêtes, et une bassesse d'ame indigne de tout honneur.

Je sentois surtout en mon fait particulier que ce qui rendoit Sophie encore estimable en étoit plus désespérant pour moi : car on peut soutenir ou renforcer une ame foible, et celle que l'oubli du devoir y fait manquer y peut être ramenée par la raison ; mais comment ramener celle qui garde en péchant tout son courage, qui sait avoir des vertus dans le crime, et ne fait le mal que comme il lui plaît ? Oui, Sophie est coupable parce qu'elle a voulu l'être. Quand cette ame hautaine a pu vaincre la honte, elle a pu vaincre tout autre passion ; il ne lui en eût pas plus coûté pour m'être fidèle que pour me déclarer son forfait.

En vain je reviendrois à mon épouse ; elle ne reviendroit plus à moi. Si celle qui m'a tant aimé, si celle qui m'étoit si chère a pu m'outrager ; si ma Sophie a pu rompre les premiers nœuds de son cœur ; si la mère de mon fils a pu violer la foi conjugale encore entière ; si les feux d'un amour que rien n'avoit offensé ; si le noble orgueil d'une vertu que rien n'avoit altérée, n'ont pu prévenir sa première faute, qu'est-ce qui préviendroit des rechutes qui ne coûtent plus rien ? Le premier pas vers le vice est le seul pénible ; on poursuit sans même y songer. Elle n'a plus ni amour, ni vertu, ni estime à ménager ; elle n'a plus rien à perdre en m'offensant, pas même le regret de m'offenser.

Elle connoît mon cœur, elle m'a rendu tout aussi malheureux que je puisse l'être ; il ne lui en coûtera plus rien d'achever.

Non, je connois le sien, jamais Sophie n'aimera un homme à qui elle ait donné droit de la mépriser... Elle ne m'aime plus ; l'ingrate ne l'a-t-elle pas dit elle-même ? Elle ne m'aime plus, la perfide ! Ah ! c'est là son plus grand crime : j'aurois pu tout pardonner hors celui-là.

Hélas ! reprenois-je avec amertume, je parle toujours de pardonner, sans songer que souvent l'offensé pardonne, mais que l'offenseur ne pardonne jamais. Sans doute elle me veut tout le mal qu'elle m'a fait. Ah ! combien elle doit me haïr !

Émile, que tu t'abuses quand tu juges de l'avenir sur le passé ! Tout est changé. Vainement tu vivrois encore avec elle ; les jours heureux qu'elle t'a donnés ne reviendront plus. Tu ne retrouverois plus ta Sophie ; et Sophie ne te retrouveroit plus. Les situations dépendent des affections qu'on y porte : quand les cœurs changent, tout change ; tout a beau demeurer le même, quand on n'a plus les mêmes yeux on ne voit plus rien comme auparavant.

Ses mœurs ne sont point désespérées, je le sais bien : elle peut être encore digne d'estime, mériter toute ma tendresse ; elle peut me rendre son cœur, mais elle ne peut n'avoir point failli, ni perdre et m'ôter le souvenir de sa faute. La fidélité, la vertu,

LETTRE I.

l'amour, tout peut revenir, hors la confiance, et sans la confiance il n'y a plus que dégoût, tristesse, ennui dans le mariage; le délicieux charme de l'innocence est évanoui. C'en est fait, c'en est fait; ni près, ni loin, Sophie ne peut plus être heureuse; et je ne puis être heureux que de son bonheur. Cela seul me décide; j'aime mieux souffrir loin d'elle que par elle; j'aime mieux la regretter que la tourmenter.

Oui, tous nos liens sont rompus, ils le sont par elle. En violant ses engagements elle m'affranchit des miens. Elle ne m'est plus rien; ne l'a-t-elle pas dit encore? Elle n'est plus ma femme; la reverrois-je comme étrangère? Non, je ne la reverrai jamais. Je suis libre; au moins je dois l'être; que mon cœur ne l'est-il autant que ma foi!

Mais quoi! mon affront restera-t-il impuni? Si l'infidèle en aime un autre, quel mal lui fais-je en la délivrant de moi? C'est moi que je punis et non pas elle : je remplis ses vœux à mes dépens. Est-ce là le ressentiment de l'honneur outragé? Où est la justice? où est la vengeance?

Eh! malheureux! de qui veux-tu te venger? De celle que ton plus grand désespoir est de ne pouvoir plus rendre heureuse. Du moins ne sois pas la victime de ta vengeance. Fais-lui, s'il se peut, quelque mal que tu ne sentes pas. Il est des crimes qu'il faut abandonner aux remords des coupables, c'est presque les autoriser que les punir. Un mari cruel mérite-t-il une femme fidèle? D'ailleurs de quel droit la punir, à quel titre? Es-tu son juge, n'étant même plus son époux? Lorsqu'elle a violé ses devoirs de femme, elle ne s'en est point conservé les droits. Dès l'instant qu'elle a formé d'autres nœuds, elle a brisé les tiens et ne s'en est point cachée; elle ne s'est point parée à tes yeux d'une fidélité qu'elle n'avoit plus; elle ne t'a ni trahi ni menti; en cessant d'être à toi seul elle a déclaré ne t'être plus rien. Quelle autorité peut te rester sur elle? S'il t'en restoit, tu devrois l'abdiquer pour ton propre avantage. Crois-moi, sois bon par sagesse et clément par vengeance. Défie-toi de la colère; crains qu'elle ne te ramène à ses pieds.

Ainsi tenté par l'amour qui me rappeloit ou par le dépit qui vouloit me séduire, que j'eus de combats à rendre avant d'être bien déterminé! et quand je crus l'être, une réflexion nouvelle ébranla tout. L'idée de mon fils m'attendrit pour sa mère plus que rien n'avoit fait auparavant. Je sentis que ce point de réunion l'empêcheroit toujours de m'être étrangère, que les enfants forment un nœud vraiment indissoluble entre ceux qui leur ont donné l'être, et une raison naturelle et invincible contre le divorce. Des objets si chers, dont aucun des deux ne peut s'éloigner, les rapprochent nécessairement; c'est un intérêt commun si tendre, qu'il leur tiendroit lieu de société, quand ils n'en auroient point d'autre. Mais que devenoit cette raison, qui plaidoit pour la mère de mon fils, appliquée à celle d'un enfant qui n'étoit pas à moi? Quoi! la nature elle-même autorisera le crime! et ma femme, en partageant sa tendresse à ses deux fils, sera forcée à partager son attachement aux deux pères! Cette idée, plus horrible qu'aucune qui m'eût passé dans l'esprit, m'embrasoit d'une rage nouvelle; toutes les furies revenoient déchirer mon cœur en songeant à cet affreux partage. Oui, j'aurois mieux aimé voir mon fils mort que d'en voir à Sophie un d'un autre père. Cette imagination m'aigrit plus, m'aliéna plus d'elle que tout ce qui m'avoit tourmenté jusqu'alors. Dès cet instant je me décidai sans retour; et pour ne laisser plus de prise au doute, je cessai de délibérer.

Cette résolution bien formée éteignit tout mon ressentiment. Morte pour moi, je ne la vis plus coupable; je ne la vis plus qu'estimable et malheureuse, et sans penser à ses torts, je me rappelois avec attendrissement tout ce qui me la rendoit regrettable. Par une suite de cette disposition, je voulus mettre à ma démarche tous les bons procédés qui peuvent consoler une femme abandonnée; car quoique j'eusse affecté d'en penser dans ma colère, et quoi qu'elle en eût dit dans son désespoir, je ne doutois pas qu'au fond du cœur elle n'eût encore de l'attachement pour moi et qu'elle ne sentît vivement ma perte. Le premier effet de notre séparation devoit être de lui ôter mon fils. Je frémis seulement d'y songer; et après avoir été en peine d'une vengeance, je pouvois à peine supporter l'idée de celle-là. J'avois beau me dire, en m'irritant, que cet enfant seroit bientôt remplacé par un autre; j'avois beau appuyer avec toute la force de la jalousie sur ce cruel supplément; tout cela ne tenoit point devant l'image de Sophie au désespoir en se voyant arracher son enfant. Je me vainquis toutefois; je formai, non sans déchirement, cette résolution barbare; et la regardant comme une suite nécessaire de la première où j'étois sûr d'avoir bien raisonné, je l'aurois certainement exécutée malgré ma répugnance, si un événement imprévu ne m'eût contraint à la mieux examiner.

Il me restoit à faire une autre délibération que je comptois pour peu de chose après celle dont je venois de me tirer. Mon parti étoit pris par rapport à Sophie; il me restoit à le prendre par rapport à moi, et à voir ce que je voulois devenir me retrouvant seul. Il y avoit long-temps que je n'étois plus un être isolé sur la terre : mon cœur tenoit, comme vous me l'aviez prédit, aux attachements qu'il s'étoit donnés; il s'étoit accoutumé à ne faire qu'un avec ma famille : il falloit l'en détacher, du moins en partie, et cela même étoit plus pénible que de l'en détacher tout-à-fait. Quel vide il se fait en nous, combien on perd de son

LETTRE I.

existence, quand on a tenu à tant de choses, et qu'il faut ne tenir plus qu'à soi, ou, qui pis est, à ce qui nous fait sentir incessamment le détachement du reste ! J'avois à chercher si j'étois cet homme encore qui sait remplir sa place dans son espèce quand nul individu ne s'y intéresse plus.

Mais où est-elle cette place pour celui dont tous les rapports sont détruits ou changés ? Que faire ? que devenir ? où porter mes pas ? à quoi employer une vie qui ne devoit plus faire mon bonheur ni celui de ce qui m'étoit cher, et dont le sort m'ôtoit jusqu'à l'espoir de contribuer au bonheur de personne ? car si tant d'instruments préparés pour le mien n'avoient fait que ma misère, pouvois-je espérer d'être plus heureux pour autrui que vous ne l'aviez été pour moi ? Non : j'aimois mon devoir encore, mais je ne le voyois plus. En rappeler les principes et les règles, les appliquer à mon nouvel état, n'étoit pas l'affaire d'un moment, et mon esprit fatigué avoit besoin d'un peu de relâche pour se livrer à de nouvelles méditations.

J'avois fait un grand pas vers le repos. Délivré de l'inquiétude de l'espérance, et sûr de perdre ainsi peu à peu celle du désir, en voyant que le passé ne m'étoit plus rien, je tâchois de me mettre tout-à-fait dans l'état d'un homme qui commence à vivre. Je me disois qu'en effet nous ne faisons jamais que commencer, et qu'il n'y a point d'autre liaison dans notre existence qu'une succession de moments présents, dont le premier est toujours celui qui est en acte. Nous mourons et nous naissons chaque instant de notre vie, et quel intérêt la mort peut-elle nous laisser? S'il n'y a rien pour nous que ce qui sera, nous ne pouvons être heureux ou malheureux que par l'avenir; et se tourmenter du passé c'est tirer du néant les sujets de notre misère. Émile, sois un homme nouveau, tu n'auras pas plus à te plaindre du sort que de la nature. Tes malheurs sont nuls, l'abîme du néant les a tous engloutis; mais ce qui est réel, ce qui est existant pour toi, c'est ta vie, ta santé, ta jeunesse, ta raison, tes talents, tes lumières, tes vertus enfin, si tu le veux, et par conséquent ton bonheur.

Je repris mon travail, attendant paisiblement que mes idées s'arrangeassent assez dans ma tête pour me montrer ce que j'avois à faire; et cependant, en comparant mon état à celui qui l'avoit précédé, j'étois dans le calme; c'est l'avantage que procure indépendamment des événements toute conduite conforme à la raison. Si l'on n'est pas heureux malgré la fortune, quand on sait maintenir son cœur dans l'ordre, on est tranquille au moins en dépit du sort. Mais que cette tranquillité tient à peu de chose dans une ame sensible! Il est bien aisé de se mettre dans l'ordre; ce qui est difficile, c'est d'y rester. Je faillis voir renverser toutes mes résolutions au moment que je les croyois le plus affermies.

J'étois entré chez le maître, sans m'y faire beaucoup remarquer. J'avois toujours conservé dans mes vêtements la simplicité que vous m'aviez fait aimer; mes manières n'étoient pas plus recherchées, et l'air aisé d'un homme qui se sent partout à sa place étoit moins remarquable chez un menuisier qu'il ne l'eût été chez un grand. On voyoit pourtant bien que mon équipage n'étoit pas celui d'un ouvrier; mais à ma manière de me mettre à l'ouvrage, on jugea que je l'avois été, et qu'ensuite avancé à quelque petit poste, j'en étois déchu pour rentrer dans mon premier état. Un petit parvenu retombé n'inspire pas une grande considération, et l'on me prenoit à peu près au mot sur l'égalité où je m'étois mis. Tout à coup je vis changer avec moi le ton de toute la famille; la familiarité prit plus de réserve, on me regardoit au travail avec une sorte d'étonnement; tout ce que je faisois dans l'atelier (et j'y faisois tout mieux que le maître) excitoit l'admiration; l'on sembloit épier tous mes mouvements, tous mes gestes : on tâchoit d'en user avec moi comme à l'ordinaire; mais cela ne se faisoit plus sans effort, et l'on eût dit que c'étoit par respect qu'on s'abstenoit de m'en marquer davantage. Les idées dont j'étois préoccupé m'empêchèrent de m'apercevoir de ce changement aussitôt que j'aurois fait dans un autre temps : mais mon habitude en agissant d'être toujours à la chose, me ramenant bientôt à ce qui se faisoit autour de moi, ne me laissa pas long-temps ignorer que j'étois devenu pour ces bonnes gens un objet de curiosité qui les intéressoit beaucoup.

Je remarquai surtout que la femme ne me quittoit pas des yeux. Ce sexe a une sorte de droits sur les aventuriers qui les lui rend en quelque sorte plus intéressants. Je ne poussois pas un coup d'échoppe qu'elle ne parût effrayée, et je la voyois toute surprise de ce que je ne m'étois pas blessé. Madame, lui dis-je une fois, je vois que vous vous défiez de mon adresse; avez-vous peur que je ne sache pas mon métier? Monsieur, me dit-elle, je vois que vous savez bien le nôtre; on diroit que vous n'avez fait que cela toute votre vie. A ce mot je vis que j'étois connu : je voulus savoir comment je l'étois. Après bien des mystères, j'appris qu'une jeune dame étoit venue, il y avoit deux jours, descendre à la porte du maître; que, sans permettre qu'on m'avertît, elle avoit voulu me voir; qu'elle s'étoit arrêtée derrière une porte vitrée d'où elle pouvoit m'apercevoir au fond de l'atelier; qu'elle s'étoit mise à genoux à cette porte ayant à côté d'elle un petit enfant qu'elle serroit avec transport dans ses bras par intervalles, poussant de longs sanglots à demi étouffés, versant des torrents de larmes, et donnant divers signes d'une douleur dont tous les témoins avoient été vivement émus;

qu'on l'avoit vue plusieurs fois sur le point de s'élancer dans l'atelier; qu'elle avoit paru ne se retenir que par de violents efforts sur elle-même; qu'enfin, après m'avoir considéré long-temps avec plus d'attention et de recueillement, elle s'étoit levée tout d'un coup, et collant le visage de l'enfant sur le sien, elle s'étoit écriée à demi-voix : *Non, jamais il ne voudra t'ôter ta mère; viens, nous n'avons rien à faire ici.* A ces mots elle étoit sortie avec précipitation; puis, après avoir obtenu qu'on ne me parleroit de rien, remonter dans son carrosse et partir comme un éclair n'avoit été pour elle que l'affaire d'un instant.

Ils ajoutèrent que le vif intérêt dont ils ne pouvoient se défendre pour cette aimable dame les avoit rendus fidèles à la promesse qu'ils lui avoient faite et qu'elle avoit exigée avec tant d'instances; qu'ils n'y manquoient qu'à regret; qu'ils voyoient aisément, à son équipage et plus encore à sa figure, que c'étoit une personne d'un haut rang, et qu'ils ne pouvoient présumer autre chose de sa démarche et de son discours, sinon que cette femme étoit la mienne, car il étoit impossible de la prendre pour une fille entretenue.

Jugez de ce qui se passoit en moi durant ce récit! Que de choses tout cela supposoit! Quelles inquiétudes n'avoit-il pas fallu avoir, quelles recherches n'avoit-il point fallu faire pour retrouver ainsi mes traces! tout cela est-il de quelqu'un qui n'aime plus! Quel voyage! quel motif l'avoit pu faire entreprendre! dans quelle occupation elle m'avoit surpris! Ah! ce n'étoit pas la première fois : mais alors elle n'étoit pas à genoux, elle ne fondoit pas en larmes. O temps, temps heureux! qu'est devenu cet ange du ciel?... Mais que vient donc faire ici cette femme?... elle amène son fils,... mon fils,... et pourquoi?... Vouloit-elle me voir, me parler?... pourquoi s'enfuir?... me braver?... pourquoi ces larmes? Que me veut-elle, la perfide? vient-elle insulter à ma misère? A-t-elle oublié qu'elle ne m'est plus rien? Je cherchois en quelque sorte à m'irriter de ce voyage pour vaincre l'attendrissement qu'il me causoit, pour résister aux tentations de courir après l'infortunée, qui m'agitoient malgré moi. Je demeurai néanmoins. Je vis que cette démarche ne prouvoit autre chose sinon que j'étois encore aimé ; et cette supposition même étant entrée dans ma délibération, ne devoit rien changer au parti qu'elle m'avoit fait prendre.

Alors examinant plus posément toutes les circonstances de ce voyage, pesant surtout les derniers mots qu'elle avoit prononcés en partant, j'y crus démêler le motif qui l'avoit amenée et celui qui l'avoit fait repartir tout d'un coup sans s'être laissé voir. Sophie parloit simplement; mais tout ce qu'elle disoit portoit dans mon cœur des traits de lumière, et c'en fut un que ce peu de mots.

Il ne t'ôtera pas ta mère, avoit-elle dit. C'étoit donc la crainte qu'on ne la lui ôtât qui l'avoit amenée, et c'étoit la persuasion que cela n'arriveroit pas qui l'avoit fait repartir. Et d'où la tiroit-elle cette persuasion ? qu'avoit-elle vu ? Émile en paix, Émile au travail. Quelle preuve pouvoit-elle tirer de cette vue, sinon qu'Émile en cet état n'étoit point subjugué par ses passions, et ne formoit que des résolutions raisonnables ? Celle de la séparer de son fils ne l'étoit donc pas selon elle, quoiqu'elle le fût selon moi. Lequel avoit tort ? Le mot de Sophie décidoit encore ce point; et en effet, en considérant le seul intérêt de l'enfant, cela pouvoit-il même être mis en doute ? Je n'avois envisagé que l'enfant ôté à la mère, et il falloit envisager la mère ôtée à l'enfant. J'avois donc tort. Oter une mère à son fils, c'est lui ôter plus qu'on ne peut lui rendre, surtout à cet âge; c'est sacrifier l'enfant pour se venger de la mère; c'est un acte de passion, jamais de raison, à moins que la mère ne soit folle ou dénaturée. Mais Sophie est celle qu'il faudroit désirer à mon fils quand il en auroit une autre. Il faut que nous l'élevions elle ou moi, ne pouvant plus l'élever ensemble; ou bien, pour contenter ma colère, il faut le rendre orphelin. Mais que ferai-je d'un enfant dans l'état où je suis? J'ai assez de raison pour voir ce que je puis ou ne puis faire, non pour faire ce que je dois. Traînerai-je un enfant de cet âge en d'autres, contrées, ou le tiendrai-je sous les yeux de sa mère, pour braver une femme que je dois fuir? Ah! pour ma sûreté je ne serai jamais assez loin d'elle. Laissons-lui l'enfant, de peur qu'il ne lui ramène à la fin le père. Qu'il lui reste seul pour ma vengeance; que chaque jour de sa vie il rappelle à l'infidèle le bonheur dont il fut le gage, et l'époux qu'elle s'est ôté.

Il est certain que la résolution d'ôter mon fils à sa mère avoit été l'effet de ma colère. Sur ce seul point la passion m'avoit aveuglé, et ce fut le seul point aussi sur lequel je changeai de résolution. Si ma famille eût suivi mes intentions, Sophie eût élevé cet enfant, et peut-être vivroit-il encore : mais peut-être aussi dès-lors Sophie étoit-elle morte pour moi; consolée dans cette chère moitié de moi-même, elle n'eût plus songé à rejoindre l'autre, et j'aurois perdu les plus beaux jours de ma vie. Que de douleurs devoient nous faire expier nos fautes avant que notre réunion nous les fît oublier!

Nous nous connoissions si bien mutuellement, qu'il ne me fallut, pour deviner le motif de sa brusque retraite, que sentir qu'elle avoit prévu ce qui seroit arrivé si nous nous fussions revus. J'étois raisonnable, mais foible, elle le savoit; et je savois encore mieux combien cette ame sublime et fière conservoit d'inflexibilité jusque dans ses fautes. L'idée de Sophie rentrée en grâce lui étoit insupportable. Elle sentoit que son crime étoit de ceux qui ne peuvent s'oublier; elle aimoit mieux être punie que pardonnée; un tel pardon n'étoit pas fait pour elle; la punition même l'avilissoit moins, à son gré. Elle croyoit ne pouvoir effacer sa faute qu'en l'expiant, ni s'acquitter avec la justice qu'en souffrant tous les maux qu'elle avoit mérités. C'est pour cela qu'intrépide et barbare dans sa franchise, elle dit son crime à vous, à toute ma famille, taisant en même temps ce qui l'excusoit, ce qui la justifioit peut-être, le cachant, dis-je, avec une telle obstination, qu'elle ne m'en a jamais dit un mot à moi-même, et que je ne l'ai su qu'après sa mort.

D'ailleurs, rassurée sur la crainte de perdre son fils, elle n'avoit plus rien à désirer de moi pour elle-même. Me fléchir eût été m'avilir, et elle étoit d'autant plus jalouse de mon honneur qu'il ne lui en restoit point d'autre. Sophie pouvoit être criminelle, mais l'époux qu'elle s'étoit choisi devoit être au-dessus d'une lâcheté. Ces raffinements de son amour-propre ne pouvoient convenir qu'à elle, et peut-être n'appartenoit-il qu'à moi de les pénétrer.

Je lui eus encore cette obligation, même après m'être séparé d'elle, de m'avoir ramené d'un parti peu raisonné que la vengeance m'avoit fait prendre. Elle s'étoit trompée en ce point dans la bonne opinion qu'elle avoit de moi : mais cette erreur n'en fut plus une aussitôt que j'y eus pensé; en ne considérant que l'intérêt de mon fils, je vis qu'il falloit le laisser à sa mère, et je m'y déterminai. Du reste, confirmé dans mes sentiments, je résolus d'éloigner son malheureux père des risques qu'il venoit de courir. Pouvois-je être assez loin d'elle, puisque je ne devois plus m'en rapprocher? C'étoit elle encore, c'étoit son voyage qui venoit de me donner cette sage leçon : il m'importoit pour la suivre de ne pas rester dans le cas de la recevoir deux fois.

Il falloit fuir : c'étoit là ma grande affaire et la conséquence de tous mes précédents raisonnements. Mais où fuir ? C'étoit à cette délibération que j'en étois demeuré, et je n'avois pas vu que rien n'étoit plus indifférent que le choix du lieu, pourvu que je m'éloignasse. A quoi bon tant balancer sur ma retraite, puisque partout je trouverois à vivre ou mourir, et que c'étoit tout ce qui me restoit à faire? Quelle bêtise de l'amour-propre de nous montrer toujours toute la nature intéressée aux petits événements de notre vie ! N'eût-on pas dit, à me voir délibérer sur mon séjour, qu'il importeroit beaucoup au genre humain que j'allasse habiter un pays plutôt qu'un autre, et que le poids de mon corps alloit rompre l'équilibre du globe? Si je n'estimois mon existence que ce qu'elle vaut pour mes semblables, je m'inquiéterois moins d'aller chercher les devoirs à remplir, comme s'ils ne me suivoient pas en quelque lieu que je fusse, et qu'il ne s'en présentât pas toujours autant qu'en peut remplir celui qui les aime ; je me dirois qu'en quelque lieu que je vive, en quelque situation que je sois, je trouverois toujours à faire ma tâche d'homme, et que nul n'auroit besoin des autres si chacun vivoit convenablement pour soi.

Le sage vit au jour la journée, et trouve tous ses devoirs quotidiens autour de lui. Ne tentons rien au-delà de nos forces, et ne nous portons point en avant de notre existence. Mes devoirs d'aujourd'hui sont ma seule tâche, ceux de demain ne sont pas encore venus. Ce que je dois faire à présent est de m'éloigner de Sophie, et le chemin que je dois choisir est celui qui m'en éloigne le plus directement. Tenons nous-en là.

Cette résolution prise, je mis l'ordre qui dépendoit de moi à tout ce que je laissois en arrière ; je vous écrivis, j'écrivis à ma famille, j'écrivis à Sophie elle-même. Je réglai tout, je n'oubliai que les soins qui pouvoient regarder ma personne ; aucun ne m'étoit nécessaire, et, sans valet, sans argent, sans équipage, mais sans désirs et sans soins, je partis seul à pied. Chez les peuples où j'ai vécu, sur les mers que j'ai parcourues, dans les déserts que j'ai traversés, errant durant tant d'années, je n'ai regretté qu'une seule chose, et c'étoit celle que j'avois à fuir: Si mon cœur m'eût laissé tranquille, mon corps n'eût manqué de rien.

LETTRE II.

J'ai bu l'eau d'oubli; le passé s'efface de ma mémoire, et l'univers s'ouvre devant moi. Voilà ce que je me disois en quittant ma patrie, dont j'avois à rougir, et à laquelle je ne devois que le mépris et la haine, puisque, heureux et digne d'honneur par moi-même, je ne tenois d'elle et de ses vils habitants que les maux dont j'étois la proie, et l'opprobre où j'étois plongé. En rompant les nœuds qui m'attachoient à mon pays, je l'étendois sur toute la terre, et j'en devenois d'autant plus homme en cessant d'être citoyen.

J'ai remarqué, dans mes longs voyages, qu'il n'y a que l'éloignement du terme qui rende le trajet difficile; il ne l'est jamais d'aller à une journée du lieu où l'on est : et pourquoi vouloir faire plus, si de journée en journée on peut aller au bout du monde? Mais en comparant les extrêmes, on s'effarouche de l'intervalle; il semble qu'on doive le franchir tout d'un saut, au lieu qu'en le prenant par parties on ne fait que des promenades, et l'on arrive. Les voyageurs, s'environnant toujours de leurs usages, de leurs habitudes, de leurs préjugés, de tous leurs besoins factices, ont, pour ainsi dire, une atmosphère qui les sépare des lieux où ils sont comme d'autant d'autres mondes différents du leur. Un François voudroit porter avec lui toute la France ; sitôt que quelque chose de ce qu'il avoit lui manque, il compte pour rien les équivalents, et se croit perdu. Toujours comparant ce qu'il trouve à ce qu'il a quitté, il croit être mal quand il n'est pas de la même manière, et ne sauroit dormir aux Indes si son lit n'est fait tout comme à Paris.

Pour moi, je suivois la direction contraire à l'objet que j'avois à fuir, comme autrefois j'avois suivi l'opposé de l'ombre dans la forêt de Montmorency. La vitesse que je ne mettois pas à mes courses se compensoit par la ferme résolution de ne point rétrograder. Deux jours de marche avoient déjà fermé derrière moi la barrière en me laissant le temps de réfléchir durant mon retour, si j'eusse été tenté d'y songer. Je respirois en m'éloignant, et je marchois plus à mon aise à mesure que j'échappois au danger. Borné pour tout projet à celui que j'exécutois, je suivois la même aire de vent pour toute règle ; je marchois tantôt vite et tantôt lentement, selon ma commodité, ma santé, mon humeur, mes forces. Pourvu, non avec moi, mais en moi, de plus de ressources que je n'en avois besoin pour vivre, je n'étois embarrassé ni de ma voiture ni de ma subsistance. Je ne craignois point les voleurs, ma bourse et mon passeport étoient dans mes bras, mon vêtement formoit toute ma garde-robe ; il étoit commode et bon pour un ouvrier; je le renouvelois sans peine à mesure qu'il s'usoit. Comme je ne marchois ni avec l'appareil ni avec l'inquiétude d'un voyageur, je n'excitois l'attention de personne, je passois partout pour un homme du pays. Il étoit rare qu'on m'arrêtât sur des frontières; et quand cela m'arrivoit, peu m'importoit; je restois là sans impatience, j'y travaillois tout comme ailleurs; j'y aurois sans peine passé ma vie si l'on m'y eût toujours retenu, et mon peu d'empressement d'aller plus loin m'ouvroit enfin tous les passages. L'air affairé et soucieux est toujours suspect, mais un homme tranquille inspire de la confiance; tout le monde me laissoit libre en voyant qu'on pouvoit disposer de moi sans me fâcher.

Quand je ne trouvois pas à travailler de mon métier, ce qui étoit rare, j'en faisois d'autres. Vous m'aviez fait acquérir l'instrument universel. Tantôt paysan, tantôt artisan, tantôt artiste, quelquefois même homme à talents, j'avois partout quelque connoissance de mise, et je me rendois maître de leur usage par mon peu d'empressement à les montrer. Un des fruits de mon éducation étoit d'être pris au mot sur ce que je me donnois pour être, et rien de plus, parce que j'étois simple en toute chose, et qu'en remplissant un poste je n'en briguois pas un autre. Ainsi j'étois toujours à ma place, et l'on m'y laissoit toujours.

Si je tombois malade, accident bien rare à un

homme de mon tempérament, qui ne fait excès ni d'aliments ni de soucis, ni de travail, ni de repos, je restois coi, sans me tourmenter de guérir ni m'effrayer de mourir. L'animal malade jeûne, reste en place, et guérit ou meurt; je faisois de même, et je m'en trouvois bien. Si je me fusse inquiété de mon état, si j'eusse importuné les gens de mes craintes et de mes plaintes, ils se seroient ennuyés de moi, j'eusse inspiré moins d'intérêt et d'empressement que n'en donnoit ma patience. Voyant que je n'inquiétois personne, que je ne me lamentois point, on me prévenoit par des soins qu'on m'eût refusés peut-être si je les eusse implorés.

J'ai cent fois observé que plus on veut exiger des autres, plus on les dispose au refus; ils aiment agir librement; et quand ils font tant que d'être bons, ils veulent en avoir tout le mérite. Demander un bienfait c'est y acquérir une espèce de droit, l'accorder est presque un devoir; et l'amour-propre aime mieux faire un don gratuit que payer une dette.

Dans ces pélerinages, qu'on eût blâmés dans le monde comme la vie d'un vagabond, parce que je ne les faisois pas avec le faste d'un voyageur opulent, si quelquefois je me demandois, Que fais-je? où vais-je? quel est mon but? je me répondois, Qu'ai-je fait en naissant, que de commencer un voyage qui ne doit finir qu'à ma mort? je fais ma tâche, je reste à ma place, j'use avec innocence et simplicité cette courte vie; je fais toujours un grand bien par le mal que je ne fais pas parmi mes semblables; je pourvois à mes besoins en pourvoyant aux leurs; je les sers sans jamais leur nuire; je leur donne l'exemple d'être heureux et bons sans soins et sans peine. J'ai répudié mon patrimoine, et je vis; je ne fais rien d'injuste, et je vis; je ne demande point l'aumône, et je vis. Je suis donc utile aux autres en proportion de ma subsistance; car les hommes ne donnent rien pour rien.

Comme je n'entrepends pas l'histoire de mes voyages, je passe tout ce qui n'est qu'événement. J'arrive à Marseille : pour suivre toujours la même direction, je m'embarque pour Naples : il ne s'agit de payer mon passage; vous y aviez pourvu en me faisant apprendre la manœuvre; elle n'est pas plus difficile sur la Méditerranée que sur l'Océan; quelques mots changés en font toute la différence. Je me fais matelot. Le capitaine du bâtiment, espèce de patron renforcé, étoit un renégat qui s'étoit rapatrié. Il avoit été pris depuis lors par les corsaires, et disoit s'être échappé de leurs mains sans avoir été reconnu. Des marchands napolitains lui avaient confié un autre vaisseau, et il faisoit sa seconde course depuis ce rétablissement: il contoit sa vie à qui vouloit l'entendre, et savoit si bien se faire valoir, qu'en amusant il donnoit de la confiance. Ses goûts étoient aussi bizarres que ses aventures : il ne songeoit qu'à divertir son équipage : il avoit sur son bord deux méchants pierriers qu'il tirailloit tout le jour ; toute la nuit il tiroit des fusées : on n'a jamais vu patron de navire aussi gai.

Pour moi, je m'amusois à m'exercer dans la marine; et quand je n'étois pas de quart, je n'en demeurois pas moins à la manœuvre ou au gouvernail. L'attention me tenoit lieu d'expérience, et je ne tardai pas à juger que nous dérivions beaucoup à l'ouest. Le compas étoit pourtant au rumb convenable; mais le cours du soleil et des étoiles me sembloit contrarier si fort sa direction, qu'il falloit, selon moi, que l'aiguille déclinât prodigieusement. Je le dis au capitaine : il battit la campagne en se moquant de moi; et comme la mer devint haute et le temps nébuleux, il ne me fut pas possible de vérifier mes observations. Nous eûmes un vent forcé qui nous jeta en pleine mer : il dura deux jours; le troisième nous aperçûmes la terre à notre gauche. Je demandai au patron ce que c'étoit. Il me dit : Terre de l'Église. Un matelot soutint que c'étoit la côte de Sardaigne : il fut hué et paya de cette façon sa bien-venue : car, quoique vieux matelot, il étoit nouvellement sur ce bord ainsi que moi.

Il ne m'importoit guère où que nous fussions; mais ce qu'avoit dit cet homme ayant ranimé ma curiosité, je me mis à fureter autour de l'habitacle pour voir si quelque fer mis là par mégarde ne faisoit point décliner l'aiguille. Quelle fut ma surprise de trouver un gros aimant caché dans un coin! En l'ôtant de sa place, je vis l'aiguille en mouvement reprendre sa direction. Dans le même instant quelqu'un cria, Voile. Le patron regarda avec sa lunette, et dit que c'étoit un petit bâtiment françois. Comme il avoit le cap sur nous et que nous ne l'évitions pas, il ne tarda pas d'être à pleine vue, et chacun vit alors que c'étoit une voile barbaresque. Trois marchands napolitains que nous avions à bord avec tout leur bien poussèrent des cris jusqu'au ciel. L'énigme alors me devint claire. Je m'approchai du patron, et lui dis à l'oreille : *Patron, si nous sommes pris, tu es mort; compte là-dessus.* J'avois paru si peu ému, et je lui tins ce discours d'un ton si posé, qu'il ne s'en alarma guère, et feignit même de ne l'avoir pas entendu.

Il donna quelques ordres pour la défense; mais il ne se trouva pas une arme en état, et nous avions tant brûlé de poudre, que, quand on voulut charger les pierriers, à peine en resta-t-il pour deux coups. Elle nous eût même été fort inutile : sitôt que nous fûmes à portée, au lieu de daigner tirer sur nous, on nous cria d'amener, et nous fûmes abordés presque au même instant. Jusqu'alors le patron, sans en faire semblant, m'observoit avec quelque défiance; mais sitôt qu'il vit les corsaires

dans notre bord, il cessa de faire attention à moi, et s'avança vers eux sans précaution. En ce moment je me crus juge, exécuteur, pour venger mes compagnons d'esclavage, en purgeant le genre humain d'un traître et la mer d'un de ses monstres. Je courus à lui, et lui criant, *Je te l'ai promis, je te tiens parole*, d'un sabre dont je m'étois saisi je lui fis voler la tête. A l'instant, voyant le chef des Barbaresques venir impétueusement à moi, je l'attendis de pied ferme, et lui présentant le sabre par la poignée, *Tiens, capitaine*, lui dis-je en langue franque, *je viens de faire justice, tu peux la faire à ton tour*. Il prit le sabre, il le leva sur ma tête ; j'attendis le coup en silence : il sourit, et, me tendant la main, il défendit qu'on me mît aux fers avec les autres ; mais il ne me parla point de l'expédition qu'il m'avoit vu faire, ce qui me confirma qu'il en savoit assez la raison. Cette distinction, au reste, ne dura que jusqu'au port d'Alger, et nous fûmes envoyés au bagne en débarquant, couplés comme des chiens de chasse.

Jusqu'alors, attentif à tout ce que je voyois, je m'occupois peu de moi. Mais enfin la première agitation cessée me laissa réfléchir sur mon changement d'état, et le sentiment qui m'occupoit encore dans toute sa force me fit dire en moi-même, avec une sorte de satisfaction : Que m'ôtera cet événement ? Le pouvoir de faire une sottise. Je suis plus libre qu'auparavant. Émile esclave ! reprenois-je. Eh! dans quel sens? Qu'ai-je perdu de ma liberté primitive? Ne naquis-je pas esclave de la nécessité? Quel nouveau joug peuvent m'imposer les hommes? Le travail? ne travaillois-je pas quand j'étois libre? La faim? combien de fois je l'ai soufferte volontairement! La douleur? toutes les forces humaines ne m'en donneront pas plus que ne m'en fit sentir un grain de sable. La contrainte? sera-t-elle plus rude que celle de mes premiers fers? et je n'en voulois pas sortir. Soumis par ma naissance aux passions humaines, que leur joug me soit imposé par un autre ou par moi, ne faut-il pas toujours le porter? et qui sait de quelle part il me sera plus supportable? J'aurai du moins toute ma raison pour les modérer dans un autre : combien de fois ne m'a-t-elle pas abandonné dans les miennes! Qui pourra me faire porter deux chaînes? N'en portois-je pas une auparavant? Il n'y a de servitude réelle que celle de la nature; les hommes n'en sont que les instruments. Qu'un maître m'assomme ou qu'un rocher m'écrase, c'est le même événement à mes yeux, et tout ce qui peut m'arriver de pis dans l'esclavage est de ne pas plus fléchir un tyran qu'un caillou. Enfin, si j'avois ma liberté, qu'en ferois-je? Dans l'état où je suis que puis-je vouloir? Eh! pour ne pas tomber dans l'anéantissement, j'ai besoin d'être animé par la volonté d'un autre au défaut de la mienne.

Je tirai de mes réflexions la conséquence que

mon changement d'état étoit plus apparent que réel; que si la liberté consistoit à faire ce qu'on veut, nul homme ne seroit libre; que tous sont foibles, dépendants des choses, de la dure nécessité; que celui qui sait le mieux vouloir tout ce qu'elle ordonne est le plus libre, puisqu'il n'est jamais forcé de faire ce qu'il ne veut pas.

Oui, mon père, je puis le dire, le temps de ma servitude fut celui de mon règne, et jamais je n'eus tant d'autorité sur moi que quand je portai les fers des barbares. Soumis à leurs passions sans les partager, j'appris à mieux connoître les miennes. Leurs écarts furent pour moi des instructions plus vives que n'avoient été vos leçons, et je fis sous ces rudes maîtres un cours de philosophie encore plus utile que celui que j'avois fait près de vous.

Je n'éprouvai pas pourtant dans leur servitude toutes les rigueurs que j'en attendois. J'essuyai de mauvais traitements, mais moins peut-être qu'ils n'en eussent essuyé parmi nous, et je connus que ces noms de Maures et de pirates portoient avec eux des préjugés dont je ne m'étois pas assez défendu. Ils ne sont pas pitoyables, mais ils sont justes; et s'il faut n'attendre d'eux ni douceur ni clémence, on n'en doit craindre non plus ni caprice ni méchanceté. Ils veulent qu'on fasse ce qu'on peut faire, mais ils n'exigent rien de plus, et dans leurs châtiments, ils ne punissent jamais l'impuissance, mais seulement la mauvaise volonté. Les nègres seroient trop heureux en Amérique si l'Européen les traitoit avec la même équité : mais comme il ne voit dans ces malheureux que des instruments de travail, sa conduite envers eux dépend uniquement de l'utilité qu'il en tire ; il mesure sa justice sur son profit.

Je changeai plusieurs fois de patron : l'on appeloit cela me vendre ; comme si jamais on pouvoit vendre un homme ! On vendoit le travail de mes mains ; mais ma volonté, mon entendement, mon être, tout ce par quoi j'étois moi et non pas un autre, ne se vendoit assurément pas ; et la preuve de cela est que la première fois que je voulus le contraire de ce que vouloit mon prétendu maître, ce fut moi qui fus le vainqueur. Cet événement mérite d'être raconté.

Je fus d'abord assez doucement traité ; l'on comptoit sur mon rachat, et je vécus plusieurs mois dans une inaction qui m'eût ennuyé si je pouvois connoître l'ennui. Mais enfin, voyant que je n'intriguois point auprès des consuls européens et des moines, que personne ne parloit de ma rançon, et que je ne paroissois pas y songer moi-même, on voulut tirer parti de moi de quelque manière, et l'on me fit travailler. Ce changement ne me surprit ni ne me fâcha. Je craignois peu les travaux pénibles, mais j'en aimois mieux de plus amusants. Je trouvai le moyen d'entrer dans un atelier dont le maître ne tarda pas à comprendre que j'étois le sien dans son métier. Ce travail devenant plus lucratif pour mon patron que celui qu'il me faisoit faire, il m'établit pour son compte, et s'en trouva bien.

J'avois vu disperser presque tous mes anciens camarades du bagne; ceux qui pouvoient être rachetés l'avoient été; ceux qui ne pouvoient l'être avoient eu le même sort que moi; mais tous n'y avoient pas trouvé le même adoucissement. Deux chevaliers de Malte entre autres avoient été délaissés. Leurs familles étoient pauvres. La religion ne rachète point ses captifs; et les pères, ne pouvant racheter tout le monde, donnoient, ainsi que les consuls, une préférence fort naturelle, et qui n'est pas inique, à ceux dont la reconnoissance leur pouvoit être plus utile. Ces deux chevaliers, l'un jeune et l'autre vieux, étoient instruits et ne manquoient pas de mérite; mais ce mérite étoit perdu dans leur situation présente. Ils savoient le génie, la tactique, le latin, les belles-lettres. Ils avoient des talents pour briller, pour commander, qui n'étoient pas d'une grande ressource à des esclaves. Pour surcroît ils portoient impatiemment leurs fers; et la philosophie, dont ils se piquoient extrêmement, n'avoit point appris à ces fiers gentilshommes à servir de bonne grâce des pieds-plats et des bandits, car ils n'appeloient pas autrement leurs maîtres. Je plaignois ces deux pauvres gens; ayant renoncé par leur noblesse à leur état d'hommes, à Alger ils n'étoient plus rien : même ils étoient moins que rien ; car, parmi les corsaires, un corsaire ennemi fait esclave est fort au-dessous du néant. Je ne pus servir le vieux que de mes conseils, qui lui étoient superflus, car plus savant que moi, du moins de cette science qui s'étale, il savoit à fond toute la morale, et ses préceptes lui étoient très-familiers : il n'y avoit que la pratique qui lui manquât, et l'on ne sauroit porter de plus mauvaise grâce le joug de la nécessité. Le jeune, encore plus impatient, mais ardent, actif, intrépide, se perdoit en projets de révoltes et de conspirations impossibles à exécuter, et qui, toujours découverts, ne faisoient qu'aggraver sa misère. Je tentai de l'exciter à s'évertuer, à mon exemple, et à tirer parti de ses bras pour rendre son état plus supportable ; mais il méprisa mes conseils, et me dit fièrement qu'il savoit mourir. Monsieur, lui dis-je, il vaudroit encore mieux savoir vivre. Je parvins pourtant à lui procurer quelques soulagements, qu'il reçut de bonne grâce et en ame noble et sensible, mais qui ne lui firent pas goûter mes vues. Il continua ses trames pour se procurer la liberté par un coup hardi : mais son esprit remuant lassa la patience de son maître qui étoit le mien : cet homme se défit de lui et de moi ; nos liaisons lui avoient paru suspectes, et il crut que j'employois à l'aider dans ses manœuvres les entretiens par lesquels je tâchois de l'en détourner. Nous fûmes vendus à un entrepreneur d'ouvrages publics, et condamnés à travailler sous les ordres d'un surveillant barbare, esclave comme nous, mais qui, pour se faire valoir à son maître, nous accabloit de plus de travaux que la force humaine n'en pouvoit porter.

Les premiers jours ne furent pour moi que des jeux. Comme on nous partageoit également le travail, et que j'étois plus robuste et plus ingambe que tous mes camarades, j'avois fait ma tâche avant eux, après quoi j'aidois les plus foibles et les allégeois d'une partie de la leur. Mais notre piqueur ayant remarqué ma diligence et la supériorité de mes forces, m'empêcha de les employer pour d'autres en doublant ma tâche, et, toujours augmentant par degrés, finit par me surcharger à tel point et de travail et de coups, que, malgré ma vigueur, j'étois menacé de succomber bientôt sous le faix : tous mes compagnons, tant forts que foibles, mal nourris, et plus maltraités, dépérissoient sous l'excès du travail.

Cet état devenant tout-à-fait insupportable, je résolus de m'en délivrer à tout risque. Mon jeune chevalier, à qui je communiquai ma résolution, la partagea vivement. Je le connoissois homme de courage, capable de constance, pourvu qu'il fût sous les yeux des hommes ; et dès qu'il s'agissoit d'actes brillants et de vertus héroïques, je me tenois sûr de lui. Mes ressources néanmoins étoient toutes en moi-même, et je n'avois besoin du concours de personne pour exécuter mon projet; mais il étoit vrai qu'il pouvoit avoir un effet beaucoup plus avantageux, exécuté de concert par mes compagnons de misère, et je résolus de le leur proposer conjointement avec le chevalier.

J'eus peine à obtenir de lui que cette proposition se feroit simplement et sans intrigues préliminaires. Nous prîmes le temps du repas, où nous étions plus rassemblés et moins surveillés. Je m'adressai d'abord dans ma langue à une douzaine de compatriotes que j'avois là, ne voulant pas leur parler en langue franque de peur d'être entendu des gens du pays. Camarades, leur dis-je, écoutez-moi. Ce qui me reste de force ne peut suffire à quinze jours encore du travail dont on me surcharge, et je suis un des plus robustes de la troupe : il faut qu'une situation si violente prenne une prompte fin, soit par un épuisement total, soit par une résolution qui le prévienne. Je choisis le dernier parti, et je suis déterminé à me refuser dès demain à tout travail, au péril de ma vie et de tous les traitements que doit m'attirer ce refus. Mon choix est une affaire de calcul. Si je reste comme je suis, il faut périr infailliblement en très-peu de temps et sans aucune ressource : je m'en ménage une par ce sacrifice de peu de jours. Le parti que je prends peut effrayer notre inspecteur et éclairer mon maître sur son véritable intérêt. Si cela n'arrive pas, mon sort, quoique accéléré, ne sauroit être empiré. Cette ressource seroit tardive et nulle quand mon corps épuisé ne seroit plus capable d'aucun travail; alors, en me ménageant, ils n'auroient plus rien à gagner; en m'achevant, ils ne feroient qu'épargner ma nourriture. Il me convient donc de choisir le moment où ma perte en est encore une pour eux. Si quelqu'un d'entre vous trouve mes raisons bonnes, et veut, à l'exemple de cet homme de courage, prendre le même parti que moi, notre nombre fera plus d'effet, et rendra nos tyrans plus traitables; mais, fussions-nous seuls, lui et moi, nous n'en sommes pas moins résolus à persister dans notre refus, et nous vous prenons tous à témoin de la façon dont il sera soutenu.

« Ce discours simple et simplement prononcé fut écouté sans beaucoup d'émotion. Quatre ou cinq de la troupe me dirent cependant de compter sur eux, et qu'ils feroient comme moi. Les autres ne dirent mot, et tout resta calme. Le chevalier, mécontent de cette tranquillité, parla aux siens dans sa langue avec plus de véhémence. Leur nombre étoit grand: il leur fit à haute voix des descriptions animées de l'état où nous étions réduits et de la cruauté de nos bourreaux; il excita leur indignation par la peinture de notre avilissement, et leur ardeur par l'espoir de la vengeance; enfin il enflamma tellement leur courage par l'admiration de la force d'ame qui sait braver les tourments et qui triomphe de la puissance même, qu'ils l'interrompirent par des cris, et tous jurèrent de nous imiter et d'être inébranlables jusqu'à la mort.

Le lendemain, sur notre refus de travailler, nous fûmes, comme nous nous y étions attendus, très-maltraités les uns et les autres, inutilement toutefois quant à nous deux et à mes trois ou quatre compagnons de la veille, à qui nos bourreaux n'arrachèrent pas même un seul cri. Mais l'œuvre du chevalier ne tint pas si bien. La constance de ses bouillants compatriotes fut épuisée en quelques minutes, et bientôt à coups de nerf de bœuf on les ramena tous au travail, doux comme des agneaux. Outré de cette lâcheté, le chevalier, tandis qu'on le tourmentoit lui-même, les chargeoit de reproches et d'injures qu'ils n'écoutoient pas. Je tâchai de l'apaiser sur une désertion que j'avois prévue et que je lui avois prédite. Je savois que les effets de l'éloquence sont vifs, mais momentanés. Les hommes qui se laissent si facilement émouvoir se calment avec la même facilité. Un raisonnement froid et fort ne fait point d'effervescence; mais quand il prend, il pénètre, et l'effet qu'il produit ne s'efface pas.

La foiblesse de ces pauvres gens en produisit un autre auquel je ne m'étois pas attendu, et que j'attribue à une rivalité nationale plus qu'à l'exemple

LETTRE II.

de notre fermeté. Ceux de mes compatriotes qui ne m'avoient point imité, les voyant revenir au travail, les huèrent, le quittèrent à leur tour, et, comme pour insulter à leur couardise, vinrent se ranger autour de moi : cet exemple en entraîna d'autres; et bientôt la révolte devint si générale, que le maître, attiré par le bruit et les cris, vint lui-même pour y mettre ordre.

Vous comprenez ce que notre inspecteur put lui dire pour s'excuser et pour l'irriter contre nous. Il ne manqua pas de me désigner comme l'auteur de l'émeute, comme un chef de mutins qui cherchoit à se faire craindre par le trouble qu'il vouloit exciter. Le maître me regarda et me dit : C'est donc toi qui débauches mes esclaves? Tu viens d'entendre l'accusation : si tu as quelque chose à répondre, parle. Je fus frappé de cette modération dans le premier emportement d'un homme âpre au gain, menacé de sa ruine, dans un moment où tout maître européen, touché jusqu'au vif par son intérêt, eût commencé, sans vouloir m'entendre, par me condamner à mille tourments. Patron, lui dis-je en langue franque, tu ne peux nous haïr, tu ne nous connois pas même; nous ne te haïssons pas non plus, tu n'es pas l'auteur de nos maux, tu les ignores. Nous savons porter le joug de la nécessité qui nous a soumis à toi. Nous ne refusons point d'employer nos forces pour ton service, puisque le sort nous y condamne; mais en les excédant, ton esclave nous les ôte et va te ruiner par notre perte. Crois-moi, transporte à un homme plus sage l'autorité dont il abuse à ton préjudice. Mieux distribué, ton ouvrage ne se fera pas moins, et tu conserveras des esclaves laborieux dont tu tireras avec le temps un profit beaucoup plus grand que celui qu'il te veut procurer en nous accablant. Nos plaintes sont justes, nos demandes sont modérées. Si tu ne les écoutes pas, notre parti est pris : ton homme vient d'en faire l'épreuve ; tu peux la faire à ton tour.

Je me tus ; le piqueur voulut répliquer. Le patron lui imposa silence. Il parcourut des yeux mes camarades dont le teint pâle et la maigreur attestoient la vérité de mes plaintes, mais dont la contenance au surplus n'annonçoit point du tout des gens intimidés. Ensuite, m'ayant considéré derechef : Tu parois, dit-il, un homme sensé ; je veux savoir ce qui en est. Tu tances la conduite de cet esclave : voyons la tienne à sa place ; je te la donne et le mets à la tienne. Aussitôt il ordonna qu'on m'ôtât mes fers et qu'on les mît à notre chef : cela fut fait à l'instant.

Je n'ai pas besoin de vous dire comment je me conduisis dans ce nouveau poste ; et ce n'est pas de cela qu'il s'agit ici. Mon aventure fit du bruit, le soin qu'il prit de la répandre fit nouvelle dans Alger : le dey même entendit parler de moi et voulut me voir. Mon patron m'ayant conduit à lui, et voyant que je lui plaisois, lui fit présent de ma personne. Voilà votre Émile esclave du dey d'Alger.

Les règles sur lesquelles j'avois à me conduire dans ce nouveau poste découloient de principes qui ne m'étoient pas inconnus : nous les avions discutés durant mes voyages; et leur application, bien qu'imparfaite et très en petit, dans le cas où je me trouvois, étoit sûre et infaillible dans ses effets. Je ne vous entretiendrai pas de ces menus détails, ce n'est pas de cela qu'il s'agit entre vous et moi. Mes succès m'attirèrent la considération de mon patron.

Assem Oglou étoit parvenu à la suprême puissance par la route la plus honorable qui puisse y conduire; car, de simple matelot, passant par tous les grades de la marine et de la milice, il s'étoit successivement élevé aux premières places de l'état, et après la mort de son prédécesseur, il fut élu pour lui succéder par les suffrages unanimes des Turcs et des Maures, des gens de guerre et des gens de loi. Il y avoit douze ans qu'il remplissoit avec honneur ce poste difficile, ayant à gouverner un peuple indocile et barbare, une soldatesque inquiète et mutine, avide de désordres et de trouble, qui, ne sachant ce qu'elle désiroit elle-même, ne vouloit que remuer, et se soucioit peu que les choses allassent mieux pourvu qu'elles allassent autrement. On ne pouvoit pas se plaindre de son administration, quoiqu'elle ne répondît pas à l'espérance qu'on en avoit conçue. Il avoit maintenu sa régence assez tranquille : tout étoit en meilleur état qu'auparavant, le commerce et l'agriculture alloient bien, la marine étoit en vigueur, le peuple avoit du pain. Mais on n'avoit point de ces opérations éclatantes [1]...

---

[1] * Il est d'autant plus à regretter que Rousseau n'ait pas continué cet ouvrage, que, dans une lettre à Du Peyrou, du 6 juillet 1768, où il le prie de lui en envoyer le manuscrit, il annonce le désir de le revoir, « pour remplir, par un peu de distrac-« tion, les mauvais jours d'hiver. Je conserve, ajoute-t-il, pour « cette entreprise un foible que je ne combats pas, parce que j'y « trouverois au contraire un spécifique utile pour occuper mes « moments perdus, sans rien mêler à cette occupation qui me rap-« pelât le souvenir de mes malheurs ni de rien qui s'y rapporte. »

La lettre de M. de Prevost qu'on va lire prouve que le manuscrit lui fut en effet renvoyé.

EXTRAIT D'UNE LETTRE

DU PROFESSEUR PREVOST DE GENÈVE,

AUX RÉDACTEURS DES ARCHIVES LITTÉRAIRES [1],

SUR J. J. ROUSSEAU,

ET PARTICULIÈREMENT SUR LA SUITE DE L'ÉMILE, OU LES SOLITAIRES.

Messieurs,

L'avantage dont j'ai joui de voir souvent J.-J. Rousseau dans sa vieillesse, m'a donné lieu de faire quelques remarques que je hasarde de vous communiquer. Ce sont de petits faits liés à un grand nom, qu'il vaut mieux recueillir que laisser perdre................

Je sais qu'il avait brûlé quelques uns de ses manuscrits; ses œuvres posthumes ont fait connoître les plus intéressants de ceux qu'il avoit épargnés... Je lui ai ouï dire qu'à son départ de Londres il avoit fait un grand feu d'une multitude de notes destinées à une édition d'*Émile*, et qui l'embarrassoient en ce moment......

....

Rousseau ne m'avoit jamais mis dans la confidence de ses Mémoires; il n'avoit fait que me les nommer à l'occasion de la crainte qu'il eut de les avoir perdus. Mais il me procura un très-vif plaisir par la lecture

---

[1] * 1804, tome II, page 211. — Cette intéressante collection, commencée en 1804, et qui a fini en 1808, comprend 17 volumes.

qu'il voulut bien me faire du supplément à l'*Émile*. Ce morceau a paru dans l'édition de Genève, sous le titre d'*Émile et Sophie, ou les Solitaires*. Il est demeuré imparfait, et finit à l'époque où Émile devint esclave du dey d'Alger... Rousseau ne s'en tint pas à la lecture de ce fragment, qui acquéroit un nouveau prix par l'accent passionné de sa voix, et par une certaine émotion contagieuse à laquelle il s'abandonnoit. Animé lui-même par cette lecture, il parut reprendre la trace des idées et des sentiments qui l'avoient agité dans le feu de la composition. Il parla d'abondance, avec chaleur et facilité (ce qu'il faisoit rarement), il me développa divers événements de la suite de ce roman commencé, et m'en exposa le dénouement. Le voici tel que me le fournissent quelques notes faites de mémoire. On sera, j'espère, assez juste pour ne pas imputer à l'auteur ce qu'il peut offrir d'irrégulier dans une esquisse aussi légère, et qui, sans être infidèle, peut dérober quelques traits que le tableau eût fait ressortir.

DÉNOUEMENT DES SOLITAIRES.

Une suite d'événements amène Émile dans une île déserte. Il trouve sur le rivage un temple orné de fleurs et de fruits délicieux. Chaque jour il le visite, et chaque jour il le trouve embelli. Sophie en est la prêtresse; Émile l'ignore. Quels événements ont pu l'attirer en ces lieux? Les suites de sa faute et des actions qui l'effacent. Sophie enfin se fait connoître. Émile apprend le tissu de fraudes et de violences sous lequel elle a succombé. Mais indigne désormais d'être sa compagne, elle veut être son esclave et servir sa propre rivale. Celle-ci est une jeune personne que d'autres événements unissent au sort des deux anciens époux. Cette rivale épouse Émile ; Sophie assiste à la noce. Enfin, après quelques jours donnés à l'amertume du repentir et aux tourments d'une douleur toujours renaissante et d'autant plus vive, que Sophie se fait un devoir et un point d'honneur de la dissimuler, Émile et la rivale de Sophie avouent que leur mariage n'est qu'une feinte. Cette prétendue rivale avoit un autre époux qu'on présente à Sophie ; et Sophie retrouve le sien, qui non seulement lui pardonne une faute involontaire, expiée par les plus cruelles peines, et réparée par le repentir, mais qui estime et honore en elle des vertus dont il n'avoit qu'une foible idée avant qu'elles eussent trouvé l'occasion de se développer dans toute leur étendue.

PROJET
D'ÉDUCATION.

PROJET
POUR L'ÉDUCATION
DE M. DE SAINTE-MARIE [1].

Vous m'avez fait l'honneur, monsieur, de me confier l'instruction de messieurs vos enfants : c'est à moi d'y répondre par tous mes soins et par toute l'étendue des lumières que je puis avoir ; et j'ai cru que, pour cela, mon premier objet devoit être de bien connoître les sujets auxquels j'aurai affaire. C'est à quoi j'ai principalement employé le temps qu'il y a que j'ai l'honneur d'être dans votre maison ; et je crois d'être suffisamment au fait à cet égard pour pouvoir régler là-dessus le plan de leur éducation. Il n'est pas nécessaire que je vous fasse compliment, monsieur, sur ce que j'y ai remarqué d'avantageux ; l'affection que j'ai conçue pour eux se déclarera par des marques plus solides que des louanges, et ce n'est pas un père aussi tendre et aussi éclairé que vous l'êtes qu'il faut instruire des belles qualités de ses enfants.

[1] * Ce projet, fait pour l'éducation des enfants de M. Bonnot de Mably, grand-prévôt de Lyon, est de la fin de l'année 1740.

Il me reste à présent, monsieur, d'être éclairci par vous-même des vues particulières que vous pouvez avoir sur chacun d'eux, du degré d'autorité que vous êtes dans le dessein de m'accorder à leur égard, et des bornes que vous donnerez à mes droits pour les récompenses et les châtiments.

Il est probable, monsieur, que, m'ayant fait la faveur de m'agréer dans votre maison avec un appointement honorable et des distinctions flatteuses, vous avez attendu de moi des effets qui répondissent à des conditions si avantageuses ; et l'on voit bien qu'il ne falloit pas tant de frais ni de façons pour donner à messieurs vos enfants un précepteur ordinaire qui leur apprît le rudiment, l'orthographe et le catéchisme : je me promets bien aussi de justifier de tout mon pouvoir les espérances favorables que vous avez pu concevoir sur mon compte ; et, tout plein d'ailleurs de fautes et de foiblesses, vous ne me trouverez jamais à me démentir un instant sur le zèle et l'attachement que je dois à mes élèves.

Mais, monsieur, quelques soins et quelques peines que je puisse prendre, le succès est bien éloigné de dépendre de moi seul. C'est l'harmonie parfaite qui doit régner entre nous, la confiance que vous daignerez m'accorder, et l'autorité que vous me donnerez sur mes élèves qui décidera de l'effet de mon travail. Je crois, monsieur, qu'il vous est tout manifeste qu'un homme qui n'a sur des enfants des droits de nulle espèce, soit pour rendre ses instructions aimables, soit pour leur donner du poids, ne prendra jamais d'ascendant sur des esprits qui, dans le fond, quelque précoces qu'on les veuille supposer, règlent toujours, à certain âge, les trois quarts de leurs opérations sur les impressions des sens. Vous sentez aussi qu'un maître obligé de porter ses plaintes sur toutes les fautes d'un enfant se gardera bien, quand il le pourroit avec bienséance, de se rendre insupportable en renouvelant sans cesse de vaines lamentations ; et, d'ailleurs, mille petites occasions décisives de faire une correction, ou de flatter à propos, s'échappent dans l'absence d'un père et d'une mère, ou dans des moments où il seroit messéant de les interrompre aussi désagréablement ; et l'on n'est plus à temps d'y revenir dans un autre instant, où le changement des idées d'un enfant lui rendroit pernicieux ce qui auroit été salutaire ; enfin un enfant qui ne tarde pas à s'apercevoir de l'impuissance d'un maître à son égard en prend occasion de faire peu de cas de ses défenses et de ses préceptes, et de détruire sans retour l'ascendant que l'autre s'efforçoit de prendre. Vous ne devez pas croire, monsieur, qu'en parlant sur ce ton-là je souhaite de me procurer le droit de maltraiter messieurs vos enfants par des coups ; je me suis toujours déclaré contre cette méthode : rien ne me paroîtroit plus triste pour M. de Sainte-

Marie que s'il ne restoit que cette voie de le réduire ; et j'ose me promettre d'obtenir désormais de lui tout ce qu'on aura lieu d'en exiger, par des voies moins dures et plus convenables, si vous goûtez le plan que j'ai l'honneur de vous proposer. D'ailleurs, à parler franchement, si vous pensez, monsieur, qu'il y eût de l'ignominie à monsieur votre fils d'être frappé par des mains étrangères, je trouve aussi de mon côté qu'un honnête homme ne sauroit guère mettre les siennes à un usage plus honteux que de les employer à maltraiter un enfant : mais à l'égard de M. de Sainte-Marie, il ne manque pas de voies de le châtier, dans le besoin, par des mortifications qui lui feroient encore plus d'impression, et qui produiroient de meilleurs effets ; car, dans un esprit aussi vif que le sien, l'idée des coups s'effacera aussitôt que la douleur, tandis que celle d'un mépris marqué, ou d'une privation sensible, y restera beaucoup plus long-temps.

Un maître doit être craint ; il faut pour cela que l'élève soit bien convaincu qu'il est en droit de le punir : mais il doit surtout être aimé ; et quel moyen a un gouverneur de se faire aimer d'un enfant à qui il n'a jamais à proposer que des occupations contraires à son goût, si d'ailleurs il n'a le pouvoir de lui accorder certaines petites douceurs de détail qui ne coûtent ni dépenses ni perte de temps, et qui ne laissent pas, étant ménagées à propos, d'être extrêmement sensibles à un enfant, et de l'attacher beaucoup à son maître? J'appuierai peu sur cet article, parce qu'un père peut, sans inconvénient, se conserver le droit exclusif d'accorder des grâces à son fils, pourvu qu'il y apporte les précautions suivantes, nécessaires surtout à M. de Sainte-Marie, dont la vivacité et le penchant à la dissipation demandent plus de dépendance. 1° Avant que de lui faire quelques cadeaux, savoir secrètement du gouverneur s'il a lieu d'être satisfait de la conduite de l'enfant. 2° Déclarer au jeune homme que quand il a quelque grâce à demander, il doit le faire par la bouche de son gouverneur; et que, s'il lui arrive de la demander de son chef, cela seul suffira pour l'en exclure. 3° Prendre de là occasion de reprocher quelquefois au gouverneur qu'il est trop bon, que son trop de facilité nuira aux progrès de son élève, et que c'est à sa prudence à lui de corriger ce qui manque à la modération d'un enfant. 4° Que si le maître croit avoir quelque raison de s'opposer à quelque cadeau qu'on voudroit faire à son élève, refuser absolument de le lui accorder jusqu'à ce qu'il ait trouvé le moyen de fléchir son précepteur. Au reste, il ne sera point du tout nécessaire d'expliquer au jeune enfant, dans l'occasion, qu'on lui accorde quelque faveur, précisément parce qu'il a bien fait son devoir; mais il vaut mieux qu'il conçoive que les plaisirs et les douceurs sont les suites naturelles de la sagesse et de la bonne conduite que s'il les regardoit comme des récompenses arbitraires qui peuvent dépendre du caprice, et qui, dans le fond, ne doivent jamais être proposées pour l'objet et le prix de l'étude et de la vertu.

Voilà tout au moins, monsieur, les droits que vous devez m'accorder sur monsieur votre fils, si vous souhaitez de lui donner une heureuse éducation, et qui réponde aux belles qualités qu'il montre à bien des égards, mais qui actuellement sont offusquées par beaucoup de mauvais plis qui demandent d'être corrigés à bonne heure, et avant que le temps ait rendu la chose impossible. Cela est si vrai, qu'il s'en faudra beaucoup, par exemple, que tant de précautions soient nécessaires envers M. de Condillac; il a autant besoin d'être poussé que l'autre d'être retenu, et je saurai bien prendre de moi-même tout l'ascendant dont j'aurai besoin sur lui : mais pour M. de Sainte-Marie, c'est un coup de partie pour son éducation que de lui donner une bride qu'il sente, et qui soit capable de le retenir; et, dans l'état où sont les choses, les sentiments que vous souhaitez, monsieur, qu'il ait sur mon compte dépendent beaucoup plus de vous que de moi-même.

Je suppose toujours, monsieur, que vous n'auriez garde de confier l'éducation de messieurs vos enfants à un homme que vous ne croiriez pas digne de votre estime; et ne pensez point, je vous prie, que, par le parti que j'ai pris de m'attacher sans réserve à votre maison dans une occasion délicate, j'aie prétendu vous engager vous-même en aucune manière. Il y a bien de la différence entre nous : faisant mon devoir autant que vous m'en laisserez la liberté, je ne suis responsable de rien; et, dans le fond, comme vous êtes, monsieur, le maître et le supérieur naturel de vos enfants, je ne suis pas en droit de vouloir, à l'égard de leur éducation, forcer votre goût de se rapporter au mien : ainsi, après vous avoir fait les représentations qui m'ont paru nécessaires, s'il arrivoit que vous n'en jugeassiez pas de même, ma conscience seroit quitte à cet égard, et il ne me resteroit qu'à me conformer à votre volonté. Mais pour vous, monsieur, nulle considération humaine ne peut balancer ce que vous devez aux mœurs et à l'éducation de messieurs vos enfants; et je ne trouverois nullement mauvais qu'après m'avoir découvert des défauts que vous n'auriez peut-être pas d'abord aperçus, et qui seroient d'une certaine conséquence pour mes élèves, vous vous pourvussiez ailleurs d'un meilleur sujet.

J'ai donc lieu de penser que tant que vous me souffrez dans votre maison vous n'avez pas trouvé en moi de quoi effacer l'estime dont vous m'aviez honoré. Il est vrai, monsieur, que je pourrois me plaindre que, dans les occasions où j'ai pu commettre quelque faute, vous ne m'ayez pas fait l'honneur de m'en avertir tout uniment : c'est une grâce que je vous ai demandée en entrant chez vous, et qui marquoit du moins ma bonne volonté; et si ce n'est en ma propre considération, ce seroit du moins pour celle de messieurs vos enfants, de qui l'intérêt seroit que je devinsse un homme parfait, s'il étoit possible.

Dans ces suppositions, je crois, monsieur, que vous ne devez pas faire difficulté de communiquer à monsieur votre fils les bons sentiments que vous pouvez avoir sur mon compte, et que, comme il est impossible que mes fautes et mes foiblesses échappent à des yeux aussi clairvoyants que les vôtres, vous ne sauriez trop éviter de vous en entretenir en sa présence ; car ce sont des impressions qui portent coup, et, comme dit M. de La Bruyère, le premier soin des enfants est de chercher les endroits foibles de leur maître, pour acquérir le droit de le mépriser : or, je demande quelle impression pourroient faire les leçons d'un homme pour qui son écolier auroit du mépris.

Pour me flatter d'un heureux succès dans l'éducation de monsieur votre fils, je ne puis donc pas moins exiger que d'en être aimé, craint, et estimé. Que si l'on me répondoit que tout cela devoit être mon ouvrage et que c'est ma faute si je n'y ai pas réussi, j'aurois à me plaindre d'un jugement si injuste. Vous n'avez jamais eu d'explication avec moi sur l'autorité que vous me permettiez de prendre à son égard : ce qui étoit d'autant plus nécessaire que je commence un métier que je n'ai jamais fait; que, lui ayant trouvé d'abord une résistance parfaite à mes instructions et une négligence excessive pour moi, je n'ai su comment le réduire; et qu'au moindre mécontentement il couroit chercher un asile inviolable auprès de son papa, auquel peut-être il ne manquoit pas ensuite de conter les choses comme il lui plaisoit.

Heureusement le mal n'est pas grand à l'âge où il est; nous avons eu le loisir de nous tâtonner, pour ainsi dire, réciproquement, sans que ce retard ait pu porter encore un grand préjudice à ses progrès, que d'ailleurs la délicatesse de sa santé n'auroit pas permis de pousser beaucoup[1]; mais comme les mauvaises habitudes, dangereuses à tout âge, le sont infiniment plus à celui-là, il est temps d'y mettre ordre sérieusement, non pour le charger d'études et de devoirs, mais pour lui donner à bonne heure un pli d'obéissance et de docilité qui se trouve tout acquis quand il en sera temps.

Nous approchons de la fin de l'année : vous ne sauriez, monsieur, prendre une occasion plus naturelle que le commencement de l'autre pour faire un petit discours à monsieur votre fils, à la portée

---

[1] Il étoit fort languissant quand je suis entré dans la maison; aujourd'hui sa santé s'affermit visiblement.

de son âge, qui, lui mettant devant les yeux les avantages d'une bonne éducation, et les inconvénients d'une enfance négligée, le dispose à se prêter de bonne grâce à ce que la connoissance de son intérêt bien entendu nous fera dans la suite exiger de lui; après quoi vous auriez la bonté de me déclarer en sa présence que vous me rendez le dépositaire de votre autorité sur lui, et que vous m'accordez sans réserve le droit de l'obliger à remplir son devoir par tous les moyens qui me paroîtront convenables; lui ordonnant, en conséquence, de m'obéir comme à vous-même sous peine de votre indignation. Cette déclaration, qui ne sera que pour faire sur lui une plus vive impression, n'aura d'ailleurs d'effet que conformément à ce que vous aurez pris la peine de me prescrire en particulier.

Voilà, monsieur, les préliminaires qui me paroissent indispensables pour s'assurer que les soins que je donnerai à monsieur votre fils ne seront pas des soins perdus. Je vais maintenant tracer l'esquisse de son éducation, telle que j'en avois conçu le plan sur ce que j'ai connu jusqu'ici de son caractère et de vos vues. Je ne le propose point comme une règle à laquelle il faille s'attacher, mais comme un projet qui, ayant besoin d'être refondu et corrigé par vos lumières et par celles de M. l'abbé de..., servira seulement à lui donner quelque idée du génie de l'enfant à qui nous avons affaire. Et je m'estimerai trop heureux que monsieur votre frère veuille bien me guider dans les routes que je dois tenir : il peut être assuré que je me ferai un principe inviolable de suivre entièrement, et selon toute la petite portée de mes lumières et de mes talents, les routes qu'il aura pris la peine de me prescrire avec votre agrément.

Le but que l'on doit se proposer dans l'éducation d'un jeune homme, c'est de lui former le cœur, le jugement et l'esprit; et cela dans l'ordre que je les nomme. La plupart des maîtres, les pédants surtout, regardent l'acquisition et l'entassement des sciences comme l'unique objet d'une belle éducation, sans penser que souvent, comme dit Molière,

Un sot savant est sot plus qu'un sot ignorant.

D'un autre côté, bien des pères, méprisant assez tout ce qu'on appelle étude, ne se soucient guère que de former leurs enfants aux exercices du corps et à la connoissance du monde. Entre ces extrémités nous prendrons un juste milieu pour conduire monsieur votre fils. Les sciences ne doivent pas être négligées ; j'en parlerai tout à l'heure. Mais aussi elles ne doivent pas précéder les mœurs, surtout dans un esprit pétillant et plein de feu, peu capable d'attention jusqu'à un certain âge, et dont le caractère se trouvera décidé très à bonne heure. A quoi sert à un homme le savoir de Varron, si d'ailleurs il ne sait pas penser juste? Que s'il a eu le malheur de laisser corrompre son cœur, les sciences sont dans sa tête comme autant d'armes entre les mains d'un furieux. De deux personnes également engagées dans le vice, le moins habile fera toujours le moins de mal; et les sciences, même les plus spéculatives et les plus éloignées en apparence de la société, ne laissent pas d'exercer l'esprit et de lui donner, en l'exerçant, une force dont il est facile d'abuser dans le commerce de la vie, quand on a le cœur mauvais.

Il y a plus à l'égard de M. de Sainte-Marie. Il a conçu un dégoût si fort contre tout ce qui porte le nom d'étude et d'application, qu'il faudra beaucoup d'art et de temps pour le détruire : et il seroit fâcheux que ce temps-là fût perdu pour lui; car il y auroit trop d'inconvénients à le contraindre; et il vaudroit encore mieux qu'il ignorât entièrement ce que c'est qu'études et que sciences, que de ne les connoître que pour les détester.

A l'égard de la religion et de la morale, ce n'est point par la multiplicité des préceptes qu'on pourra parvenir à lui en inspirer des principes solides qui servent de règle à sa conduite pour le reste de sa vie. Excepté les éléments à la portée de son âge, on doit moins songer à fatiguer sa mémoire d'un détail de lois et de devoirs qu'à disposer son esprit et son cœur à les connoître et à les goûter, à mesure que l'occasion se présentera de les lui développer; et c'est par-là même que ces préparatifs sont tout-à-fait à la portée de son âge et de son esprit, parce qu'ils ne renferment que des sujets curieux et intéressants sur le commerce civil, sur les arts et les métiers, et sur la manière variée dont la Providence a rendu tous les hommes utiles et nécessaires les uns aux autres. Ces sujets, qui sont plutôt des matières de conversations et de promenades que d'études réglées, auront encore divers avantages dont l'effet me paroît infaillible.

Premièrement, n'affectant point désagréablement son esprit par des idées de contrainte et d'étude réglée, et n'exigeant pas de lui une attention pénible et continue, ils n'auront rien de nuisible à sa santé. En second lieu, ils accoutumeront à bonne heure son esprit à la réflexion et à considérer les choses par leurs suites et par leurs effets. Troisièmement, ils le rendront curieux, et lui inspireront du goût pour les sciences naturelles.

Je devrois ici aller au-devant d'une impression qu'on pourroit recevoir de mon projet, en s'imaginant que je ne cherche qu'à m'égayer moi-même et à me débarrasser de ce que les leçons ont de sec et d'ennuyeux, pour me procurer une occupation plus agréable. Je ne crois pas, monsieur, qu'il puisse vous tomber dans l'esprit de penser ainsi sur mon compte. Peut-être jamais homme ne se fit une affaire plus importante que celle que je me fais de l'éducation de messieurs vos enfants, pour peu que vous veuilliez seconder mon zèle. Vous n'avez pas eu lieu de vous apercevoir jusqu'à présent que je cherche à fuir le travail : mais je ne crois point que, pour se donner un air de zèle et d'occupation, un maître doive affecter de surcharger ses élèves d'un travail rebutant et sérieux, de leur montrer toujours une contenance sévère et fâchée, et de se faire ainsi à leurs dépens la réputation d'homme exact et laborieux. Pour moi, monsieur, je le déclare une fois pour toutes, jaloux jusqu'au scrupule de l'accomplissement de mon devoir, je suis incapable de m'en relâcher jamais; mon goût ni mes principes ne me portent ni à la paresse ni au relâchement : mais de deux voies pour m'assurer le même succès, je préférerai toujours celle qui coûtera le moins de peine et de désagrément à mes élèves; et j'ose assurer, sans vouloir passer pour un homme très-occupé, que moins ils travailleront en apparence, et plus en effet je travaillerai pour eux.

S'il y a quelques occasions où la sévérité soit nécessaire à l'égard des enfants, c'est dans les cas où les mœurs sont attaquées, ou quand il s'agit de corriger de mauvaises habitudes. Souvent, plus un enfant a d'esprit, et plus la connoissance de ses propres avantages le rend indocile sur ceux qui lui restent à acquérir. De là le mépris des inférieurs, la désobéissance aux supérieurs, et l'impolitesse avec les égaux : quand on se croit parfait, dans quels travers ne donne-t-on pas ! M. de Sainte-Marie a trop d'intelligence pour ne pas sentir ses belles qualités ; mais, si l'on n'y prend garde, il y comptera trop, et négligera d'en tirer tout le parti qu'il faudroit. Ces semences de vanité ont déjà produit en lui bien des petits penchants nécessaires à corriger. C'est à cet égard, monsieur, que nous ne saurions agir avec trop de correspondance ; et il est très-important que, dans les occasions où l'on aura lieu d'être mécontent de lui, il ne trouve de toutes parts qu'une apparence de mépris et d'indifférence, qui le mortifiera d'autant plus que ces marques de froideur ne lui seront point ordinaires. C'est punir l'orgueil par ses propres armes, et l'attaquer dans sa source même ; et l'on peut s'assurer que M. de Sainte-Marie est trop bien né pour n'être pas infiniment sensible à l'estime des personnes qui lui sont chères.

La droiture du cœur, quand elle est affermie par le raisonnement, est la source de la justesse de l'esprit : un honnête homme pense presque toujours juste, et quand on est accoutumé dès l'enfance à ne pas s'étourdir sur la réflexion, et à ne se livrer au plaisir présent qu'après en avoir pesé les suites et balancé les avantages avec les inconvénients, on a presque, avec un peu d'expérience, tout l'acquis nécessaire pour former le jugement. Il semble en effet que le bon sens dépend encore plus des sentiments du cœur que des lumières de l'esprit, et l'on éprouve que les gens les plus savants et les plus éclairés ne sont pas toujours ceux qui se conduisent le mieux dans les affaires de la vie : ainsi, après avoir rempli M. de Sainte-Marie de bons principes de morale, on pourroit le regarder en un sens comme assez avancé dans la science du raisonnement. Mais s'il est quelque point important dans son éducation, c'est sans contredit celui-là; et l'on ne sauroit trop bien lui apprendre à connoître les hommes, à savoir les prendre par leurs vertus et même par leurs foibles, pour les amener à son but, et à choisir toujours le meilleur parti dans les occasions difficiles. Cela dépend en partie de la manière dont on l'exercera à considérer les objets et à les retourner de toutes leurs faces, et en partie de l'usage du monde. Quant au premier point, vous y pouvez contribuer beaucoup, monsieur, et avec un très-grand succès, en feignant quelquefois de le consulter sur la manière dont vous devez vous conduire dans des incidents d'invention; cela flattera sa vanité, et il ne regardera point comme un travail le temps qu'on mettra à délibérer sur une affaire où sa voix sera comptée pour quelque chose. C'est dans de telles conversations qu'on peut lui donner le plus de lumières sur la science du monde, et il apprendra plus dans deux heures de temps par ce moyen qu'il ne feroit en un an par des instructions en règle : mais il faut observer de ne lui présenter que des matières proportionnées à son âge, et surtout l'exercer long-temps sur des sujets où le meilleur parti se présente aisément, tant afin de l'amener facilement à le trouver comme de lui-même que pour éviter de lui faire envisager les affaires de la vie comme une suite de problèmes où, les divers partis paroissant également probables, il seroit presque indifférent de se déterminer plutôt pour l'un que pour l'autre ; ce qui le meneroit à l'indolence dans le raisonnement, et à l'indifférence dans la conduite.

L'usage du monde est aussi d'une nécessité absolue, et d'autant plus pour M. de Sainte-Marie que, né timide, il a besoin de voir souvent compagnie pour apprendre à s'y trouver en liberté, et à s'y conduire avec ces grâces et cette aisance qui caractérisent l'homme du monde et l'homme aimable. Pour cela, monsieur, vous auriez la bonté de m'indiquer deux ou trois maisons où je pourrois le mener quelquefois par forme de délassement et de récompense. Il est vrai qu'ayant à corriger en moi-même les défauts que je cherche à prévenir en lui, je pourrois paroître peu propre à cet usage. C'est à vous, monsieur, et à madame sa mère, à voir ce qui convient, et à vous donner la peine de le conduire quelquefois avec vous si vous jugez que cela lui soit plus avantageux. Il sera bon aussi que quand on aura du monde on le retienne dans la chambre, et qu'en l'interrogeant quelquefois et à propos sur les matières de la conversation, on lui donne lieu de s'y mêler insensiblement. Mais il y a un point sur lequel je crains de ne me pas trouver tout-à-fait de votre sentiment. Quand M. de Sainte-Marie se trouve en compagnie sous vos yeux, il badine et s'égaie autour de vous, et n'a des yeux que pour son papa, tendresse bien flatteuse et bien aimable; mais s'il est contraint d'aborder une autre personne ou de lui parler, aussitôt il est décontenancé, il ne peut marcher ni dire un seul mot, ou bien il prend l'extrême, et lâche quelque indiscrétion. Voilà qui est pardonnable à son âge; mais enfin on grandit, et ce qui convenoit hier ne convient plus aujourd'hui; et j'ose dire qu'il n'apprendra jamais à se présenter tant qu'il gardera ce défaut. La raison en est qu'il n'est point en compagnie quoiqu'il y ait du monde autour de lui; de peur d'être contraint de se gêner, il affecte de ne voir personne, et le papa lui sert d'objet pour se distraire de tous les autres. Cette hardiesse forcée, bien loin de détruire sa timidité, ne fera sûrement que l'enraciner davantage tant qu'il n'osera point envisager une assemblée ni répondre à ceux qui lui adressent la parole. Pour prévenir cet inconvénient, je crois, monsieur, qu'il seroit bien de le tenir quelquefois éloigné de vous, soit à table, soit ailleurs, et le livrer aux étrangers pour l'accoutumer de se familiariser avec eux.

On concluroit très-mal si, de tout ce que je viens de dire, on concluoit que, me voulant débarrasser de la peine d'enseigner, ou peut-être par mauvais goût méprisant les sciences, je n'ai nul dessein d'y former monsieur votre fils, et qu'après lui avoir enseigné les éléments indispensables je m'en tiendrai là, sans me mettre en peine de le pousser dans les études convenables. Ce n'est pas ceux qui me connoîtront qui raisonneroient ainsi; on sait mon goût déclaré pour les sciences, et je les ai assez cultivées pour avoir dû y faire des progrès pour peu que j'eusse eu de disposition.

On a beau parler au désavantage des études, et tâcher d'en anéantir la nécessité et d'en grossir les mauvais effets, il sera toujours beau et utile de savoir; et quant au pédantisme, ce n'est pas l'étude même qui le donne, mais la mauvaise disposition du sujet. Les vrais savants sont polis; et ils sont modestes, parce que la connoissance de ce qui leur manque les empêche de tirer vanité de ce qu'ils ont, et il n'y a que les petits génies et les demi-savants qui, croyant de savoir de tout, méprisent orgueilleusement ce qu'ils ne connoissent point. D'ailleurs, le goût des lettres est d'une grande ressource dans la vie, même pour un homme d'épée. Il est bien gracieux de n'avoir pas toujours besoin du concours des autres hommes pour se procurer des plaisirs; et il se commet tant de revers, qu'on a souvent occasion de s'estimer heureux de trouver des amis et des consolateurs dans son cabinet, au défaut de ceux que le monde nous ôte ou nous refuse.

Mais il s'agit d'en faire naître le goût à monsieur votre fils, qui témoigne actuellement une aversion horrible pour tout ce qui sent l'application. Déjà la violence n'y doit concourir en rien, j'en ai dit la raison ci-devant; mais, pour que cela revienne naturellement, il faut remonter jusqu'à la source de cette antipathie. Cette source est un goût excessif de dissipation qu'il a pris en badinant avec ses frères et sa sœur, qui fait qu'il ne peut souffrir qu'on l'en distraie un instant, et qu'il prend en aversion tout ce qui produit cet effet; car d'ailleurs je me suis convaincu qu'il n'a nulle haine pour l'étude en elle-même, et qu'il y a même des dispositions dont on peut se promettre beaucoup. Pour remédier à cet inconvénient, il faudroit lui procurer d'autres amusements qui le détachassent des niaiseries auxquelles il s'occupe, et pour cela le tenir un peu séparé de ses frères et de sa sœur; c'est ce qui ne se peut guère faire dans un appartement comme le mien, trop petit pour les mouvements d'un enfant aussi vif, et où même il seroit dangereux d'altérer sa santé, si l'on vouloit le contraindre d'y rester trop renfermé. Il seroit plus important, monsieur, que vous ne pensez d'avoir une chambre raisonnable pour y faire son étude et son séjour ordinaire; je tâcherois de la lui rendre aimable par ce que je pourrois lui présenter de plus riant, et ce seroit déjà beaucoup de gagné que d'obtenir qu'il se plût dans l'endroit où il doit étudier. Alors, pour le détacher insensiblement de ces badinages puérils, je me mettrois de moitié de tous ses amusements, et je lui en procurerois des plus propres à lui plaire et à exciter sa curiosité; de petits jeux, des découpures, un peu de dessin, la musique, les instruments, un prisme, un microscope, un verre ardent, et mille autres petites curiosités, me fourniroient des sujets de le divertir et de l'attacher peu à peu à son appartement, au point de s'y plaire plus que partout ailleurs. D'un autre côté, on auroit soin de me l'envoyer dès qu'il seroit levé, sans qu'aucun prétexte pût l'en dispenser; l'on ne permettroit point qu'il allât dandinant par la maison, ni qu'il se réfugiât près de vous aux heures de son travail; et afin de lui faire regarder l'étude comme d'une importance que rien ne pourroit balancer, on éviteroit de prendre ce temps pour le peigner, le friser, ou lui donner quelque autre soin nécessaire. Voici, par rapport à moi, comment je m'y prendrois pour l'amener insensiblement à l'étude, de son propre mouvement. Aux heures où je voudrois l'occuper, je lui retrancherois toute espèce d'amusement, et je lui proposerois le travail de cette heure-là ; s'il ne s'y livroit pas de bonne grâce, je ne ferois pas même semblant de m'en apercevoir, et je le laisserois seul et sans amusement se morfondre, jusqu'à ce que l'ennui d'être absolument sans rien faire l'eût ramené de lui-même à ce que j'exigeois de lui ; alors j'affecterois de répandre un enjouement et une gaieté sur son travail, qui lui fît sentir la différence qu'il y a, même pour le plaisir, de la fainéantise à une occupation honnête. Quand ce moyen ne réussiroit pas, je ne le maltraiterois point ; mais je lui retrancherois toute récréation pour ce jour-là, en lui disant froidement que je ne prétends point le faire étudier par force, mais que le divertissement n'étant légitime que quand il est le délassement du travail, ceux qui ne font rien n'en ont aucun besoin. De plus, vous auriez la bonté de convenir avec moi d'un signe par lequel, sans apparence d'intelligence, je pourrois vous témoigner, de même qu'à madame sa mère, quand je serois mécontent de lui. Alors la froideur et l'indifférence qu'il trouveroit de toutes parts, sans cependant lui faire le moindre reproche, le surprendroit d'autant plus, qu'il ne s'apercevroit point que je me fusse plaint de lui ; et il se porteroit à croire que comme la récompense naturelle du devoir est l'amitié et les caresses de ses supérieurs, de même la fainéantise et l'oisiveté portent avec elles, un certain caractère méprisable qui se fait d'abord sentir, et qui refroidit tout le monde à son égard.

J'ai connu un père tendre qui ne s'en fioit pas tellement à un mercenaire sur l'instruction de ses enfants, qu'il ne voulût lui-même y avoir l'œil : le bon père, pour ne rien négliger de tout ce qui pouvoit donner de l'émulation à ses enfants, avoit adopté les mêmes moyens que j'expose ici. Quand il revoyoit ses enfants, il jetoit, avant que de les aborder, un coup d'œil sur leur gouverneur : lorsque celui-ci touchoit de la main droite le premier bouton de son habit, c'étoit une marque qu'il étoit content, et le père caressoit son fils à son ordinaire : si le gouverneur touchoit le second, alors c'étoit marque d'une parfaite satisfaction, et le père ne donnoit point de bornes à la tendresse de ses caresses, et y ajoutoit ordinairement quelque cadeau, mais sans affectation : quand le gouverneur ne faisoit aucun signe, cela vouloit dire qu'il étoit mal satisfait, et la froideur du père répondoit au mécontentement du maître ; mais quand de la main gauche celui-ci touchoit sa première boutonnière, le père faisoit sortir son fils de sa présence, et alors le gouverneur lui expliquoit les fautes de l'enfant. J'ai vu ce jeune seigneur acquérir en peu de temps de si grandes perfections, que je crois qu'on ne peut trop bien augurer d'une méthode qui a produit de si bons effets : ce n'est aussi qu'une harmonie et une correspondance parfaite entre un père et un précepteur qui peut assurer le succès d'une bonne éducation; et comme le meilleur père se donneroit vainement des mouvements pour bien élever son fils, si d'ailleurs il le laissoit entre les mains d'un précepteur inattentif, de même le plus intelligent et le plus zélé de tous les maîtres prendroit des peines inutiles, si le père, au lieu de le seconder, détruisoit son ouvrage par des démarches à contre-temps.

Pour que monsieur votre fils prenne ses études à cœur, je crois, monsieur, que vous devez témoigner y prendre vous-même beaucoup de part : pour cela vous auriez la bonté de l'interroger quelquefois sur ses progrès, mais dans les temps seulement et sur les matières où il aura le mieux fait, afin de n'avoir que du contentement et de la satisfaction à lui marquer, non pas cependant par de trop grands éloges, propres à lui inspirer de l'orgueil et à le faire trop compter sur lui-même. Quelquefois aussi, mais plus rarement, votre examen rouleroit sur les matières où il se sera négligé : alors vous vous informeriez de sa santé et des causes de son relâchement avec des marques d'inquiétude qui lui en communiqueroient à lui-même.

Quand vous, monsieur, ou madame sa mère, aurez quelque cadeau à lui faire, vous aurez la bonté de choisir les temps où il y aura le plus lieu d'être content de lui, ou du moins de m'en avertir d'avance, afin que j'évite dans ce temps-là de l'exposer à me donner sujet de m'en plaindre; car à cet âge-là les moindres irrégularités portent coup.

Quant à l'ordre même de ses études, il sera très-simple pendant les deux ou trois premières années. Les éléments du latin, de l'histoire et de la géographie, partageront son temps. A l'égard du latin, je n'ai point dessein de l'exercer par une étude trop méthodique, et moins encore par la composition des thèmes. Les thèmes, suivant M. Rollin, sont la croix des enfants; et, dans l'intention où je suis de lui rendre ses études aimables, je me garderai bien de le faire passer par cette croix, ni de lui mettre dans la tête les mauvais gallicismes de mon latin au lieu de celui de Tite-Live, de César et de Cicéron : d'ailleurs un jeune homme, surtout s'il est destiné à l'épée, étudie le latin pour l'entendre et non pour l'écrire, chose dont il ne lui arrivera pas d'avoir besoin une fois en sa vie. Qu'il traduise donc les anciens auteurs, et qu'il prenne dans leur lecture le goût de la bonne latinité et de la belle littérature : c'est tout ce que j'exigerai de lui à cet égard.

Pour l'histoire et la géographie, il faudra seulement lui en donner d'abord une teinture aisée, d'où je bannirai tout ce qui sent trop la sécheresse et l'étude, réservant pour un âge plus avancé les difficultés les plus nécessaires de la chronologie et de la sphère. Au reste, m'écartant un peu du plan ordinaire des études, je m'attacherai beaucoup plus à l'histoire moderne qu'à l'ancienne, parce que je la crois beaucoup plus convenable à un officier ; et que d'ailleurs je suis convaincu sur l'histoire moderne en général de ce que dit M. l'abbé de... de celle de France en particulier, qu'elle n'abonde pas moins en grands traits que l'histoire ancienne, et qu'il n'a manqué que de meilleurs historiens pour les mettre dans un aussi beau jour.

Je suis d'avis de supprimer à M. de Sainte-Marie toutes ces espèces d'études où, sans aucun usage solide, on fait languir la jeunesse pendant nombre d'années : la rhétorique, la logique, et la philosophie scolastique, sont, à mon sens, toutes choses très-superflues pour lui, et que d'ailleurs je serois peu propre à lui enseigner. Seulement, quand il en sera temps, je lui ferai lire la *Logique* de Port-Royal, et, tout au plus, l'*Art de parler* du P. Lami, mais sans l'amuser d'un côté au détail des tropes et des figures, ni de l'autre aux vaines subtilités de la dialectique : j'ai dessein seulement de l'exercer à la précision et à la pureté dans le style, à l'ordre et à la méthode dans ses raisonnements, et à se faire un esprit de justesse qui lui serve à démêler le faux orné, de la vérité simple, toutes les fois que l'occasion s'en présentera.

L'histoire naturelle peut passer aujourd'hui, par

la manière dont elle est traitée, pour la plus intéressante de toutes les sciences que les hommes cultivent, et celle qui nous ramène le plus naturellement de l'admiration des ouvrages à l'amour de l'ouvrier : je ne négligerai pas de le rendre curieux sur les matières qui y ont rapport, et je me propose de l'y introduire dans deux ou trois ans par la lecture du Spectacle de la nature, que je ferai suivre de celle de Nieuwentit.

On ne va pas loin en physique sans le secours des mathématiques, et je lui en ferai faire une année, ce qui servira encore à lui apprendre à raisonner conséquemment et à s'appliquer avec un peu d'attention, exercice dont il aura grand besoin : cela le mettra aussi à portée de se faire mieux considérer parmi les officiers, dont une teinture de mathématiques et de fortifications fait une partie du métier.

Enfin, s'il arrive que mon élève reste assez longtemps entre mes mains, je hasarderai de lui donner quelque connoissance de la morale et du droit naturel par la lecture de Puffendorf et de Grotius, parce qu'il est digne d'un honnête homme et d'un homme raisonnable de connoître les principes du bien et du mal, et les fondements sur lesquels la société dont il fait partie est établie.

En faisant succéder ainsi les sciences les unes aux autres, je ne perdrai point l'histoire de vue, comme le principal objet de toutes ses études et celui dont les branches s'étendent le plus loin sur toutes les autres sciences : je le ramènerai, au bout de quelques années, à ses premiers principes avec plus de méthode et de détail ; et je tâcherai de lui en faire tirer alors tout le profit qu'on peut espérer de cette étude.

Je me propose aussi de lui faire une récréation amusante de ce qu'on appelle proprement belles-lettres, comme la connoissance des livres et des auteurs, la critique, la poésie, le style, l'éloquence, le théâtre, et en un mot tout ce qui peut contribuer à lui former le goût et à lui présenter l'étude sous une face riante.

Je ne m'arrêterai pas davantage sur cet article, parce que après avoir donné une légère idée de la route que je m'étois à peu près proposé de suivre dans les études de mon élève, j'espère que monsieur votre frère voudra bien vous tenir la promesse qu'il vous a faite de nous dresser un projet qui puisse me servir de guide dans un chemin aussi nouveau pour moi. Je le supplie d'avance d'être assuré que je m'y tiendrai attaché avec une exactitude et un soin qui le convaincra du profond respect que j'ai pour ce qui vient de sa part ; et j'ose vous répondre qu'il ne tiendra pas à mon zèle et à mon attachement que messieurs ses neveux ne deviennent des hommes parfaits.

FIN.

www.ingramcontent.com/pod-product-compliance
Lightning Source LLC
Chambersburg PA
CBHW071904230426
43671CB00010B/1472